서양 민주 개념 통사

근현대편

최정욱

박영사

오늘날 동굴의 우상을 깨치고 나가고자 하는 이들에게

서문

2018년 시작한 한국연구재단의 7년 장기과제도 올해 6월로 마무리된다. 그동안 필자는 동서양을 막론하고 정치 체제에 관한 최초의 논쟁을 기록한 헤로도토스의 『역사』에서 출발하여 2차 세계대전 이후 본격화된 좌우이념 논쟁을 반영한 슘페터의 『자본주의, 사회주의 그리고 민주주의』에 이르기까지 서양의 주요 정치학 고전에 등장하는 정치 체제 논의와 민주 개념을 비판적으로 재검토하는 작업을 해왔다. 이런 작업의 첫 결과물로 『서양 민주 개념 통사: 고대편』을 2021년에 출간하였다. 이 저술은 헤로도토스의 『역사』부터 아리스토텔레스의 『정치학』에 이르기까지 다양한 서양 고전에 등장하는 민주 개념을 다루고 있다. 그리고 작년에는 우리가 다루는 2천 년이 넘는 서양 정치 사상사에서 민주 개념이 어떻게 변해왔는지를 여실히 보여주는 핵심 텍스트들만 고전에서 골라 국문과 영문으로 동시에 편집해 『민주주의 고전 산책』이라는 제목의 단행본으로 출간하였다. 이 2권의 연구 결과물에 이어서 『서양 민주 개념 통사: 근현대편』을 이번에 마지막으로 내놓게 되었다.

개인적인 연구 계기에 관해서는 앞선 저술들에서 이미 상세히 이야기했기에 여기서는 생략하고 다만 이러한 작업의 의의를 다시 강조하고자 한다. 정치학만 벌써 40년이 넘게 공부하고 민주 개념사 연구를 7년이라는 적지 않은 세월 동안 집중적으로 연구해 온 필자지만, 누군가 민주주의가 무엇이냐고 묻는다면 여전히 명확히 답하지 못하고 주저하게 된다. 소크라테스의 말처럼 '모른다는 것을 아는 것이 진정으로 아는 것'이라는 궤변을 늘어놓고자 하는 말이 아니다. 민주라는 용어는 적지 않은 정치학자들이 때로는 의도적으로 때로는 무의식적으로 모호한 의미로 사용하면서 혼란이 점차 가중되어왔다. 또한 그 용어는 더 이상 정치학자들만의 전유물도 아니다. 우리나라 현실 정치에서도 다양한 의미의 민주라는 용어가 일상적으로 사용되면서 개념적 혼란은 더욱 심화된 상태이다. 예를 들어 민주라는 용어는 '더불어민주당'처럼 특정 정당의 이름에 들어가 있기도 하며, '민주화운동기념사업회'처럼 국가 재정으로 운영되는 재단의 이름에도 나온다. 또한 '5.18 민주 유공자 예우에 관한 법률'이나 작년에 논란이 된 '민주 유공자 예우에 관한 법률안' 등에도 등장한다. 이 결과 적지 않은 국민이 현실적으로 민주주의와 관련하여 금전적 이해관계나 다른 형태의 이해관계를 가지고 있다. 이렇게 사적인 이해관계가 개입된 만큼 민주주의의 의미를 객관적으로 규정하기가 더 어렵게 되어버렸을 뿐만 아니라, 특정 법률안에 담긴 민주주의처럼 우리 역사의 특정 시점에 박제된 개념으로 전락해 버렸다.

이러한 정치학 이론의 혼란과 우리 역사 속의 박제 작업은 우리가 오늘날 민주 정치에 실망해 새로운 정치 모형을 모색하는 데에 전혀 도움이 되지 않는다. 미래 사회에 알맞은 정치 모형의 설계는 민주 개념이 가진 현재의 특수성을 제거할 때 비로소 가능하다. 이러한 특수성을 제거하려면 우선 그 특수성이 무엇인지부터 파악해야 하고, 이를 위해서는 다시 현재 이전 민주 정치의 특성을 살펴보고 오늘날과 비교해 봐야 한다. 이러한 작업의 일환으로 『서양 민주 개념 통사: 고대편』에 이어, 필자는 홉스부터 슘페터까지 서양 근현대 정치 사상가들의 민주 개념을 되돌아보는 기회를 가져 보고자 한다.

구체적으로 필자는 제1장에서 서양 민주 개념 근현대사의 출발점을 홉스에게서 찾고 있다. 그 이유는 오늘날 민주 개념의 핵심 구성 요소 중 하나인 대의 개념을 현대적 의미로 재정립한 인물이 홉스이기 때문이다. 홉스 이전의 대표 내지 대의 개념은 상징의 의미에 가까웠다. 이런 의미의 예로는 '우리 마을을 대표하는 볼거리는 무엇이다'라는 표현에서 찾아볼 수 있다. 이러한 의미에서 대표는 행위자의 위임이 필요 없다. 하지만 홉스는 작자(author)와 행위자 또는 연기자(actor) 개념을 통하여 대의는 작자의 위임을 통하여 연기자가 행하는 것으로 정의하였다. 이러한 개념을 바탕으로 그는 공동체를 구성하려는 자연인들이 각자 작자로서 자신의 권한을 공동체 전체에게 위임하면 그것이 민주 정부(혹은 국가)라고 규정한다. 이것은 그러한 권한을 공동체의 일부나 1인에게 위임하는 귀족 정부(혹은 국가)나 군주 정부(혹은 국가)와 대비된다. 결과적으로 홉스는 민주 정부만이 아니라 다른 모든 정부를 대의 정부로 간주한다.

제2장에서는 홉스에 이어서 서구의 대표적 자유 민주주의자로 칭송받는 로크의 민주 개념을 다룬다. 통상적으로 알려진 바와 달리, 로크는 민주정을 다른 정치 체제보다 우위에 둔 이론가가 아니다. 그는 민주정보다 질서 정연한 정치 공동체(well-ordered commonwealth)를 더 선호한다. 로크에 따르면, 자연인들은 다수의 의결을 곧 공동체의 의결로 수용하기로 합의하면서 사회 혹은 정치 공동체를 구성한다. 이렇게 공동체의 전권을 위임받은 다수가 최고의 권력인 입법권을 직접 행사하면서 행정권을 별도로 선발된 이들에게 위임할 때 비로소 민주정이 수립된다. 그렇지 않고 이 다수가 입법권을 소수나 1인에게 위임하면 과두정이나 군주정이 들어서게 된다. 홉스의 주권 개념은 로크에 와서 최고 권력 개념으로 바뀌고, 이 최고 권력에는 입법권력만 포함된다. 그런데 로크는 이 입법권력을 행사하는 자들이 행정권력도 동시에 행사하게 되면 폭정이 우려된다고 주장

한다. 그래서 그는 입법 기관과 행정 기관을 분리한 공동체가 필요하다고 보며, 이러한 공동체를 질서 정연한 공동체라고 부른다. 여기서 질서 정연한 '정부'라고 하지 않고 '공동체'라고 한 이유는 로크의 시각에서 보면 입법권을 행사하는 기관은 질서 정연한 공동체 이전이든 이후이든 동일하기 때문이다. 즉, 로크에게 정부를 구분하는 기준은 오로지 입법권의 행사 주체이기 때문에 이 주체가 동일한 이상 정부가 바뀌는 것은 아니다.

제3장에서는 이 저술에서 다루고 있는 사상가 중 개념적으로 가장 혼란스러운 사상가인 몽테스키외의 정치 체제 개념을 살펴본다. 특히 여기서는 흔히 민주정과 혼동되는 자유로운 정부(free government)의 의미를 명확히 하고 있다. 몽테스키외가 사용하는 주권의 의미가 모호하긴 하지만, 민주정은 전체 인민에게 주권이 있는 공화 정부이고 이 정부는 인민의 일부에게 주권이 있는 귀족 공화정과 대비된다. 또한, 이 정부는 주권이 1인에게 있으면서 법치가 이루어지는 군주정과 무법의 1인 통치 정부인 독재정과도 대비된다. 그는 특이하게도 민주정에서 행정권이나 정치적 자문권은 정치 지도자들에게 얼마든지 위임될 수 있지만, 최종적인 법률 결정권은 여전히 인민에게 남아있다고 본다. 그는 이러한 공화정(민주정과 귀족정), 군주정과 독재정이라는 정부 외에도 온건한 정부(moderate government)와 자유로운 정부 개념을 추가로 설정하고 있다. 온건한 정부는 심리적 절제심에 해당하는 통치 원칙을 가지고 권력의 폭력적 행사를 예방하는 정부이다. 그리고 자유로운 정부는 폭력적 권력에 대한 통제가 단순히 통치자의 심리적 자제에서 비롯되는 것이 아니라 정치 권력의 인적인 분리와 같은 제도적 견제 장치를 통해서 이루어지는 정부이다. 다시 말하면, 온건한 정부와 자유로운 정부는 둘 다 권력의 폭력성을 제어하지만, 하나는 통치자의 내재적인 혹은 심리적 절제에 의존하고 다른 하나는 권력 간의 분리와 이에 기반한 외적인 상호 견제 시스템에 의존한다. 따라서 몽테스키외의 자유로운 정부는 로크의 질서 정연한 공동체와 유사하지만, 전자가 후자보

다 더 엄격한 권력 간의 견제를 보장한다. 전자는 단순히 권력을 기능적으로만 분리해 놓은 정부가 아니다. 나아가 그것은 더욱 협소한 의미의 권력 분리, 즉 인민, 귀족 그리고 군주 이렇게 3개의 사회 세력 간의 권력 분점을 전제로 하는 혼합 정부이다. 그것은 인민이 최종적인 입법권을 독점하는 민주정과 거리가 멀다. 몽테스키외의 자유로운 정부에서는, 군주를 제외하고 귀족과 인민이 입법권을 나누어 가진다.

제4장에서는 대의(혹은 위임) 개념과 정부 개념의 관계에 관해 더욱 엄밀한 논의를 진행하고 있는 루소의 사고를 다루고 있다. 루소 역시 홉스처럼 자연인 개개인이 가진 권한을 공동체로 위임하는 것에서 사회 계약론을 시작한다. 하지만 홉스와 달리, 그는 자연인 개개인이 권한을 위임해 주는 대상은 공동체 전체뿐이라고 주장한다. 홉스처럼 공동체 일부나 개인에게 권한을 위임할 수도 없고 로크처럼 공동체의 다수에게 권한을 위임할 수도 없다. 이러한 전면적인 권한 위임으로 발생한 권력이 루소의 주권이며 이 주권은 공동체의 일반 의지와 동일하다. 이러한 주권 혹은 공동체의 일반 의지는 양도되거나 위임될 수 없다. 따라서 입법권으로 대표되는 일반 의지의 권능은 누구에게도 양도되거나 위임될 수 없고 언제나 공동체 구성원 전체, 즉 인민이 행사한다. 그리하여 정부 형태와 상관없이 주권은 언제나 공동체나 인민 전체에게만 귀속된다. 국가 혹은 공동체와 구분되는 정부는 일반 의지의 발현인 법을 구체적 사안에 적용하는 기구이며, 이 법 집행권력은 일반 의지에 의해 위임된 것이다. 이렇게 위임받은 법 집행권을 행사하는 시민이 인민의 절반이 넘는다면 민주정이고, 과반이 되지 않는다면 귀족정이며, 1인이라면 군주정이다. 따라서 민주정이든 아니든 모든 정부는 처음부터 일반 의지에 기반하고 법에 기초하여 운영되는 정부이다. 또한 모든 정부는 인민으로부터 법률 집행권을 위임받아 행사하는 대의 정부이다.

제5장에서는 사회 계약론의 대표적 사상가인 홉스, 로크 그리고 루소

이 3명의 정치 체제론과 민주 개념을 비교하고 있다. 이러한 논의는 제1장, 제2장 그리고 제4장에서 다룬 개별 이론과 일부 중복될 수 있다. 그럼에도 불구하고 이 비교 연구가 필요한 이유는 이 세 명의 정치 체제론을 종합적으로 비교하는 기존 연구를 찾아볼 수 없기 때문이다. 이들에 관한 기존 연구는 대부분 비교론적인 시각이 부족하거나 비교하더라도 사회 계약론 자체를 대상으로 하고 있다. 그리하여 이들의 민주 개념이나 정치 체제론에 관한 본격적인 비교 연구를 찾아보기 어렵다.

세부적인 내용은 본문에 맡기고 여기서는 이들의 이론이 분화되는 근원이 되는 정치 공동체와 정치 체제(혹은 정부 형태)의 관계에 관한 차이점을 간단히 언급하고자 한다. 홉스의 경우 정치 공동체가 곧 정부이다. 정부가 없다면 정치 공동체가 존재하지 않는다. 자연인이 상호 간 합의를 통해 만들어내는 정치 권력인 주권의 탄생은 정치 공동체의 탄생 그 자체이며 이 주권의 탄생은 언제나 구체적인 주권체의 설립을 통해서만 가능하다. 다시 말하면 주권의 탄생은 언제나 구체적인 정부 형태의 설립을 전제로 한다.

이에 반해 로크의 경우 정치 공동체의 탄생은 정부의 탄생이 아니다. 정치 공동체는 시원적 권력인 다수의 권력을 공동체 자체의 권력으로 인정하면서 탄생하는 것이고 이 다수의 권력이 입법권을 어떻게 행사하느냐에 따라서 다른 정부가 수립된다. 그리하여 정치 공동체와 정부는 개념적으로나 시간상으로 분리된다. 홉스에 의해 주권으로 통칭되던 권력이 로크에 이르러서는 정치 공동체를 형성하는 시원적 권력과 정부 형태를 구분하는 데 활용되는 입법권 혹은 최고의 권력으로 분화하게 된다. 이러한 분화로 인하여, 정부가 없더라도 정치 공동체는 여전히 존재할 수 있게 된다.

마지막으로 루소는 로크처럼 정치 공동체와 정부 개념을 분리하지만 이러한 분리를 훨씬 철저하게 한다. 그의 경우 자연인이 권력을 정치 공동체에 위임함으로써 정치 공동체가 수립된다. 그리고 이러한 정치 공동체가 하나의 단체로서 가지는 의지가 일반 의지이고 이것이 곧 주권이며 입법권이다. 이 주권을 가진 정치 공동체가 일반 의지의 표현인 법을 구체적인 상황에서 시행하는 주체를 별도로 설정하게 되면서 비로소 정부가 탄생하게 된다. 홉스의 관점에서 보면 주권이 민주정에 부여되었던 과정이 루소에게는 공동체 자체의 탄생 과정이 된다. 주권이 1인 군주나 소수 귀족 집단에게 부여되는 과정은 루소에게 존재하지 않는다. 즉, 루소의 정치 공동체 일반의 탄생은 홉스의 구체적 주권체 사례 중 하나인 민주적 주권체의 탄생과 동일하다. 그리하여 루소에게 주권은 언제나 인민 전체에게 놓여있는 것이며, 귀족이나 1인 군주에게 부여될 수 없는 것이다. 민주정, 군주정, 귀족정의 문제는 주권의 소재 문제가 아니라 이 주권 혹은 주권의 표현인 법률을 구체적인 상황 속에서 누가(혹은 어떻게) 하나하나 적용하여 나가느냐의 문제이다.

제6장에서는 루소 이후의 사상가들을 일일이 하나의 장에서 검토하기보다는 집필 방식을 변경해, 현대 민주 개념의 핵심 구성 요소들인 선거를 통한 대의와 경쟁 개념이 어떻게 근현대에 와서 민주 개념 속으로 들어오게 되었는지를 집중적으로 다루고 있다. 이 주제에 답하기 위해 홉스부터 루소까지 대의 개념을 다시 정리하는 동시에 지금까지 다루지 않았던 루소 이후의 사상가들인 칸트, 매디슨, 페인, 존 스튜어트 밀과 슘페터를 대의와 경쟁 개념에 초점을 맞추어 검토하고 있다. 이 저술을 마치기 이전에 이렇게 인물보다 주제를 중심으로 서술한 이유는 고대와 다른 근현대의 민주 개념이 갖는 특성을 집중적으로 조명하기 위해서이다. 우리는 이를 통해 이 저술의 출발점이었던 문제, 즉 근현대 민주 개념의 역사적 특수성을 명확히 인식할 수 있다.

우선 홉스의 위임을 통한 대의 개념에서는 모든 정부가 자연인의 위임을 통해 탄생한 대의 정부이다. 로크의 경우는 자연인의 위임을 통해 다수가 지배하는 정치 공동체가 탄생하지만, 이 다수가 다시 입법권을 위임한 대의 정부는 군주정, 과두정, 혼합정뿐이며, 민주정은 이 다수가 입법권을 위임하지 않고 직접 행사하는 정부이다. 루소에 따르면, 자연인이 위임을 통해서 정치 공동체의 일반 권력인 주권을 만들지만, 이 주권을 가진 인민은 행정권을 위임하여 모든 정부를 만든다. 루소에게 있어, 전체 인민이 행정권을 직접 행사하는 정부를 제외한 모든 정부는 인민 전체가 위임한 행정권을 행사하는 대의 정부이다. 몽테스키외의 경우는 이러한 권력 위임 개념을 명확히 다루지 않는다. 심지어 그가 제시한 권력의 인적 분리와 자유로운 정부 개념에서도 명확히 인민에 의한 권력의 위임 개념을 찾아볼 수 없다. 각 세력은 어쩌면 자연적인 권리로 자신의 권력을 별도로 행사한다. 예를 들어, 그의 자유로운 정부 개념에서는 군주가 행정권을 행사하지만, 이 군주의 권력이 인민에 의해서 위임된 것이란 보장이 없다. 마찬가지로 귀족 집단도 별도의 입법권을 갖고 있지만, 이러한 권한이 인민에 의해서 위임된 권한이라는 설명은 찾아보기 어렵다.

칸트에 이르러, 대의는 공화와 민주를 구분하는 주요한 기준점이 된다. 즉, 대의 정부는 곧 공화 정부인데, 이 정부는 입법권을 가진 의회와 기능적으로 분리된 기관이 행정을 담당하는 정부를 의미한다. 여기서 의회가 대의원으로 구성될 수 있지만, 그의 대의 정부는 기본적으로 대의 행정부를 의미한다. 그리고 이 대의 정부의 대의는 선거를 통한 대의에만 국한되지 않는다.

미국의 매디슨 역시 대의 정부를 강조하지만, 민주 정부와 대의 정부를 분리하여 대의 정부는 공화정이라고 한다. 하지만 칸트와 달리 그가 강조한 대의 정부는 대의원들로 구성된 의회 정부를 의미한다. 즉, 매디슨은 입법부의 대의를 염두에 두고 민주정과 구분하여 공화와 대의 개념을 사용하고 있다. 그의 대의 개념은 선거를 통한 대의를 의미하지만, 그의 논의의 초점은 선거에 있지 않다.

하지만 동시대의 토마스 페인에 오면 대의는 선거를 통한 대의로 명확히 정의된다. 그에게 대의제는 세습제와 반대되는 제도로, 능력 있는 인물을 선거로 뽑는 정치 제도이다. 그렇지만 페인도 여전히 대의제 혹은 선거를 통한 대의제를 민주정으로 정의하지 않는다. 그는 민주정을 대의 정부와 분리하여 정의하고 있다. 이 두 정부는 같은 원리에 기반하고 있지만, 민주정은 고대의 정부이고 대의정은 근대의 혁신 정부이다.

이러한 대의와 민주의 개념적 구분은 밀에게 오면 종식된다. 밀에게는 대의정이 곧 민주정이다. 오히려 인구가 과다한 근대에서는 대의 정부만이 진정한 민주 정부가 될 수 있다. 단 그런 진정한 민주 정부가 되려면 일부나 다수를 대의하는 것이 아니라 전체를 대의하는 정부이어야만 한다. 그리하여 전체를 대의하는 진정한 민주정이라는 표현이 이제는 자연스럽게 된다.

이렇게 대의, 선거를 통한 대의 그리고 대의와 민주 개념의 결합이라는 과정을 거치면서 대의 민주정 개념이 확립된 상태에서 슘페터에 의해 경쟁 개념이 민주정의 요소로 추가된다. 슘페터는 공공선 혹은 인민의 의지나 일반 의지를 대의할 수 있다는 사고를 단순히 비판하는 것에 그치지 않고, 민주정의 정의에 전혀 새로운 요소, 즉 경쟁 개념을 집어넣는다. 그에게 와서 비로소 우리는 대의 민주정을 구가하는 과거 소련의 공산당 일당 독재체제가 민주정이 아니라고 규정할 이론적 근거를 찾아볼 수 있게 된다. 소련이나 다른 일당체제가 민주정이 아닌 이유는 이들이 선거나 대의 체제를 단지 형식적으로 채택하기 때문이 아니라, 이들 선거가 충분히 경쟁적이지 않기 때문이다. 따라서 민주정은 더 이상 주권이 누구에게 있느냐의 문제가 아니라 인민의 표를 두고 경쟁하는 선거를 통해 정치 지도자를 선발하는 방식의 문제로 변질된다. 그리하여 군주 세습제처럼 선거가 없거나 선거가 있더라도 경쟁적이지 않은 체제는 민주정이 아니다. 이러한 선거로 선출된 정부가 민의를 대의하느냐의 문제도 민주정과 관련이 없다. 왜냐하면 슘페터에게는 민의라는 개념 자체가 존재하지 않기 때문이다.

마지막 7장에서는 『서양 민주 개념 통사』의 고대편과 근현대편에서 다룬 민주 개념을 가지고 오늘날 우리나라 정치 체제를 평가해 본다. 이를 통해서 우리는 지금까지 다룬 각각의 사상가들이 의미한 민주 개념을 더욱 분명히 이해할 수 있게 될 뿐만 아니라 현재 우리나라 정치 체제를 새로운 시각에서 바라볼 수 있게 된다. 우리가 사는 오늘날 대한민국 정치 체제가 과거 사상가들의 눈으로 볼 때 과연 어떻게 평가될지 알아보는 것은 흥미롭지 않을 수 없다. 이 장에서 비록 일부 사상가들만 선별적으로 다루지만, 슘페터를 제외한 모든 사상가가 보기에 오늘날 대한민국은 민주정이 아니거나 가짜 민주정이다. 이것은 단순히 고대의 직접 민주정이 아니라는 말이 아니다. 여기서 고대나 근대 사상가들이 대한민국이 민주정이 아니라고 평가하는 이유는 직접 민주정과 간접 민주정의 구분과 무관하다.

서양 민주 개념사 연구를 이제 마치면서 필자는 고전을 통해서 미래의 정치 모형이나 민주주의 모형을 찾는 이들에게 한마디 조언하고 싶다. 선거를 통한 대의 개념 이전과 이후의 민주정은 이름은 같아도 의미가 전혀 다른 동음이의어다. 이 둘은 개념적으로 완전히 이질적이다. 또한 현대의 경쟁적 권력 투쟁 혹은 다당제 선거 시스템으로 정의되는 민주정 개념도 고대의 개념과 거리가 멀다. 이 역시 또 다른 동음이의어이다. 근현대에 와서 민주정에 새롭게 삽입된 위임을 통한 대의 개념과 경쟁 개념을 제거해야만 우리는 민주정의 고전적 모습을 명확히 파악할 수 있다.

근현대의 색채가 묻지 않은 민주정 개념의 핵심은 인민이 정치를 하는 것이다. 어쩌면 너무나 상식적인 이 말이 뭐 그렇게 대수인가 반문하는 이들이 많을 것이다. 하지만 이것을 새삼 깨닫는 것은 정말 대단한 일이다. 링컨의 유명한 어구인 "국민(인민)의, 국민에 의한, 국민을 위한 정부(the government of the people, by the people, for the people)"에서 국민의 정부와 국민을 위한 정부는 민주정과 사실 관련이 없다. 민주정이 아니더라도 국민이 주인이라고 주장하는 정치를 할 수 있고, 국민을 위한 정치는 민주정이 아닌 정치 체제에서 더 잘할 수도 있다. 하지만 오로지 민주정에서만 진정으로 국민에 의한 정치를 할 수 있다. 고대부터 민주주의 전통이 없는 우리나라 사람들은 민본주의 사상을 민주주의 사상으로 착각하는 경우가 허다하다. 민을 위한 정치를 부르짖는 것이 진정한 민주주의자의 덕목으로 여겨진다. 하지만 인민이 정치를 한다는 개념으로서 민주정을 인식하거나 인민에 '의한' 정치를 민주정으로 간주하는 경우, 그러한 인민을 '위한' 외침은 민주 정치가 될 수 없다. 그러한 외침은 민주정에서만이 아니라 군주정에서도 귀족정에서도 독재정에서도 얼마든지 가능하다. 다시 말하면, 독재자나 왕도 얼마든지 대중을 위해서 혹은 공익을 도모하기 위해서 정치를 할 수 있다. 그들 또한 민본주의 사상처럼 백성을 하늘같이 받들며 정치를 할 수 있다. 하지만 이렇게 누구를 위하는 정치는 누가 정치를 하느냐와 완전히 다른 문제이다.

이런 시각에서 보면, 미래의 민주주의 모형은 대중이 정치하거나 공무를 보는 것을 강화하는 방향으로 나아가야 한다. 오늘날 기술 혁신과 물질적 풍요로 인하여 영토의 광대함이나 인구의 과다함은 더 이상 이른바 대의 정부를 하는 구실이 될 수 없다. 또한 대중적인 교육 시스템의 도입으로 더 이상 대중의 무지함도 대의정치를 하는 이유가 될 수 없다. 먼 미래에도 여전히 대중이 모든 권력을 행사할 수는 없겠지만, 적어도 법안에 대한 최종적인 투표권은 대중에게 돌려줘야 한다. 미래의 민주주의에서도 의회는 살아남겠지만, 의회는 더 이상 의결기구가 될 수 없을 것이다. 그것은 오로지 토론과 심의 기능 및 투표 의제 설정 기능만을 수행할 것이다. 이것을 전제로 우리는 이제 미래 정치 모형을 설계해 나가야 한다.

이러한 민주주의 모형이 좋으냐 아니냐의 문제는 여기서 우리의 논의 범위를 벗어난다. 필자가 강조하고자 하는 것은 민주 정치가 앞으로 발전한다면 그런 형태로 나아갈 수밖에 없을 것이라는 점이다. 그런 민주

정치가 공동체에 더 이로울지 아닐지는 필자가 현재 판단하기 어렵다. 이것은 한 차원 더 높은 규범 체계를 전제로 해서만 답할 수 있는 문제이다. 어떤 것을 평가하기 위해서는 그보다 높은 차원의 가치 체계를 전제로 해야만 한다. 민주주의에 대한 평가 역시 마찬가지다. 민주주의 자체가 지고지선한 제1의 가치라면 더 이상 민주주의에 대한 평가가 필요 없겠지만, 만약에 그렇지 않다면 민주주의 개념과 별개로 존재하며 그보다 더 소중한 인간 공동체의 가치에 기반하여 민주주의 모형을 평가할 필요가 있을 것이다.

감사의 말씀으로 넘어가기 전에 마지막으로 언급하고 싶은 것은 통상적인 전문서적과 달리 이 저술에는 참고문헌이 많지 않다는 점이다. 이것은 결코 이 저술의 모든 내용이 필자의 고유한 생각이라 인용이나 주석이 불필요하다는 것을 의미하지 않는다. 직간접적으로 참고한 많은 문헌들이 있지만, 다른 이들의 주장보다 개인적인 생각 위주로 글을 써 내려갔기 때문에 참고문헌이 꼭 필요한 경우가 아니라면 표기하지 않았다. 이를 통하여 가능한 고전과 직접 소통하는 필자의 모습을 전달하고자 하였다.

감사의 말씀

이 『서양 민주 개념 통사: 근현대편』은 필자가 동일한 연구 과제로 먼저 집필한 저술들의 연장선상에 놓여있기 때문에 이전에 도서 출판을 하는 과정에서 도움을 주신 분들도 이번 출판과 관련해서 사의를 받아 마땅하다. 이분들 이외에 여기서 추가로 감사의 말씀을 전하고 싶은 분들이 있다. 우선 앞선 출판 과정에서 본의 아니게 사의를 빼먹은 분들이 있다. 그 중에서도 2019년 그리스 방문 때 이루 말할 수 없이 도움을 준 Alexandra Myrto Rekka 학생을 잊을 수가 없다. 틈나는 대로 시간을 내어 길 안내를

해 주고 숙소까지 마련해 주었다. 또한 김수빈, 백승화와 송희를 포함하여 건국대학교 산학협력단 과제 담당 선생들에게도 뒤늦게나마 감사드린다. 각종 연구비 정산과 관련하여 귀찮을 정도로 많은 질문에도 일일이 성심성의껏 답을 해준 덕분에 연구를 잘 마무리할 수 있었다.

두 번째로, 원고 중 일부는 출판에 앞서 학술 대회에 이미 발표되었는데 이때 논평을 해 주신 분들이 있다. 제1장 홉스의 대의와 민주 개념에 관한 장은 2022년 8월 부산 한국 정치학회 하계 학술 대회에서 "홉스의 대표와 민주 개념"이라는 논문으로 발표한 글을 수정 보완한 것이다. 이 학술 회의에서 사회와 토론을 각각 맡아주신 동의대 서영조 교수님과 인천대 이상원 교수님에게 감사드린다. 또한 제7장은 2017년 6월 서울에서 있었던 학술 회의인 *World Congress for Korean Politics and Society*에서 발표한 논문인 "아리스토텔레스부터 슘페터까지 'democracy'의 개념을 다시 생각한다: 오늘날 한국정치 체제 비평"을 이 저술에 맞게 다시 쓴 것이다. 이 발표가 결정적 계기가 되어 필자는 민주주의 개념사를 장기적으로 연구할 가치가 있음을 깨닫고 이듬해 한국연구재단 장기 연구과제 신청을 하게 되었다. 당시 패널 사회를 맡아주고 추가 연구를 권장해 준 황태희 교수님과 정훈 박사님에게 감사드린다.

세 번째로, 2024년 8월 2주간 난생처음으로 프랑스, 영국 그리고 독일을 순방할 때 도움을 주신 분들이 있다. 우선 프랑스 방문과 관련해서는 여러 가지 조언을 해준 Myriam Kroll(성경주) 박사님과 그녀의 남편인 Peike Hendriks씨 덕분에 첫 방문을 별다른 어려움 없이 마칠 수 있었다. 또한 건국대 정치외교학과 졸업생으로 파리 시앙스포에서 대학원 과정을 밟고 있던 송제훈의 도움으로 해당 학교 캠퍼스를 둘러볼 기회가 있었다. 이후 영국 방문에서는 런던정경대 석사과정을 마치고 돌아온 지 얼마 되지 않았던 제자인 김수빈한테 받은 여러 가지 조언이 크게 도움이 되었다.

또한, 바쁘신 와중에도 짬을 내어 대사관 초대와 환담을 해 주신 영국주재 대사인 윤여철 선배님께도 별도로 사의를 표명하지 않을 수 없다. 마지막으로 독일 방문에서는 대한민국대사관 본(Bonn) 분관장으로 근무한 고등학교 동기인 허승재에게 많은 신세를 졌다. 1박 2일이지만 덕분에 독일 정치 상황에 관한 이해도를 높이고 본과 그 주변 도시를 둘러볼 기회를 누릴 수 있었다. 그리고 비행일정으로 아쉽게 슘페터의 고국인 오스트리아를 방문하지 못하였지만 오스트리아 재무부 소속인 Silke Kobald씨 덕분에 초대 재무부 장관이었던 슘페터에 관한 자료를 얻을 수 있었다.

마지막으로, 바쁜 와중에도 최종 교정지를 꼼꼼하게 읽고 필자가 미처 생각지도 못한 오류를 지적해줘 집필의 완성도를 높이는 데 큰 도움을 준 김은경 교수, 문은영 박사, 미국 인디아나대학교의 박사과정생인 정현직과 서울대학교 박사과정생인 박광훈에게 심심한 사의를 표하고자 한다. 또한, 7년차 연구 보조원으로 활동하여 준 정해린과 최재준, 2024년 전공선택 과목인 ＜정치학고전원서강독＞과 ＜정치경제＞를 수강하면서 원고 교정작업에 참여해 준 박상현, 박소진, 한지유, 김수연, 김정은, 김민준, 김현민, 윤수녕, 강건, 원예진, 정환희, 홍송연, 이승헌, 김도형, 아바스뭐라타바누리아바스 학생, 이번 출판을 맡은 박영사의 정성혁·탁종민 과장님과 다른 편집 팀원들, 그리고 항상 삶의 동력이 되어 준 식구들과 임창빈을 비롯한 친구들에게 감사를 표하고 싶다.

2025년 2월

환갑을 기념하며

최 정욱

목차

서문 · iii

제1장 홉스에 의한 주권과 대의 개념의 결합:
근대적 민주 개념의 출발 ······ 1

제2장 로크의 민주 정부와 질서 정연한 공동체 ······ 35

제3장 몽테스키외의 온건한 정부와 자유로운 정부 ······ 67

제4장 루소의 인민 주권 개념과 민주 개념의 분리 ······ 99

제5장 홉스, 로크와 루소의 정치 체제 형성 과정론과 분류법:
비교론적 고찰 ······ 123

제6장 대의 개념의 변천과 경쟁 개념의 도입:
현대 민주 개념의 완성 ······ 151

제7장 서양 고전으로 본 오늘날 한국 정치 체제: 결론에 대신하여 ······ 189

참고문헌 · 221

찾아보기 · 223

제1장

홉스에 의한 주권과 대의 개념의 결합: 근대적 민주 개념의 출발

영국 국립초상화박물관에 전시된 홉스 초상화. 1670년경 약 80세일 때의 모습. 당시 다른 이들과 달리 대머리를 가리려고 가발을 착용하지 않은 것이 인상적이다(출처: 저자).

홉스의 든든한 후원자인 데번셔 가문이 영국 내전 당시 정치적으로 지원하였던 찰스 1세 국왕을 조각한 작품(사망 후 30년 뒤 1679년 작품). 이 전제군주는 최후에 도끼로 참형을 당했다(출처: 저자).

제1장

홉스에 의한 주권과 대의 개념의 결합: 근대적 민주 개념의 출발

서론: 서양 민주 개념 근대사의 출발점

고대와 근대 정치 사상을 구분하는 기준은 여러 가지일 수 있다. 그 중에 우리가 가장 흔히 듣는 근대 사상의 기준점은 정치란 이래야 한다는 이상향이 아니라 정치란 이런 것이라는 현실 인식에 기초해 사고하는 것이다. 이 결과 근대 정치 사상에서 다루는 가장 중요한 가치는 정치 행위자의 동기나 이익이며, 정치 행위는 이러한 동기나 이익에 기반하여 합리적으로 설명되어야 한다. 고대 사상을 대표하는 아리스토텔레스의 목적론과 달리 방법론적인 개인주의를 특징으로 하는 근대 사상에서는 개개인의 동기나 이해타산을 떠나서 독립적으로 존재하는 공공선이 더 이상 존재하지 않거나 최소한 이론적인 우선순위에서 밀려난다. 근대에 와서 공공선은 더 이상 정치 공동체가 나아갈 길을 밝혀주는 횃불이거나 등대가 아니다. 이런 기준으로 고대와 근대를 나눌 때, 근대 정치 사상의 시조는 마키아벨리이다. 『로마서논고』에 나오는 그의 사상은 고대인들과 별반 다르지 않지만, 『군주론』에서 접하는 마키아벨리는 그 이전 고대 사상가들과는 판이하다. 이들 사상가들이 보기에 『군주론』은 사상서라기보다 단순히 군주 개인의 정권 유지를 위한 계책을 나열하고 있는 소피스트적인 지침서에 불과할 수도 있다. 그의 지침은 이론적으로 볼 때 공동체 전반의 복리와 아무 관련이 없다.

하지만 민주 개념 통사의 시각에서 보면, 고대와 근대를 구분 짓는 기준점은 이러한 정치적 현실주의와 방법론적인 개인주의의 등장이 아니라, 주권(sovereignty)과 대의(혹은 대표, representation) 개념의 도입이다. 특히 주권 개념은 몇 가지 새로운 속성을 추가한 것을 제외하면 고대에도 존재하였기 때문에, 고대와 근대를 양분하는 가장 중요한 사건은 궁극적으로 근대적 민주 개념의 핵심 속성 중 하나로 자리잡게 되는 대표 개념이 정치 공동체 혹은 주권과 결부되어 등장한 것이다. 주권과 대표 개념의 결합은 고대사상에서는 찾아보기 어려운 새로운 것으로 정치 권력 중 최고의 권력을 지닌 자와 그것을 실제로 행사하는 자가 다를 수 있다는 것을 시사하는 것이다. 사상사에서 대표와 주권의 결합은 최종적으로 주권의 소유자와 행사자의 분리로 귀착되지만, 아이러니하게도 시작은 홉스가 설정한 주권의 창출자와 행사자(또한 소유자)의 분리에서 출발하고 있다. 즉, 대표와 주권 개념의 결합은 홉스의 사고, 즉 주권의 출처를 주권의 소유자 겸 행사자와 분리하는 것에서 시작한다.

권력의 소유와 행사의 분리는 비단 근대의 현상만이 아니다. 낮은 수준의 권력에서는 고대에도 이런 현상이 상존했다. 예를 들어, 민주정을 시행한 아테네에서 시민만이 공직 수행을 맡았던 것은 아니고, 심지어 노예들도 정부 업무를 맡아서 수행하였다. 하지만 고대 아테네에서 정치 권력을 행사하는 사람들이 시민이라고 하였을 때, 정치 권력은 사소한 하급 권력을 말했던 것이 아니라, 정치 공동체의 성격을 좌우하는 정치 체제의 속성과 직결되는 권력, 즉 최고의 권력(supreme power)을 말했다. 구체적으로 그것은 민회, 500인 집행위원회 그리고 인민 재판원단에 참여하는 권한을 의미했다.

이러한 최고의 권력에 국한해서 볼 때, 고대에는 권력을 행사하는 것이 당연히 권력을 소유한 것을 의미하였다. 그리고 이러한 권력을 행사하거나 행사할 자격을 가진 자가 바로 시민이었다. 시민이 아닌 자가 민회 참석과 같은 권력을 행사하는 경우 엄격한 처벌을 받았다. 거꾸로 최고의 권력이 어디 있는지, 그리하여 정치 체제가 어떠한 체제인지를 파악하려면, 누가 최고의 권력을 행사하고 있는지를 보면 금방 알 수 있었다. 오늘날 민주 개념에 관한 이론가인 로버트 달(Robert Dahl)처럼 누가 미국을 통치하느냐는 질문에 답하기 위하여 한 권의 책을 쓸 필요가 없었다(Dahl 1961).

궁극적으로 주권의 소유와 행사의 분리를 가져온 정치적 대표 개념의 등장이 민주 개념 통사에서 근대의 시작을 알리는 신호탄이라고 본다면, 보댕의 주권 개념을 발전시키고 나아가 근대적인 대표 개념을 주권 개념과 결합하여 처음으로 정치 공동체 문제에 체계적으로 적용한 홉스가 서양 민주 개념 근대사의 개척자이다. 그래서 여기 『서양 민주 개념 통사: 근현대편』의 첫 장을 장식하는 사상가는 홉스이다. 이 장에서는 홉스의 『리바이어던』에 나오는 주권과 대표의 개념을 중심으로 그가 어떻게 정치 공동체와 정치 체제 문제를 설명하고 있는지를 살펴본다. 구체적으로 우선 그가 정의한 대표 개념의 속성을 상세히 다루고 이것이 그 이전과 오늘날의 대표(혹은 대의) 개념과 어떻게 차이 나는지를 분석한다. 둘째, 그가 이러한 대의 개념에 기초해 어떻게 정치 체제 혹은 정치 공동체를 정의하고 분류하는지 다루어본다. 셋째, 비록 체계적이지 않고 불완전하지만 그가 이야기하고 있는 정치 체제 간의 장단점을 알아본다. 마지막으로 이러한 홉스의 이론이 오늘날 민주정에 대한 통상적 이해와 어떻게 차이 나는지를 논의하면서 이 장을 마무리한다.

보댕에 의한 근대적 주권 개념의 기초 작업

홉스를 본격적으로 다루기에 앞서 보댕의 주권 개념을 예비적으로 고찰할 필요가 있다. 홉스의 이론에서 대단히 중요한 주권 개념을 확립한 인물이 보댕이기 때문이다. 보댕이 정의한 주권은 고대 최고의 권력과 같이 절대적이며 항구적인 최고 지배권이지만, 그와 달리 단일한 것으로서 분할되거나 양도될 수 없다. 이러한 주권의 기원은 폭력과 강제력이며 가정에서 가부장이 가진 전제적 권능과 유사하다. 보댕의 이론에서는 단일 가정의 가부장들이 폭력적 수단과 정복으로 더욱 큰 권력체의 구성원으로 복속되어가는 과정이 정치 공동체(commonwealth)나 국가(state)가 만들어지는 과정이며, 이런 과정을 통해 가부장이라는 독립적 존재는 정치 공동체의 구성원인 시민으로 전환된다. 시민은 고대와 달리 더 이상 정치 공동체의 주체적인 운영자나 지배자가 아니라, 전쟁이나 다른 폭력적 과정을 통하여 굴복한 피통치자(subject)에 불과하다(Bodin 1967, 18). 오로지 통치자만 권력을 가지고 있으며, 시민은 전혀 권력을 가지고 있지 않다.

이렇게 탄생한 정치 공동체에는 최고의 권력을 행사하는 존재, 즉 주권자 혹은 주권체가 탄생하는데, 하나의 가정에서 가장이 1명이듯 주권을 가진 존재는 한 명이 아니더라도 단일체이어야만 한다.[1] 이러한 주권을 누가 가졌느냐에 따라 1인이 가진 경우 그것은 군주적(monarchic) 정치 공동

1) 여기서 주권자보다는 주권체라는 표현을 사용하는 이유는 주권자의 경우 사람 개인을 시사하는 경향이 있고 주권체는 개인이든 조직이든 상관없이 두루 사용될 수 있기 때문이다.

체 혹은 군주국이며, 모든 인민 혹은 그들 중 다수(a majority)가 공유하게 되면 그것은 민주적(democratic) 또는 민중적(popular) 정치 공동체 혹은 국가이다. 인민의 소수(a minority)가 주권을 공유하게 된다면 그것은 귀족적(aristocratic) 정치 공동체 혹은 귀족국이다. 그밖에 어떠한 형태의 정치 공동체도 존재하지 않는다(Bodin 1967, 51-52). 왜냐하면 주권은 오로지 1인, 소수, 혹은 전체에만 귀속될 수 있기 때문이다. 따라서 이 세 가지를 서로 섞어놓은 정치 공동체나 어느 한 가지를 다시 다른 기준으로 나누는 것은 있을 수 없다. 예를 들어, 정치 공동체 혹은 국가의 주권을 귀족과 왕이 공유하거나 귀족과 인민이 공유하는 일은 있을 수 없다. 또한 주권 행사의 방식이나 목적을 염두에 두고, 좋은 귀족정은 'aristocracy'라고 하고 나쁜 귀족정은 'oligarchy'라고 구분하는 것은 불가능하다. 마찬가지로 1인 주권자가 포악하면 'tyranny'라고 하고 선하면 'monarchy'라고 하는 것은 주권의 속성을 오인한 것에서 비롯된 것이다. 여기서 알 수 있듯이 고대 사상가들에게서 흔히 발견되는 통치 방식에 따른 구분론은 보댕의 'commonwealth(정치 공동체)'의 구분에서는 찾아볼 수 없다.

보댕에 의한 국가와 정부의 구분

하지만 보댕은 정치 공동체(commonwealth) 혹은 국가(state)가 아닌 그보다 낮은 단계의 정치 권력도 분류하고 있는데, 그는 이것을 국가가 아니라 정부라고 규정하고 있다. 따라서 보댕은 주권 개념을 도입함과 동시에 국가와 정부를 구분하는 작업도 하고 있다. 그리하여 국가의 종류에는 앞서 말한 세 가지가 있지만, 각 국가는 어떻게 통치되느냐에 따라서 정부 형태를 달리할 수 있다. 즉, 동일한 국가 형태에 서로 다른 정부 형태가 존재할 수 있다. 예를 들어, 주권은 군주에게 있지만 그가 통치하는 방식에 따라 정부는 민주적으로 운영될 수도 있고 귀족적으로 운영될 수도 있다. 구체적으로, 관직이나 명예 혹은 토지가 신분이나 부유함과 무관하게 모든 이에게 나누어진다면 그것은 민주적 정부이며, 일부 부유하거나 신분이 고귀한 자들에게만 개방된다면 그것은 귀족 정부이다. 또는 주권을 행사할 때 법에 따라서 하느냐와 자연적 자유와 재산에 관한 자연권이 보장되느냐에 따라서 군주국은 왕정(royal monarchy), 독재적 군주정(despotic monarchy), 혹은 폭군정(tyranny)이 될 수도 있다. 이렇게 통치 방식에 따라서 세 가지 정부를 구분하는 것은 귀족국과 민주국에도 마찬가지로 적용될 수 있다(Bodin 1967, 56-57).

훗날 헌법학에 유행하게 된 국체와 정체 구분의 기원이 된 보댕의 국가와 정부의 구분은 고대에서는 찾아보기 어렵다.[2] 아리스토텔레스를 보면, 그는 'polis'와 'politeia(polity)'를 구분하고 있지만, 'polis'의 종류를 구분하고 있지는 않다. 용어상 차이가 있지만, 'polis'는 정치 공동체 일반 혹은 국가를 의미하고 'politeia'는 정치 공동체 일반을 조직하는 방식에 관한 것이다. 이러한 방식에는 최고 권력자의 수 혹은 그것의 행사 주체, 행사 방식 및 행사 목적 등이 전부 포함되었고 이 모든 것은 'polis'의 문제가 아니라 'politeia'의 문제였다. 보댕은 고대에 'polis'와 'politeia'를 구분한 것과 비슷하게 'commonwealth'(혹은 'state')와 'government'를 구분하면서도, 고대에 'politeia'의 속성으로 간주하였던 것 중 권력자의 수만 'commonwealth'와 결부시키고 나머지 속성들은 모두 'government' 개념에 귀속시켜 버린다. 이렇게 고대에는 모두 'politeia'의 문제로 간주되었던 속성들이 근대에 와서 보댕에 의해 'commonwealth'와 'government'의 속성으로 양분되어 버린다. 그리하여 보댕은 오늘날 심심찮게 볼 수 있는 국가와 정부 간 개념적 혼란의 단초를 제공하게 된다.[3]

2) 국체와 정체의 구분과 관련하여서는 정현직, 최정욱(2022) 참조.
3) 이러한 혼란의 단초는 물론 보댕이 아니라 로마의 키케로(Cicero)가 제공하였다. 키케로는 정치 공동체인 'polis'가 아니라 정치 체제인 'politeia'를 라틴어 'res publica'로 번역하였는데 이것을 후학들이 다시 'commonwealth'로 영역하였다.

주권의 위임 가능과 불가능

앞서 보댕이 정치 공동체와 정부를 구분하면서 예를 든 것 중 첫 번째 것, 즉 관직을 나누어준다는 말은 주권의 소유자와 공직의 수행자가 다를 수 있고 공무 수행 권한이 위임될 수 있음을 의미한다. 아리스토텔레스에게 정치적 지배자는 공무를 담당하는 자이다. 하지만, 보댕에게는 누가 공무를 실제로 담당하느냐가 중요한 것이 아니라, 누가 추상적인 주권을 가지고 있느냐가 중요하다. 이 주권의 실체가 모호한 면이 있어, 어떤 기관이 특정 직무를 수행한다고 해서 주권체라고 단정하기 쉽지 않다. 그렇지만 보댕은 실정법을 만들고 폐기하는 권한이 주권의 고유한 속성이라고 말한다. 이러한 법률 제정과 폐기권에 비해 고대의 다른 주요한 정치적 권한들, 예를 들면, 재판권, 공직 담임권, 심의권 등은 부차적이다. 이 부차적 권한들은 주권체가 아닌 사람들과 공유될 수 있는 권력이며, 주권체의 소재를 확인할 수 있는 권한도 아니다. 이 권한들과 달리, 주권체에 고유한 권한인 법률 제정과 폐기권은 주권체가 아닌 사람들이 직접 행사하거나 위임받아 행사할 수 없다.

요약하면, 보댕의 정치 체제론은 주권을 가지고 구분하는 정치 공동체에 관한 이론과 주권자가 부여한 일정한 권한을 행사하는 정부에 관한 이론으로 나누어진다. 주권체의 권한은 기본적으로 법률 제정권을 의미하고, 이 권한은 주권을 행사하는 주체를 가려내는 데 사용될 수 있다. 이에 반해, 정부의 권한은 주권을 가진 자가 부여한 부차적 권력으로서 통치 방식과 관련되거나 법의 집행과 관련이 있다. 보댕은 주권을 양도 불가의 권한으로 설정하여, 위임되거나 대리될 수 없는 권한으로 규정하였다. 주권이 일단 생성되면 주권체의 부정이나 해체를 수반하지 않고서는 주권적 권한의 양도나 위임은 불가능하다.

홉스의 정치 공동체 기원론

홉스 역시 보댕의 생각을 이어받아 불가분적이며 양도 불가한 최고의 단일권력으로서 주권 개념을 개진한다. 그는 또한 보댕처럼 주권체를 구성하는 이들의 수에 따라 정치 공동체를 오직 세 가지, 즉 'monarchy,' 'aristocracy,' 'democracy'로만 구분하고 다른 종류의 정치 공동체를 철저하게 부정하고 있다. 하지만 홉스와 보댕의 닮은 점은 여기서 끝난다. 보댕은 모든 공동체의 기원이 적어도 처음에는 강제력 혹은 전쟁이라고 보고, 이로 인해 탄생한 세 가지 정치 공동체가 'monarchy,' 'aristocracy,' 'democracy'라고 한다. 즉, 정치 공동체의 종류와 무관하게 주권의 기원은 동일하다. 하지만 홉스는 이렇게 정복으로 정치 공동체가 탄생할 수 있음을 부인하지 않지만 이러한 정치 공동체가 극히 일부에 불과하다고 본다. 정복에 의한 정치 공동체는 아예 별도로 분류된 종류의 정치 공동체에 속한 한 가지 하위 범주에 불과하다. 홉스는 우선 정치 공동체(commonwealth)를 취득(acquisition)에 의한 정치 공동체와 설립(institution)에 의한 정치 공동체로 양분하고, 정복을 통한 정치 공동체인 전제적 지배령(despotic dominion)은 전자의 한 종류에 속한다고 하여 자신이 본격적으로 논의하고자 하는 설립에 의한 정치 공동체의 범주와 완전히 분리한다. 그에 따르면, 'monarchy,' 'aristocracy' 그리고 'democracy'는 모두 정복이 아니라 자발적 위임과 계약에 의한 정치 공동체로, 오로지 이 세 가지만 설립에 의한 정치 공동체에 속한다.

다시 말하자면, 홉스는 정치 공동체 일반 혹은 국가를 공동체의 기원에 따라서 설립에 의한 정치 공동체와 취득에 의한 정치 공동체로 나누고, 설립에 의한 정치 공동체는 다시 주권의 소재에 따라서 'monarchy,' 'aristocracy' 그리고 'democracy'로 나눈다. 보댕처럼 홉스 역시 선하게 통치하느냐 악하게 통치하느냐 등과 같이 통치 방식을 가지고 정치 공동체를 분류하는 것은 질적으로 같은 정치 공동체를 바라보는 사람의 주관적 평가에 지나지 않는다고 하여 무시한다. 예를 들어, 좋은 군주든 나쁜 군주든 그가 군주라는 사실은 바뀌지 않는다. 따라서 주권을 가진 자가 1인이라는 사실에는 변함이 없다. 다만, 보댕은 비록 어떻게 통치하느냐는 문제를 정치 공동체의 분류기준으로 삼지 않았지만 여전히 이것을 정부의 분류기준으로 삼아서 중요한 지표로 보았다. 그런데 홉스는 이마저도 하지 않는다. 보댕과 달리 홉스는 주권의 주체와 관련된 정치 공동체(commonwealth)와 구분되는 정부 형태(form of government)라는 개념을 줄곧 배척하고 아무런 이론적 의미를 부여하지 않고 있다. 결과적으로 그는 보댕과 달리 정치 공동체(혹은 국가)를 정부 형태에 따라 다시 분류하지 않는다.

홉스의 이러한 사고는 그가 정치 체제 문제에 별다른 관심을 두지 않고 고대 사상가들이 소홀히 다루었던 정치 공동체의 형성 혹은 기원의 문제에 더 관심을 두었다는 사실을 고려하면 이해될 수 있다. 한 마디로 홉스의 이론에는 정치 공동체 이론은 있어도 정치 체제 이론은 사실상 존재하지 않는다. 그의 핵심 논제는 정치 공동체가 어떻게 만들어지고 이것이 정치 공동체의 운영에 전반적으로 어떤 영향을 미치느냐이다. 정치 공동체가 형성된 이후 구체적으로 어떻게 누가 운영하느냐에 따라 어떠한 정치적 차이점이 생기는지는 그에게 그다지 큰 관심사가 아니다. 따라서 나중에 강조하듯이, 우리는 고대 사상가들에게 찾아볼 수 있는 것과 같은 엄밀한 의미의 정치 체제론은 홉스에게서 찾아볼 수 없다. 그 대신, 홉스는 고대 이론가들에게 부족하였던 정치 공동체의 탄생 비밀에 관해 새로운 이야기를 들려주고 있다.

고대 사상가들은 정치 공동체의 기원과 관련하여, 플라톤처럼 기능적 상호 의존론을 펼치거나 아리스토텔레스처럼 인간의 자연스러운 습성이라고 간단히 말하고 넘어갈 뿐이다. 근대 사상가인 보댕은 정치 공동체 탄생의 비밀과 관련하여 노골적으로 전쟁과 폭력의 역사를 지적하지만, 이것은 기존의 정치 공동체에서 찾아볼 수 있는 자발적 복속의 문제를 설명하지 못한다. 홉스의 이론은 이런 점에서 주목을 받는다. 이른바 그의 사회 계약론은 정치 체제 이론이 아니라 정치 공동체의 기원에 관한 이론이다. 그리고 우리가 여기서 이와 관련하여 가장 주목하는 것은 계약 개념이 아니라 주권의 탄생과 관련하여 홉스가 독창적으로 제시한 대표와 위임 개념이다.

협약의 주체와 내용

대표와 위임의 문제를 논하기 전에 홉스의 이론과 관련하여 우선 지적하고 싶은 것은 그의 협약은 주권체와 그 구성원 간의 협약이 아니라는 것이다.[4] 협약은 주권체가 존재하기 이전에 일어나는 사건이며 주권체는 협약의 결과 탄생하는 사후적인 존재이다. 보다 구체적으로 말하면, 협약은 주권체를 만들기 위한 하나의 가상 시나리오이고 이 협약에 참여하는 주체는 주권체가 존재하기 이전, 즉 정치 공동체가 만들어지기 이전 자연 상태의 개개인들이다. 자연 상태에서 이들은 자신을 지키고 보존하기 위한 모든 권한을 자율적으로 판단하여 행사하며, 이것을 집단적으로 조정하고 통제하는 기구는 존재하지 않는다. 평등하고 독립적인 각 개인이 알아서 모든 권한을 모두에 대해서 무제한으로 행사한다. 이 결과 자연 상

4) 홉스는 'contract'와 'covenant'를 구분하고 있다. 후자는 계약 당사자들 간의 약속이 동시에 이행되는 것이 아니라 시간적 차이가 나는 것을 의미한다. 한 명은 미래에 약속을 이행하고 다른 한 명은 그 이전에 약속을 이행하는 것을 의미한다. 이런 점에 주목하여 계약 당사자 간의 신뢰를 강조하기 위하여 'covenant'를 신약으로 번역하기도 한다. 여기서는 이러한 신뢰보다는 상호 간의 약속임을 강조하기 위하여 협약이라고 번역하였다. 홉스는 신뢰만으로 협약이 이루어지지 않는다고 보며, 본문에서 다루는 협약의 내용이 시차를 포함하는지도 의문이다. 오히려 조건부 협약에 가깝다.

태에서는 합의된 정의가 없으며 정의를 강제할 수단도 없다. 그 결과 이른바 만인의 만인에 대한 투쟁 상태가 계속될 뿐이다.

자연 상태의 위험으로부터 탈출하여 자기보존과 평화를 구가하기 위하여 자연인들은 각자 자신과 타자에 대해 행사하는 모든 권한을 내려놓고 제3자가 권한을 대행하도록 위임하기로 한다. 이러한 권한 위임의 결과 탄생한 것이 주권체이며, 이 주권체의 성립으로 인하여 비로소 정치 공동체가 탄생한다. 권한을 위임하면서 이들 각자가 각자와 맺는 협약의 내용은 다음과 같다: "나는 나 자신을 다스릴 나의 권리를 포기하고 그 권리를 이 사람이나 이 사람들의 회합체(assembly) 혹은 협의체에 위임한다. 다만 하나의 조건이 있는데 그것은 너 자신도 너의 권리를 그에게 포기하고 마찬가지로 그의 모든 행위에 권위를 부여해야 한다는 것이다(Hobbes 1985, Chap. 17, 227)."

여기서 협약의 주체는 주권체 혹은 정치 공동체 이전에 존재하는 자연인이며, 협약은 이들 상호 간에 개별적으로 체결되는 것이다. 더욱 정확히 이야기하면 이것은 앞으로 무엇인가를 하겠다는 상대방에 대한 언약이다. 그리고 이 언약은 일방적이 아니라 쌍방적인 언약이다. 예를 들면, 100명의 자연인이 정치 공동체를 구성하고자 한다면, 2명씩 이루는 조합(combination)의 수에 해당하는 4,950개의 쌍방 언약이 필요하다.[5] 더군다나 이 언약은 주고받는 내용물이 동일한 상호 대칭적인 언약이기는 하지만 조건부 언약이다. 즉, 상대방이 내가 하고자 하는 것을 동일하게 한다는 것을 전제로 하여 내가 그것을 하기로 하는 언약이다.

5) 여기서 100명 중에서 2명씩 조합을 이루는 방법은 4,950가지인데, 이것은 ${}_{100}C_2=4{,}950$ 이기 때문이다.

협약의 실현 가능성 부재와 불완전성

자연인 간 언약은 그 자체로 실현 가능성이 없으며, 그것은 또한 불완전한 계약이다. 우선 그 언약은 홉스가 말하고 있듯이 그것을 지키도록 강제하는 막강한 별도의 권력이 없이는 모두 공염불이나 공수표에 불과하다 (Hobbes 1985, Chap. 14, 200). 본인이 지킬 의사가 있더라도 누군가가 그것을 지키지 않는다면 본인은 다시 자연 상태로 돌아가서 자신을 절대적으로 보호할 권한을 강구하는 편이 낫다. 따라서 언약을 감시하고 이행하도록 강제하는 권력체가 필요한데 이 권력체가 바로 주권체이다.

이렇게 주권체의 필요성은 도출되었다고 하더라도, 홉스가 가정하고 있는 바와 달리 앞서 말한 쌍방 언약으로 실제로 주권체가 만들어지지 않는다. 이런 의미에서 그것은 불완전한 계약일 뿐이다. 자연인들이 주권체를 만들고 싶어하더라도 만장일치로 주권체가 반드시 만들어진다는 보장이 없다. 왜냐하면 <표 1>에서 보는 바와 같이 2인 게임(two-person game)에서 위임이 지배적인 전략이 아니기에 위임을 누가 시작할 것인가의 문제를 내버려 두고서라도, 홉스 이론에서는 주권체가 주권체 일반으로 존재하는 것이 아니라 반드시 특정 주권체로 존재하기 때문이다.

표 1 자연 상태에서 2인 게임의 균형

	현상 유지	위임
현상 유지	(무질서/전쟁, 무질서/전쟁)	(무질서/전쟁, 무질서/전쟁)
위임	(무질서/전쟁, 무질서/전쟁)	(질서/평화, 질서/평화)

*이 게임은 해결책이 두 가지이다: (현상 유지, 현상 유지)와 (위임, 위임). (출처: 저자)

앞서 가정한 100명의 사람이 존재하는 자연 상태를 예로 들어보자. 100명 중 2명씩 서로 간에 맺는 4,950개의 쌍방 언약에서 앞으로 주권체가 되어야 한다고 각자 자유롭게 내뱉은 대상이 우연히 한 명이나 하나의 집단으로 일치되더라도 이 한 명이나 집단이 특정인이나 특정 집단으로 동일하게 정해질 확률은 사실상 없다.[6] 다시 말하면, 두 명이 주권체를 설립하기로 합의하더라도 그 두 명이 구체적으로 특정인을 주권체로 지정할 때까지 주권체는 존재하지 않는다. 더군다나 만장일치의 규정에 따라, 이 두 명만이 아니라 4,950개의 2인 조합이 정확하게 동일한 대상을 주권체로 지정하기까지 주권체는 존재하지 않는다. 그리하여 단순히 주권체 일반이 필요하다고 서로 인정하는 것이 아니라 위의 쌍방 언약에서 말하는 것처럼 '이 사람'인지 '이 회합체'인지 특정하기까지 주권체는 만들어지지 않는다. 그래서 이러한 협약의 완성은 홉스가 말하는 자연인 간 언약만으로 불가능하다.

제2의 협약: 다수결로 결정하는 회합체

홉스의 언약이 완전한 계약이 되려면 별도의 조정과정이나 추가 회합이 먼저 있어야 한다. 무수히 많은 쌍방 언약의 내용이 구체적인 특정 주권체로 수렴하기 위해서는 그 많은 언약의 내용이 일치하도록 누군가 조정하거나 이 문제를 별도로 결정할 회합이 이루어져야만 한다. 어느 것이든 새로운 협약을 추가로 필요로 한다.[7] 별도의 조정도 논리적으로 별도의 회합체를 전제로 하기에 결국은 홉스의 언약이 완전한 계약으로 전환하기 위해서는 논리적으로 새로운 자연인 모임과 이 모임에서의 의사

---

6) 이러한 비판은 전체 구성원의 회합체를 주권체로 지정하는 쌍방 언약에는 적용이 안 된다. 따라서 여기서의 비판은 군주정과 귀족정 설립과정에만 해당되며 민주정의 설립과는 상관없다.

7) 이러한 제2의 협약을 하더라도 개인에 대한 주권체의 통치는 계약 대상이 되지 않는다. 이 제2의 협약도 여전히 주권체와의 협약이 아니고 개개인들 간 협약일 뿐이다. 그것은 주권체를 만드는 과정의 일부이다. 즉, 주권체는 계약의 산물이지만 주권체가 계약의 당사자는 아니다.

결정과정이 선행되어야만 한다. 그리고 당연히 이 모임은 주권체가 될 수 없으며 주권체 이전의 어떤 존재이어야만 한다.[8)]

주권체가 아니면서도 주권체를 결정하는 자연인 모임의 문제에 관한 홉스의 논의는 일관성이 없다. 이 문제를 해결할 한 가지 방편으로 그는 『시민론』에서 'crowd'와 'people'를 구분하고 'democracy'를 모든 정치 체제의 원형으로 설정하고 있다.[9)] 그리하여 다른 모든 정치 체제는 'democracy'로부터 이론적으로 파생되어 나오거나 역사적으로 그로부터 이행한 체제가 된다. 하지만 이러한 설정이 만족스러우려면 'crowd'가 어떻게 태초에 의사 결정권을 갖는 'people'이 되는지를 알아야 하는데, 홉스의 논의에서는 이에 대한 해답을 구하기 어렵다.

다른 한편, 홉스는 같은 문제를 다루기 위해 『리바이어던』에서 아직 주권체가 아니면서도 다수결로 결정하는 사람들의 무리를 상정하고 있다.[10)] 이 다수결로 결정하는 무리 개념은 앞서 말한 언약으로 홉스가 만들어진다고 하는 민주정의 주권체인 인민의 회합체와 다르다. 그것은 새로운 의사 결정 모임이지만 그렇다고 해서 아직 인민 주권체는 아니다.

이 다수결로 결정하는 모임은 "우리가 앞으로 모이게 되면 다수결로 이 문제를 결정짓도록 하자"는 또 하나의 자연인 간 상호동의를 전제로 하는데, 이것은 이미 언급하였던 태초의 언약에는 없었던 내용이다. 이것은 앞서 말한 언약의 불완전성으로 각자가 '이 사람' 혹은 '이 회합체'를

8) 홉스는 논리적인 이론 구축을 처음부터 염두에 두지 않았거나 불필요하다고 보았을 수 있지만, 그가 당시의 과학적인 방법론 혹은 과학적 유물론에 상당히 매료되어 자신의 주장을 과학으로 만들거나 보이도록 애쓴 점을 고려하면 이러한 논리적인 결함은 그의 이론에 큰 흠이 될 수 있다(세이빈, 솔슨 1983, 595-598).

9) 'crowd'는 어떤 결정권이 없는 단순한 사람들의 집합이지만 'people'은 그런 권력을 가진 집합이다.

10) 『리바이어던』에서 주권체는 'people'이 아니라 항상 1인이거나 'assembly'로 표현된다. 그리하여 추상적 집합 개념으로서 국민 혹은 인민이 주권자일 수가 없다. 오로지 회의를 할 수 있는 국민의 모임 혹은 회합체만이 주권체가 될 수 있다. 각주 12도 참고.

추가로 특정할 필요가 있어 생긴 것이다. 사실상 이 새로운 합의는 홉스가 말한 첫 번째 사회 계약과 전혀 다른 제2의 사회 계약을 상정하고 있다. 이 두 번째 사회 계약에서는 자연인이 앞으로 모일 때 의사 결정은 다수결로 하며 이러한 결정으로 소수는 구속받는다고 각자가 각자와 암묵적으로 동의하고 약조한다. 이 묵시적 동의에 나오는 다수결에 의한 결정은 첫 번째 언약에 없는 것이며, 주권체 이전의 문제로 모든 정치 공동체의 기원에 관한 문제이다. 따라서 그것은 『리바이어던』에 등장하는 설립에 의한 정치 공동체의 한 종류인 'democracy'와 무관하다.

두 번째 협약은 정치 공동체 탄생 이전에 이루어지는 결정이지만, 불행히도 이러한 다수결은 자연 상태에서 의사 결정을 내리는 법칙, 즉 자연법에 속하지도 않는다. 홉스에 따르면, 자연 상태에서 상호 간의 충돌이 있을 때 의사 결정을 내리는 법칙은 제3자에게 맡기는 것이다(Hobbes 1985, Chap. 15, 213). 그런데 이 제3자는 반드시 다수가 아니다. "가장 많은 사람의 동의를 모든 사람의 동의로 인정해야 한다는 것은 자연의 이치가 아니다(홉스 2013, 135)." 두 번째 계약으로 자연적 상태와 주권체가 존재하는 정치 공동체 상태, 이 두 개의 중간에 모호하게 걸쳐있는 인간들의 모임이 설정되지만, 사실 이 모호한 모임은 홉스에 의해 아직 이론적으로 확고하게 정립된 상태가 아니다.[11]

대표의 두 가지 의미: 상징과 권한 위임

홉스의 사회 계약에 등장하는 첫 번째 언약이 불완전한 계약임에도 불구하고 홉스의 이론이 우리에게 여전히 중요한 이유는 그 속에 등장하

11) 나중에 보듯이 이 문제를 다루는 로크와 루소의 방식은 상이하다. 로크는 태초의 합의에 다수결을 포함시키고, 루소는 민주정을 모든 정부의 모태로 설정한다.

는 위임과 대표 개념 때문이다. 우리가 통상적으로 생각하는 계약론에 따르면, 자연인은 주권자에게 복종하는 대신 그의 보호를 받기로 계약을 맺었기 때문에 그에게 복종의 의무를 진다. 하지만 홉스에 따르면, 자연인은 자신에 대한 권리를 다른 제3자가 행사하도록 위임하였기 때문에 이 제3자에게 복종의 의무를 진다. 여기서 자연인은 이 제3자와 어떤 계약도 맺지 않는다. 사실 위임을 통한 제3자에 대한 복종은 자연인 자신에 대한 복종이며 이 제3자가 하는 모든 행위는 자연인 자신의 행위이다. 자연인의 생명과 그것의 향유를 위해서 필요 불가결한 것을 제외하면, 이 제3자가 무엇을 하든 정당하며 자연인은 이의를 제기하거나 항거할 수 없다.

이러한 홉스의 계약론에서 중요한 것은 협약이 아니라 위임을 통한 대표의 문제이다. 협약은 자연인 상호 간의 문제이지만, 대표의 문제는 자연인과 권력자 간의 문제이기 때문에 정치학적으로 중요한 문제는 협약이 아니라 대표이다. 홉스의 대표(representation)는 우선 상징의 문제와 다르다. 예를 들어, "어떤 문화재가 한국을 대표한다"고 말할 때의 대표는 홉스가 말하는 대표가 아니다. 그것은 상징한다는 의미에 가까운 표현이며 피트킨(Hanna Pitkin)이 말하는 'stand for'에 해당한다(Pitkin 1967). 이런 경우 대표가 필요한 이유는 대개 수의 문제 때문이다. 구체적으로 말하면, 이때 대표는 어떤 사물이나 사람과 관련된 것들이 굉장히 많이 존재할 때 그중 그 사람이나 사물을 가장 잘 나타내는 어떤 것을 선택해 지칭하는 말로 사용된다. 이러한 대표 문제는 수의 제한으로 인하여 어쩔 수 없이 생기는 것이다. 이런 용법의 대표는 오늘날 정치와 관련해서도 사용되는데, 국회의원을 하려는 사람이 너무 많아 모두가 할 수 없으니 몇 명만 우리 지역을 대표하도록 선발해야 한다고 말할 때 찾아볼 수 있다. 이런 이유로 선발된 국회의원은 우리 지역을 대표하는 특산물처럼 우리 지역을 대표 혹은 상징하는 사람인 것이다. 이것은 권한의 위임과 아무런 상관이 없다.

그가 대표자인 이유는 누군가가 그로 하여금 자신을 대신하여 행동하도록 권한을 부여하였기 때문이 아니라, 그가 한 무리의 사람들이나 지역을 가장 잘 상징하기 때문이다.

홉스가 말하는 대표는 이런 이유로 선발된 대표를 의미하지 않는다. 그것은 권한을 받아서 뭔가를 대행한다는 의미이며, 피트킨이 말하는 'act for'에 해당한다. 하지만 이렇게 "누구를 위해서 행동한다"고 말할 때도, 반드시 그 누구로부터 권한을 위임받지 않고도 할 수가 있다. 이것은 위임받지 않았는데도 위임을 참칭하여 받은 것처럼 행위를 하거나, 위임하고자 하는 그 사람으로부터 명시적인 권한을 위임받을 수가 없기에 받지 않고 그를 위해 행위를 하거나, 그 사람이 아닌 다른 제3자로부터 위임받았다고 주장하며 그를 위해 행위를 할 때 발생한다. 마지막 경우의 예를 들면, 어린아이가 있을 때, 그의 부모가 아이를 대신하여 제3자에게 아이에 대한 권한을 위임할 때 발생한다. 이런 경우 권한의 위임을 통한 행위는 사실상 권한을 부여하는 자, 권한을 부여받아 행동하는 자 그리고 그러한 행동의 수혜자, 이렇게 세 가지가 다를 수 있음을 시사한다. 홉스에게서 대표 문제는 권한을 부여하는 자와 그 권한을 가지고 행위하는 자가 다를 때 발생한다. 행위의 수혜자 문제는 중요한 고려사항이 아니다. 또한 타자를 위해 권한을 가지고 행위를 하는 자가 반드시 그 타자로부터 명시적으로 권한을 위임받아야 하는 것도 아니다. 권한의 위임이 허위인지 진짜인지는 중요하지 않다.

작자, 행위자(혹은 연기자) 그리고 인격체

구체적으로 홉스의 대표 개념을 이해하기 위해서는 작자(author, 권한의 원소유자), 행위자(actor, 연기자) 그리고 인격체(person)를 구분할 줄 알아야 한다. 우선 인격체는 어떤 말이나 행위가 있을 때, 그 말이나 행위가 귀속된다고 생각되는 사람이나 물체를 말한다. 이러한 인격체는 두 가지 종류가 있다. 한 가지 종류는 말이나 행위가 바로 자신의 것으로 여겨지는 자연적 인격체이다. 예를 들면, "나는 아침에 밥을 먹었다"라는 말에서 '나'라는 사람은 먹었다는 행위의 주체로서 자연적 인격체이다. 다른 한 가지 종류는 말이나 행위가 타자의 것이지만 그를 대표한다고 여겨지는 인위적(혹은 허구적) 인격체이다. 여기서 타자는 작자이고 대표자는 행위자이다. 그리고 대표하는 말이나 행위가 진짜로(truly) 그의 것인지 아니면 허구로(by fiction) 그의 것인지는 중요하지 않다. 예를 들어, 목사가 어떤 말을 하였는데 이것이 자기 말이 아니라 하나님의 말을 전한다고 주장하는 경우, 우리는 이 말이 허구인지 진실인지 모르지만, 그는 홉스가 말하는 인위적 인격체 범주에 속한다. 또 다른 예로는 심청전에서 어떤 배우가 심청이의 역할을 하여 심청이가 해야 하는 말과 행동을 하였다면, 이 배우는 자연적 인격체가 아니라 인위적 인격체이다. 이 배우 역시 본인이 하는 말과 행동이 본인의 것이 아니라 다른 어떤 사람의 말과 행동을 하고 있다. 이 다른 어떤 사람은 심청이라는 가상의 인물일 수도 있고 심청전의 작가일 수도 있다. 누구의 것으로 귀속되든 이 배우의 말과 행동은 그의 것이 아니고 흉내를 내고 있을 뿐이다. 이런 면에서 그는 인위적 인격체이다. 인위적 인격체는 자신이 아닌 다른 사람이나 사물을 대표하는 행위를 한다.

홉스의 사회 계약론을 분석하면, 자연 상태에서 스스로에 대한 권한을 온전히 가지고 있는 각 개인은 정치 공동체를 만들게 되면서 다른 개인과 협약을 통하여 제3자에게 자신과 자기 재산에 대한 처분권을 위임한다. 그 대신에, 개인은 자신을 더 효과적으로, 정확하게는 집단적으로 방어할 힘을 가지게 된다. 여기서 각 개인은 작자(author)이며, 제3자는 인위적 인격체로서 행위자 혹은 연기자(actor)가 된다. 이 제3자는 개인일 수도 있고, 개인들이 모여서 단일한 목소리를 낼 수 있는 회합체일 수도 있다. 권한을 위임받은 제3자가 어떤 행위나 말을 할 때, 이는 권한을 준 작자인 개인이 하는 말이나 행위로 간주된다. 따라서 개인은 이 인위적 인격체인 제3자가 한 말이나 행위에 대해서 책임을 지게 된다.

홉스의 대표: 다수 대 1의 위임

권한의 위임이 개인 대 개인일 경우, 위임의 문제는 복잡하지 않다. 하지만 정치 공동체와 관련해서 우리가 다루는 위임은 이와 성격이 다르다. 그것은 '다수 대 1'의 문제로 수많은 개개인이 하나의 단일한 권위 행사체에 권한을 위임하는 것이다. 단일한 행사체는 개인일 수도, 다수결로 움직이는 하나의 크고 작은 집단일 수도 있다. 이 경우 권한을 주는 각자의 의지가 다를 경우 권한을 위임받은 자는 어떻게 행동하느냐의 문제가 생긴다. 권한을 위임하는 자들의 의지가 서로 다르고 심지어 상충하는 경우 위임받은 자는 어떻게 행동하거나 말해야 하는가? 이는 중요한 문제이지만, 홉스에게는 별문제가 안 된다. 왜냐하면 홉스의 대표는 대리인(delegate)이 아니기 때문이다. 홉스가 말하는 대표자는 특정 의사나 사안을 두고 이렇게 저렇게 행동하라고 구체적으로 지시받는 대리인이 아니다. 권한의 원소유자들은 특정 사안에 대한 의사를 위임하는 것이 아니다. 이들은 자신의 모든 것과 관련해 행동하거나 말할 전반적 권한을 제3자에게 부여한다. 어떻게 보면, 홉스의 대표자는 권한의 원소유자들에게 이른바 백지수표를 받은 것이나 마찬가지다.

이런 의미에서 대표자는 위임자의 생명과 그것의 유지를 위해 절대적으로 필요한 것들을 제외하고는 모든 것을 처분할 수 있는 권한을 부여받은 것이다. 이 권한에는 특정 사안에 대해서 권한의 원소유자들의 의사가 무엇인지 스스로 판단할 권한이 포함된다. 따라서, 대표자는 자신이 행동하거나 말을 할 때 권한을 위임해 준 수많은 자에게 개별적으로 그들의 의사가 무엇인지 다시 물을 필요가 없고 또 그래서도 안 된다. 만약에 그렇게 하는 경우, 분명히 수많은 개별 위임자의 의사는 충돌할 것이고 이것은 결국 대표자로 하여금 결정 장애에 이르게 할 것이다. 그리고 홉스가 말하는 위임은 취소가 불가능하다. 일단 개인이 전권을 위임한 이상 그것을 가진 제3자가 하는 모든 행위는 결국 위임자 개개인의 행위가 되기 때문에 자기 자신을 부인하지 않는 한 권한을 회수할 수 없다.

홉스의 대표와 그 이전 개념 비교

홉스의 대표 개념은 개별적으로 흩어져 있는 자기 방어 권력이나 권위를 제3자가 통합하여 사용하도록 해 더 강력한 집단 권력을 만드는 과정이다. 이것은 개인에서 출발하기 때문에 로마 정치에서 최초로 등장한 대표 개념과 다르다. 로마 법률가들은 황제가 인민을 대표한다거나 군주의 권력은 인민으로부터 나온다는 믿음을 항상 가졌으며, 이러한 사고는 수 세기 동안 통념으로 굳어져 있었다(Dunning 1902, 251). 그리고 이러한 인민 대표설은 나중에 기독교가 정착하면서 황제가 신을 대표하여 통치한다는 교리로 변경되었다(Dunning 1902, 113). 이러한 인민 대표설이나 왕권신수설은 구체적인 실체가 없는 허구이거나 하나의 상징적 선언에 불과하다. 그리하여 황제가 어떻게 로마의 인민 혹은 신으로부터 권력을 위임받았는지 알 길이 없다.

14세기 중세 인물인 마르실리우스(Marsilius of Padua)나 오컴의 윌리엄(William of Ockham)에 이르게 되면, 비록 세속 권력이 아니라 기독교 공동체의 문제가 주로 다루어지지만, 대표 문제에 대한 논의는 훨씬 진전되었다. 이들은 로마 시대부터 선언적인 의미로만 내려오는 인민 주권의 논리를 교회 공동체에 구체적으로 적용하려고 했다. 마르실리우스에 따르면, 교회의 핵심은 사제단이 아니라 일반 신도 전체이며, 다른 모든 집합체처럼 여기서도 궁극적인 권위는 집단 전체에 있다. 이러한 권위를 표현하는 기관은 총회(general council), 즉 모든 기독교인이나 이들의 대리인들이 모인 회합체이다. 이 총회에는 지구상의 모든 중요한 지방이나 공동체가 거주민의 수와 성격에 비례해 대표되어야 한다(Dunning 1902, 241-242). 오컴의 윌리엄은 여기서 한 발 나아가 대표 방식을 구체화하였다. 이에 따르면, 각 교구나 다른 작은 공동체의 모든 신도로 구성된 예비 선거인단이 일차적으로 주교 관할구역, 왕국, 혹은 다른 정치적 구역의 선거인단에 자신들의 대리인을 선정하여 보내면, 최종적으로 이 선거인단이 총회의 대의원을 선정한다. 이렇게 만들어진 대의원 총회가 전체 교회를 대표한다(Dunning 1902, 252).

이 두 명의 중세 학자들은 교회의 권력 구조에 국한하여 대표 체계를 논하였지만, 그들이 제시하는 대표 방식은 오늘날 정치의 간접 선거 제도와 비슷하다. 이러한 마르실리우스나 오컴의 논의는 홉스의 논의와 비슷한 것 같지만 사실은 정반대이다. 이들의 경우 공동체를 먼저 상정하고 이 공동체의 권위를 인정한 다음에 이를 사후적으로 확인하는 절차로 선발을 통한 대표 방식을 논하고 있다. 반면에 홉스는 대표 개념을 통하여 공동체와 집단적 권력의 기원을 설명하고 있다. 그는 공동체가 아니라 개개인에서 출발하여 어떻게 이들이 권력 위임을 통해 사후적으로 주권체와 공동체를 만들어내는지를 보여주고 있다.

홉스의 대표와 오늘날의 대표(대의) 개념 비교

홉스에게 위임과 대표(representation)는 주권의 행사 과정이 아니라 형성 과정에서 매우 중요한 역할을 한다. 이렇게 보면 홉스의 대표 개념은 오늘날 대의 민주주의의 개념과 여러 가지 면에서 차이가 난다. 첫째, 그의 대표자는 주권체를 대표하는 것이 아니고 주권체 자체가 바로 대표자이다. 즉, 주권체 자체가 위임과 대표를 통하여 만들어진다. 오늘날 사고처럼 대표가 주권에 후행하는 것이 아니라 선행한다. 이는 논리적으로도 그렇고 시간적으로도 그렇다. 반면, 오늘날 인민 주권론에서는 이미 주권을 가진 인민이 사후적으로 대표를 선발하거나 대표자에게 권한을 위임한다.

둘째, 그의 대표 개념은 민주주의 체제에만 결부되지 않는다. 그의 대표 개념은 모든 정치 체제를 형성하는 새로운 방편이다. 따라서 그것은 체제 중립적인 용어이다. 홉스에게 대표 행위는 주권을 만드는 사전 작업이다. 그리하여, 민주적이든 아니든 모든 정치 공동체는 존재하기 위해서 개인을 대표하는 주권이 필요하다. 이러한 주권은 인민의 회합체에 있을 수도 있고, 군주에게 있을 수도 있으며, 일부 집단의 회합체에 있을 수도 있다.[12] 따라서 그에게 대표는 모든 종류의 정치 체제와 공존할 수 있다. 하지만, 오늘날의 대의(혹은 대표) 개념에 따르면, 민의를 제대로 반영하는 대의만이 진정한 민주정이다. 즉, 대의는 진정한 민주주의 체제에만 고유하게 존재한다.

마지막으로, 오늘날 일상적인 대표 개념에는 선거 개념이 포함되는 반면에, 홉스는 대표 문제를 선거와 연결해 논하지 않는다. 자연인을 대표

---

12) 주권이 인민(people) 혹은 국민(nation)에게 있다는 말과 주권이 인민의 회합체에게 있다는 말은 전혀 다르다. 집단 개념으로서의 인민이나 국민은 시공을 떠난 매우 추상적인 개념이지만, 인민의 회합체는 시공을 초월할 수 없는 존재이다. 반드시 집회의 시기와 장소가 있어야 한다. 시공을 초월한 개념으로서의 국민 개념은 시에예스(2003) 참조.

하는 주권체가 정치 공동체 구성원 전부가 아니라 1명이나 일부분으로 구성된다면, 특정 누군가를 선출하거나 선거하는 수밖에 없다. 하지만 홉스는 군주 1인의 선출이나 일부분으로 구성된 주권체에 들어갈 구성원들을 선발하는 구체적인 방법을 논의하지 않고 있다.

그렇지만, 홉스가 정치 체제와 관련하여 선출 문제를 전혀 언급하지 않은 것은 아니다. 홉스가 선출 문제를 언급하고 있는 부분은 귀족정과 관련해 등장한다. 홉스에 따르면, 귀족정의 주권체는 정의상 일부의 선출된 자만이 참여하는 회합체이다. 이것은 모두가 참여할 수 있게 열려있는 회합체가 주권체인 민주정과 대비된다. 여기서 선출의 기준은 선거를 포함하여 여러 가지일 수 있지만, 일단 일부의 선출된 자들만이 주권체 구성원이 된다. 군주정의 경우 최초에는 1인의 누군가를 주권자로 선택해야 하지만 이 문제에 대한 논의는 홉스에서 찾아볼 수 없다. 일단 어떻게든 1인이 주권체로 선출된 이후에는 그가 자신의 후임을 결정하는 권한을 갖게 된다. 그리하여 군주정에서는 1인 주권자가 주권자의 재생산을 결정한다. 즉, 대를 이어서 주권자를 선출하는 권능도 군주정에서는 군주의 주권에 속한다. 이것은 세습일 수도 있고 아닐 수도 있다.

홉스의 정치 체제 분류와 비교

홉스는 위임 과정을 통해 주권체가 정해지면 바로 정치 공동체가 탄생한다고 주장한다. 다른 말로 하면, 주권체가 없다면 정치 공동체는 존재할 수 없다. 홉스의 말을 빌리자면, "주권체는 공적인 영혼이며 이것은 정치 공동체에 생명을 불어넣고 그것을 움직이도록 하는 것이다(Hobbes 1985, Chap. 29)." 그리하여 주권체의 구성에 따라서 정치 공동체의 종류가 달라진다. 태초에 협약을 맺은 사람 중 1인이 주권체를 구성하면 그것은 군주국이며, 그들 중 일부(a part)만이 참여할 수 있는 회합체가 주권체를 형성하면 귀족국이며, 그들 전체 혹은 인민이 참여할 자격이 있는 회합체가 주권체를 이루면 민주국이다.13)

홉스에게 중요한 것은 주권체의 형성 자체이고, 이 주권체가 어떠한 모습으로 존재하는가는 그만큼 중요하지 않다. 주권체가 1명이든 일부이든 아니면 전부이든 동일한 권력을 행사한다. 홉스의 이러한 사고는 고대 사상가들이 정치 체제를 보다 다양하게 분류하고 이 중 어떤 것이 우월한가를 따진 것과 대조된다. 고대에는 정치 공동체의 복리가 정치 체제의 종류에 따라 좌우된다고 보았다. 하지만 홉스는 정치 체제의 차이가 큰 의미가 없다고 본다. 이러한 시각 때문에 그는 정치 체제를 간단히 지배자의 수로만 구분하고 다른 어떤 분류 기준을 추가하지 않는다. 예를 들어, 아리스토텔레스에게는 일인정 중 왕정과 폭군정의 구분이 정치 공동체의 복리에 대단히 중요한 문제였지만, 홉스에게 이러한 구분은 전혀 의미가 없다. 둘 다 그냥 1인 주권체를 둔 군주국일 뿐이다.

이렇게 홉스는 고대 사상가들만큼 주권체의 종류가 정치 공동체에 미치는 영향에 대해 큰 비중을 두지 않았기 때문에 그가 분류한 세 가지 주권체의 장단점에 대한 논의도 매우 단순하고 불완전하다. 그의 논의를 보면, 군주정과 나머지 정치 체제 간의 비교만 존재하고 귀족정과 민주정 간 비교는 찾아보기 어렵다. 이것은 그가 주권체의 구성원이 하나인지 아니면 그보다 많은지를 중요하게 보고 일부인지 아니면 전부인지는 그만큼 중요하지 않게 보았음을 시사한다.14) 이 결과 그는 고대 사상가들처럼 귀

13) 홉스는 정치 체제(혹은 정부)와 정치 공동체(혹은 국가)를 명확히 구분하지 않는다. 통치 주체의 수는 정치 공동체의 문제일 수도 있고 정치 체제의 문제일 수도 있다. 전자라면 민주국, 귀족국, 군주국이 맞는 표현이고 후자라면 민주정, 귀족정 그리고 군주정이 정확한 표현이다. 여기서는 정치 체제의 의미를 강조하고자 할 때만 후자의 표현을 사용한다.

14) 하지만 홉스는 여전히 고전적인 3분법에 따라서 정치 체제를 구분하고 군주국과 공화국이라는 마키아벨리식 2분법을 수용하지 않는다.

족정과 같은 소수정에 대한 막연한 동경심을 지니고 있지 않으며 소수정과 다수정 간의 선택을 두고 심각하게 고민하지 않는다. 또한 그는 주권을 나눌 수 없다고 보았기 때문에, 고대 사상가들이 귀족정의 대신에 최선의 체제라고 보았던 혼합정은 처음부터 그의 논의 대상조차 되지 않았다. 홉스의 시각에서 엄격하게 보면 혼합정은 정치 공동체와 주권체가 없다는 소리나 마찬가지다. 하나의 정치 공동체에는 하나의 주권체나 대표자만 존재할 수 있으며 여럿이 공존할 수 없기 때문에 혼합정은 결국 무정부 상태를 의미한다(Hobbes 1985, Chap. 29, 372).

이렇게 홉스의 정치 체제 비교는 허술하기 그지없지만, 굳이 따지자면 그는 군주정에 대해 좀 더 우호적인 평가를 하고 있다. 그가 군주정의 첫 번째 장점으로 지적하고 있는 것은 군주정에서는 주권체 구성원의 공익과 사익이 일치하는 반면 귀족정과 민주정에서는 주권체 구성원의 공익과 사익이 분열될 수 있다는 것이다. 군주정과 달리 주권체가 개인이 아니라 회합체인 경우, 회합체 구성원은 두 개의 인격을 가지게 된다. 하나는 자연적 인격으로 사적인 이익을 가지고 다른 하나는 인민의 인격 혹은 주권체인 회합체의 인격으로 공익을 대변한다. 이렇게 공익과 사익이 분열되는 경우에 사람들은 보통 사익을 공익에 우선하여 추구하게 되는데 이러한 이유로 군주정이 아닌 두 체제는 온갖 비리와 부패가 발생하게 된다. 이에 반해, 홉스는 군주정에서는 주권체가 1인이기에 자연적인 인격과 주권체로서의 인격이 일치한다고 주장한다. 이 때문에 국가 혹은 백성의 부는 곧 군주의 부이다. 즉, 군주가 피지배자의 배를 불리는 것은 곧 자신의 부를 불리는 것이다. 반면에 민주정과 귀족정에서는 야망을 가진 정치인들의 사익과 공공의 번영은 서로 부합하지 않는다(Hobbes 1985, Chap. 19, 241).

홉스의 이러한 주장은 납득하기 어렵다. 우선 그의 인격 개념을 엄격하게 해석하면, 1인이 아니라 회합체가 주권체인 경우 공익을 추구하는 인격은 회합체 구성원 개개인의 인격이 아니다. 따라서 그가 말하는 회합체에서 한 명의 자연인이 이중적 인격을 가진다는 표현은 정확하지 않다. 집단인 주권체의 인격과 개인의 인격은 비교될 수 없으며 자연인 1명에게 공존하지 않는다. 정상적인 회합체에서 구성원 개개인의 말과 행동은 공적 인격체의 말과 행동이 아니다. 오히려 군주야말로 진정한 의미에서 이중인격자이다. 민주정이나 귀족정의 주권체 구성원 개개인과 달리, 군주정의 군주야말로 한 사람으로서의 인격과 정치 공동체의 주권체로서 인격을 한몸에 동시에 가지고 있다.

이러한 군주의 이중인격은 홉스의 주장과 달리 군주의 사익과 공익이 일치하지 않을 수 있음을 시사한다. 자연인으로서의 인격과 주권체로서의 인격이 군주에게 통합되어 있다는 것이 반드시 이 둘이 일치한다는 것을 의미하지 않는다. 군주정에서 군주의 사익과 공익이 일치한다는 홉스의 주장은 그가 다른 곳에서 군주정의 위험을 강조한 사실과도 정면으로 배치된다. 그는 사적 인격체인 군주가 본인이 주권체로서 갖는 공익을 망각하고 아첨꾼들이나 편애하는 무리의 이익을 챙기기 위해 백성이 가진 모든 것을 약탈할 위험이 있다고 주장한다(Hobbes 1985, Chap. 19, 243).

홉스는 민주정이나 귀족정의 대표적 문제점으로 회합체의 결정이 갖는 불안정성(inconstancy)과 경직성을 들고 있다(Hobbes 1985, Chap. 19, 242). 어떤 소수의 무리가 부지런히 회의에 참석해 다른 사람들을 설득하면 어제 다수결로 결의된 것이 오늘 번복되어 버릴 수 있다. 또한, 반대로 한번 결정된 것을 정말로 바꿀 필요가 있는데도 현상 유지를 바라는 소수가 회의에 불참해 정족수 부족으로 어쩔 수 없이 그대로 유지되기도 한다. 이것은 군주정과 같이 인간의 변덕과 고집에 기인하는 것이 아니라 주권적 결정이 귀족정과 민주정에서는 단순히 수에 연동되기 때문에 생기는 문제이다.

이런 점들 외에도 홉스는 군주정, 민주정 그리고 귀족정의 다른 장단점을 두서없이 열거하고 있다(Hobbes 1985, 241-244). 예를 들어, 군주정의 경우에는 주권체가 1인이기에 정신분열을 제외하면 내분이 생길 수가 없다. 하지만 주권체가 회합체인 경우 내분이 생길 수 있고 이것은 내란으로 번질 수도 있다. 군주정의 또 다른 장점으로 그는 비밀스럽게 조언을 구할 수 있는 편의성을 들고 있다. 군주는 누구에게나 그리고 아무 때나 국사에 관한 조언을, 그것도 비밀리에 구할 수 있는데, 민주정이나 귀족정의 경우에 조언하는 조직이 정해져 있고 이 조직은 다수로 구성되기에 조언이 비밀리에 이루어지기 어렵다. 다른 한편, 그는 군주정의 단점도 지적하고 있다. 이런 단점에는 미성년자나 사리분별력이 없는 자에게 주권이 계승될 위험이 포함된다. 끝으로 앞서 말한 바와 같이 군주가 사리사욕을 위해 백성의 재산을 전부 약탈할 위험도 지적하지만 이러한 사익추구 위험은 민주정이 더 높다고 한다. 왜냐하면 군주정에서는 군주 1인만 주변 사람들을 만족시키면 되지만 민주정에서는 여러 명의 웅변가나 포퓰리스트가 더 많은 주변 사람들을 만족시켜야 하기 때문이다. 이러한 제반 논의에도 불구하고 특이하게도 홉스는 우리가 언뜻 생각하듯이 1인 의사결정의 용이성이나 효율성을 군주정의 장점으로 내세우지 않는다. 그는 또한 플라톤처럼 1인 통치자의 지적 우월성과 대중의 우매함을 군주정이 바람직한 사유로 제시하지도 않는다.[15)]

---

15) 그는 아리스토텔레스가 민주정을 옹호하기 위해 내세우는 집단 지성의 우월성을 비판하지도 않는다. 아리스토텔레스는 훌륭한 악기 연주자가 한 명일 수 있지만, 어떤 연주가 더 뛰어난 지는 한 명보다 다수가 더 잘 판단한다고 주장하였다.

주권자의 탄생과 민주 평화론

자연 상태에서 각 개인이 일정 규모로 모여서 회합체를 형성하고 여기서 주권체를 만든다고 하더라도 이들이 인간 전체를 포함하지 않는 이상 특정 주권체 외부에 또 다른 주권체가 존재할 수밖에 없다. 이 결과 자연 상태에서 불안정을 종식하고 평화를 위해서 주권체를 만들었다고 하더라도 전쟁은 항구적으로 종식되지 않는다. 홉스에서 주권체의 성립과 그에 따른 평화는 국내에서 질서를 확립하는 것에 불과하고 이러한 질서의 대외적 확립을 의미하지 않는다. 새로이 수립된 주권체는 자연 상태의 개개인처럼 다른 주권체에 대해 자유롭고 독립적이며 자신에 대해 온전한 권한을 갖는다. 이렇게 보면 주권체의 확립은 인류에게 항구적인 평화를 의미하는 것이 아니라 개개인 사이에 있었던 만인 대 만인의 투쟁을 만국 대 만국의 투쟁으로 변형한 것에 불과하다. 절대적 권력의 탄생으로 인한 항구적 평화는 결과적으로 인류사회에 항상 제한적으로 존재할 수밖에 없다.

더욱 치명적인 것은 개인과 개인의 투쟁은 그 파괴력이 미미하지만, 주권체와 주권체의 투쟁은 가공할 만큼 파괴적이라는 것이다. 오늘날 주권 개념을 이야기할 때 끊임없이 분쟁이 발생하는 국제사회에서 국가 대 국가의 관계를 주로 염두에 두고 사용하는 것은 전쟁의 종식과 평화를 주창하면서 주권 개념을 발전시켰던 홉스의 눈으로 보면 아이러니한 일이 아닐 수 없다.

오늘날 국제정치학에서 유행하는 민주 평화론도 홉스의 시각에서 보면 부정적이다. 민주 평화론은 민주 국가와 민주 국가는 서로 전쟁을 하지 않는다고 주장한다. 이것은 모든 국가가 민주정을 수립한다면 인류는 비록 하나의 통합 주권체를 구성하지 않더라도 더 이상 전쟁을 하지 않는다는 것을 시사한다. 하지만 홉스의 시각에서 보면 하나의 민주 국가와 다른 민주 국가는 서로 별개의 인격체로서 이들 인격체를 통합하는 제3의 주권적 인격체가 존재하지 않는 이상, 전쟁은 불가피하다.

결론: 민주주의에 대한 시사점

결론에 대신하여, 홉스의 논의를 오늘날 우리에게 친숙한 대표와 민주 그리고 주권 개념에 비추어 다시 정리하고자 한다. 오늘날 표준적인 사고는 다음과 같을 것이다. 주권을 이미 소유한 인민 혹은 국민이 전부 다 같이 통치하기가 물리적으로나 기술적으로 어렵기 때문에 자신을 대표하기 위해 경쟁하는 소수의 사람 중에 선택하여 통치하도록 권한을 위임하는 체제가 민주정이다. 그런데 이러한 사고는 홉스의 시각에서 보면 받아들이기 곤란하다.

우선, 홉스의 경우 민주정에서 주권은 시민들의 집합체인 인민이 가지고 있는 것이 아니다. 민주정에서 주권은 추상적인 국민이나 인민에게 있는 것이 아니라 만나는 시기와 장소가 정해져 있어 시공의 제한을 받는 인민의 회합체에 있다. 주권체는 하나의 인격체로서 행위자이기 때문에 추상적인 집합 명사가 아니고 회합할 때만 의미가 있으며 실질적으로 입법 행위를 할 수 있는 행위자이어야만 한다. 따라서 엄격하게 볼 때 추상적 개념으로서 대한민국 국민은 주권자가 될 수 없다.

인민의 회합체에는 시공의 제한이 있지만, 민주정이라면 참여 자격의 제한이 있지는 않다. 그 회합체에는 모두가 반드시 참여해야 하는 것은 아니고, 누구나 참여할 수 있는 자격이 주어진다. 즉, 원한다면 누구나 참여할 수 있어야 한다. 여기서 참여 자격을 제한하게 된다면 그 회합체는 귀족정이 될 것이다. 오늘날의 국회는 홉스가 말하는 민주정의 회합체와는 거리가 멀다. 참여 자격 제한이 있을 뿐만 아니라, 의원들은 매우 선택된 자들이다. 이런 의미에서 오늘날 국회는 인민의 부분이 회합하는 귀족정에 가깝다고 할 것이다.

둘째, 주권을 이미 가진 인민이 자기 대표를 선출하는 것은 민주정이 아니다. 민주정은 통합적인 권력이 없는 상태에서 각자 독자적인 권력을 가지고 행사하던 자연적 인격체들이 자신의 권한을 포기하고 권력을 제3자에게 집중함으로써 새로운 인위적 인격체를 만들고 이 인격체가 작자인 자기 자신을 대표하게 함으로써 만들어진 정치 체제 중 하나에 불과하다. 즉, 대표는 이미 주권을 소유한 인위적 인격체가 자신의 주권을 위임하는 행위가 아니고, 기존에 없던 주권을 만들어 내는 행위이다.

셋째, 결과적으로 주권체는 행위자(actor)일 뿐 작자(author)가 될 수가 없다. 작자가 아닌 행위자는 본인이 위임할 수 있는 고유한 권력을 가지지 못한다. 따라서 홉스의 민주정에서 주권체는 주권 자체가 위임이나 양도가 불가하기 때문만이 아니라 주권체 자체가 작자가 아니라 행위자일 뿐이기 때문에 주권을 다른 사람들에게 위임할 수 없다. 따라서 오늘날 생각처럼 주권자인 인민이 자신을 대표하는 집단이나 사람을 선출하거나 선정한다는 것은 처음부터 개념상으로 불가능하다. 왜냐하면 대표자의 선정은 행위자에게 권위를 위임할 수 있는 작자만이 오로지 할 수 있기 때문이다. 홉스에게 주권의 작자가 될 수 있는 존재는 오로지 자연인뿐이다.[16] 인민이나 인민의 회합체는 주권의 작자가 될 수가 없으며, 따라서 대표자를 선정할 수 없다. 주권체 자체가 대표자이며, 이미 대표자인 그것은 주권의 대표자를 만들 수가 없다.

넷째, 오늘날 우리가 민주정에서 대표를 선출하는 이유는 내가 할 수 있음에도 불구하고 모두가 할 수 없기에 일부를 선출하는 것으로 생각하

16) 주권자도 작자와 행위자의 관계에서 작자가 되는 경우가 있다. 그런 예는 입법권력을 가진 주권자가 행정권을 신하에게 위임하는 것이다. 여기서 최고의 권력을 가진 주권자와 파생적 권력을 부여받은 하위 행정관은 작자와 행위자의 관계에 놓인다. 하지만 이 경우에도 여전히 주권자는 주권을 위임한 것이 아니기 때문에 '주권'의 작자가 아니라 파생 권력의 작자일 뿐이다.

지만 홉스의 민주정은 그렇지 않다. 홉스가 대표자를 만드는 이유는 내가 할 수 있음에도 불구하고 대표자가 되려는 자들이 너무 많아서가 아니다. 즉, 모두가 통치자가 될 수 없기에 바람직하지 않음에도 불구하고 어쩔 수 없이 대표자를 만드는 것이 아니다. 민주정에서 개개인의 위임으로 대표자가 만들어지는 이유는 공동체 구성원의 과다와 상관없다. 홉스의 시각에서 보면, 대표되는 개개인이 많으면 많을수록 더 강력한 대표자를 만들 수 있어 오히려 더 바람직하다. 왜냐하면 대표자인 주권체의 힘은 오로지 위임하는 자연인 개개인의 힘을 합쳐서 나오는 것이고 스스로 만들어 내는 것이 아니기 때문이다.

다섯째, 오늘날 진정한 대표는 민주정에서만 발생한다. 하지만 홉스의 시각에서 모든 주권체는 정치 체제의 유형과 무관하게 정치 공동체를 형성하고자 하는 구성원들을 진정으로 대표한다. 그렇기 때문에 주권체를 구성하는 존재가 왕이든 귀족 집단이든 인민이든 모두가 진정으로 대표를 한다. 민주정만이 대표 체제를 가지고 있다고 자부할 수 있는 것이 아니다. 더군다나 대표는 주권체 구성원의 도덕성과 무관하다. 사악한 군주나 행실이 바람직하지 않은 귀족 집단이나 폭력적인 대중도 진정한 대표를 하는 데 문제가 없다.

여섯째, 오늘날 민주정에서 인민의 대표자는 인민에게 권력을 일시적으로 위임 받은 존재이기에 권력 행사에 상당한 제한을 받는다. 하지만 홉스의 민주정에서 대표자인 인민의 회합체는 공동체 구성원들과 어떠한 계약도 하지 않은 존재이기 때문에 그들에 대해서 어떠한 의무도 지지 않는다. 홉스의 이론에서 주권체는 권한의 위임을 받은 것이 사실이지만, 계약은 개별 위임자들 사이에만 일어난다. 따라서 계약을 준수할 의무는 개개인들만 짊어지게 되고 주권체는 계약의 외적 존재로서 개인들 간의 계약을 감시하고 강제할 뿐이다. 다른 식으로 말하면, 주권이 인민의 회합체에 있다고 하더라도 주권체와 개인의 계약은 불가하다. 주권체와 계약이 가능하다는 것은 주권체가 이미 존재함을 전제로 하기 때문이다.

마지막으로 덧붙이자면, 오늘날 일부 식자들은 정치 체제 중 민주정만이 평화를 가져온다고 본다. 이러한 민주 평화론은 홉스의 논리에서 크게 벗어난다. 홉스의 만인 대 만인의 투쟁은 주권이 없는 상태에서 개인과 개인 간의 전쟁을 의미하고 주권이 생기게 되는 순간 이 전쟁은 있을 수 없다. 하지만 여전히 주권체를 가지고 있는 하나의 정치 공동체와 또 다른 하나의 정치 공동체 간에는 주권을 가진 인격체가 존재하지 않기 때문에 만국 대 만국의 투쟁은 여전히 진행형으로 남아 있다. 즉, 홉스의 대표와 위임 및 권력 개념은 어디까지나 처음에 공동체 설립을 위해 계약에 참여한 자들에게만 통용되는 것이다. 그렇지 않은 자들이나 집단은 이들과의 관계에서 보면 여전히 자연 상태에 남아 있는 것이나 마찬가지이다.

제2장

로크의 민주 정부와 질서 정연한 공동체

영국 국립 초상화 박물관에 전시된 로크의 초상화. 1693년 61세 때의 모습. 바로 밑에 홉스의 초상화가 걸려있어 인상적이다(출처: 저자).

로크가 네덜란드로 정치적 망명을 하였다가 명예 혁명 후 같은 배를 타고 귀국한 메리 2세 여왕. 남편인 윌리엄 3세 왕과 공동 통치를 했는데 이들은 권리 장전을 승인하였다(출처: 저자).

제 2 장

로크의 민주 정부와 질서 정연한 공동체

서론

홉스에 이어서 이 장에서는 영국의 정치 사상가인 로크의 민주정 이론을 다룬다. 우리는 흔히 로크를 오늘날 자유 민주주의의 대부로 간주한다. 하지만 그가 정의하는 민주의의가 오늘날 우리가 흔히 의미하는 민주주의와 상당히 다르기 때문에 이러한 평가는 로크의 정치 이론에 대한 오해를 불러일으킬 소지가 다분하다. 따라서 로크를 읽을 때 우리는 오늘날 우리가 말하는 민주주의의 의미가 아니라 그가 말하는 민주주의의 의미를 파악하려고 노력하고 그가 다른 정치 체제와 비교하여 실제로 민주정을 어떻게 평하고 있는지를 살펴볼 필요가 있다. 오늘날의 사고방식으로 로크를 재해석하기보다, 그가 쓴 저술에 나오는 민주주의의 의미와 정치 체제에 대한 평가를 있는 그대로 분석할 때, 우리는 로크에게 민주주의란 오로지 입법권의 행사 주체 문제와 관련이 있음을 알게 된다. 또한, 이렇게 분석할 때만, 우리는 그가 말하는 민주주의가 대권(prerogative)과 집행권의 행사 주체 문제와 무관하며, 시원적 권력의 소재와 인민의 신임과 대표의 문제와도 거리가 멀다는 것을 간파하게 된다. 마지막으로 그러한 분석을 통해서만, 우리는 비로소 로크의 민주정이 흔히 가정하듯이 입법권과 집행권의 분리 문제와 연관 있는 것이 아니며, 사회적 계약과도 직접적으로 연관 있는 것이 아님을 깨닫게 된다.

민주주의자로서의 로크에 대한 이미지와 마찬가지로 자유주의자로서의 로크에 대한 이미지 역시 재검토할 필요가 있다. 그가 자유주의자임을 부인할 수는 없지만, 이것은 오로지 자유주의를 특정한 의미로 해석할 때만 그러하다. 그는 자연 상태에서의 개인의 권리인 생명, 재산 그리고 자유가 정치 공동체의 형성 후에도 손상될 수 없는 것처럼 기술하며, 이러한 권리를 정치 지도자들이 침해할 때 권력에 항거할 수 있다고 본다. 이런 면에서 그는 국가권력으로부터의 개인의 자유를 강조하는 오늘날 자유주의자들과 일맥상통한다. 하지만 다른 시각에서 보면, 그를 완벽한 자유주의자로 단정하기는 쉽지 않다. 로크는 다수에 의한 지배를 공동체의 설립과 유지를 위해서 불가결하다고 볼 뿐만 아니라 다수를 공동체 자체와 동일시하고 있다. 이러한 사실은 통상적으로 개인과 소수 집단의 권리와 이익을 강조하는 자유주의 사상과 상충한다. 다수의 의사가 곧 공동체의 의사를 의미한다면, 개인이나 소수의 권리는 공동체 속에서 어떤 의미를 지니는가? 진정한 자유주의자라면 고민스러운 문제가 아닐 수 없다.

이러한 문제의식들을 바탕으로 이 장에서는 『통치론(*Second Treatise of Government*)』에 등장하는 로크의 정치 이론을 분석하여 본다. 가장 먼저 살펴볼 문제는 어떻게 자연 상태에서 정치 공동체가 형성되고 이 과정에서 다수가 어떤 역할을 하는가이다. 두 번째로 살펴볼 주요한 문제는 이렇게 정치 공동체가 형성된 후 이와 별개로 어떻게 정부 혹은 정치 체제가 수립되고 여러 가지로 분화되는가이다. 우리는 이 두 가지 문제에 관한 로크의 논의가 갖는 특이성을 잘 이해하기 위해 홉스와 비교하고자 한다. 세 번째로 이 두 가지 문제에 대한 로크의 논의에서 이론적으로 아주 중요한 위상을 차지하는 다양한 권력 개념들을 별도로 분리하여 차례로 살펴본다. 구체적으로 우리가 관심을 가지고 볼 그의 권력 개념들로는 시원적 권력, 최고의 권력(supreme power) 그리고 대권(prerogative) 개념 등이 있다. 이와 더불어 절대 권력(absolute power)에 대한 그의 비판 역시 그의 정치 이론 일반을 이해하는 데 도움이 된다. 마지막으로 로크가 이상적인 정치 공동체로 보고 있는 질서 정연한 공동체 개념을 전통적인 혼합 정부 개념과 비교하는 한편, 권력 분리론과도 관련해 검토한다.

홉스와 로크 사이의 지적 연속성 부재: 주권 개념과 자연 상태

우선 로크의 정치적 저술인 『통치론』 혹은 『정부론』을 읽을 때 눈에 띄는 점은 홉스에게 상당히 중요한 비중을 차지하는 단어인 주권(sovereignty)이라는 용어가 그의 저술에 아주 드물게 나오고 설사 그렇더라도 주로 가부장적인 권위와 관련해 사용된다는 것이다. 단 한 번의 예외가 있다면 그것은 미국에 존재하는 인디언 왕의 권한을 이야기할 때이다. 이때 비로소 주권이라는 용어가 정치적 공동체의 권위와 관련해 언급되고 있다. 하지만 이때도 역시 단순히 일반적 권력 개념으로 대치해도 큰 문제가 없다 (Locke 1988, Book 2 Section 108, 109). 이것은 주권을 정치적 공동체와 동일시하거나 정치 공동체의 핵심 요소로 간주하는 홉스와 너무나 대비된다. 같은 영국인인 홉스가 사망한 연도인 1679년에 로크의 나이가 만 47세이고 그의 본격적인 철학 공부와 저술이 대부분 이 연도 전후에 이루어진 점을 고려하면 우리가 사회 계약론자의 범주에 묶어서 다루는 이 두 명의 사상가들 사이에 서로 지적 영향이 적은 것은 놀라운 일이다. 홉스 사상의 핵심을 보여주는 저서인 『리바이어던』이 로크가 만 20세가 되기 전인 1651년도에 이미 출간되었고 로크의 『통치론』에서 이 리바이어던이라는 용어가 홉스적인 의미에서 한 번은 사용된 것으로 보아 분명히 그가 홉스의 책을 읽었거나 그에 관해 들었을 수도 있지만, 이 둘 간의 사상적 교류는 찾아보기 어렵다.

이러한 상호 지적 영향의 부재는 이 두 명의 사상가가 자연 상태에서 정치 공동체가 만들어지는 과정을 설명하는 부분과 정치 체제를 분류하는 방식을 비교하면 확연히 드러난다. 로크는 자연 상태에서 사람이 자유롭고, 평등하며, 독립적으로 존재한다고 본다. 이러한 사실 자체는 홉스가 가정하고 있는 자연 상태에서의 개인의 속성과 별반 다르지 않다. 다만, 이러한 속성을 지닌 개개인들이 정치 공동체를 형성하는 과정에 대한 이해가 홉스와 상당히 차이 난다. 로크는 이러한 개인들이 자연 상태에서, 비록 모두가 자신만의 제국에서 왕이지만, 타인들의 위협 때문에 자신이 가지고 있는 자유(liberties), 생명(lives) 그리고 재산(estates)을 포함하는 고유 자산들(properties)을 제대로 누릴 수 없다고 본다. 구체적으로 보면, 이들에게는 서로 간의 분쟁에 적용되는 법률이 확립되어 있지 않으며, 또한 이러한 법률이 존재하더라도 그 법률에 따라서 개별적인 분쟁을 공정하게 판정할 수 있는 재판부가 없다. 마지막으로 설령 공정한 재판부가 있어 분쟁을 판결하더라도 판결문대로 집행할 공권력이 존재하지 않는다. 한마디로 자연 상태에서는 제3자에 의한 판정과 강제 체계가 존재하지 않기 때문에 당사자들 간의 합의된 질서를 제외하면 무질서 상태만 존재한다.

그렇다고 하더라도 로크의 자연 상태는 완전한 무질서 상태가 아니며 여기에는 엄연히 자연법이 존재한다. 그런 의미에서 최소한의 자연적인 질서는 존재한다. 자연 상태에서 각 개인은 자신과 다른 사람들에 대해 자의적 권력을 절대적으로 행사하지 못한다. 즉, 그는 자연 상태에서 자신의 생명을 말살하거나 타인의 생명이나 자유 그리고 소유물을 함부로 뺏을 수 없다(Locke 1988, Book 2 Section 135, 357). 그의 권력은 오로지 자연법에 따라 자신과 나머지 인류를 보존하는 데에 필요한 만큼만 행사할 수 있다.[17] 다만 이러한 자연법도 해석과 적용에 있어서 의견이 다를 수 있기 때문에 자연법의 존재 자체만으로는 실효성이 없다.

자연 상태에서 온전한 질서의 부재를 자연인들이 악용하는 경우 그것은 공포의 대상이 될 수 있으며, 인간의 선함을 믿는다고 하더라도 무질서 속에서 사는 것보다 질서 속에서 더 나은 이익과 행복을 추구할 필요성을 느낄 수 있다. 홉스는 자연 상태에서의 공포로부터 탈출할 필요성이 사회 수립의 기초라고 본다면, 로크는 자연법에 기초한 질서보다 나은 효율적인 복리의 추구가 사회 수립의 동기라고 본다.

자연 상태에서 정치 공동체의 형성: 다수의 지배에 대한 만장일치 수용

로크는 홉스와 마찬가지로 자연 상태에서 벗어나 정치 공동체를 구성하는 과정이 구성원들의 동의와 합의에 기초하고 있다고 본다. 다만 여기서 합의를 하기 위하여 동의하는 내용에 있어 이 둘 간에는 큰 차이가 난다. 홉스의 경우 정치 공동체는 자연인 개개인이 쌍방 간 계약으로 1인, 일부, 혹은 전체에 절대적 권력인 주권을 부여하기로 합의함으로써 형성되지만, 로크의 경우에 정치 공동체는 지금까지 독립적이었던 개개인이 공동체의 집단 의사와 동일시되는 다수의 의사에 따라서 행동하기로 전원

17) 이 점은 만인 대 만인의 투쟁을 상상하게 만드는 홉스의 자연 상태와 사뭇 차이 난다.

동의함으로써 만들어진다.[18] 즉, 로크의 자연인이 합의하는 내용은 다수가 공동체를 운영하기로 하는 것이다. 이 다수는 항상 단순 다수를 의미하는 것이 아니지만 특별한 경우를 제외하고는 단순 다수의 의사를 의미한다. 이렇게 다수의 의사가 공동체의 의사라는 것에 동의하지 않는 자연인은 공동체 외부에 자연인으로 그대로 남아 있으면 된다. 아무도 그에게 공동체 가입을 강요하지 않는다. 공동체 가입과 형성은 만장일치에 기반해 있지만, 이 합의의 내용은 공동체를 일단 구성하면 그 순간부터 자신의 의사와 판단이 아니라 같은 공동체 구성원 중 다수의 의사와 판단에 따른다는 것이다. 그리고 이런 합의의 결과 비로소 자연인 개개인의 단순 군집이 하나의 인민으로 전환된다.

정치 공동체와 구별되는 정치 체제 혹은 정부의 탄생

이런 합의 과정을 거쳐서 인민과 정치 공동체가 탄생하지만, 홉스와 달리 로크는 이것만으로 정치 체제가 만들어지는 것이 아니라고 본다. 정치 공동체를 형성하기로 한 이들 인민이 나아가 다수의 의사로 어떤 정치 체제를 운영할 것인지, 즉 정치적 권력을 누가 어떻게 사용할 것인지에 관해 정해야만 비로소 정치 체제 혹은 정부(government)가 탄생한다. 정치 공동체는 구성원들의 합의로 만들어지지만, 정부는 합의가 아니라 공동체 권력인 다수의 결정에 따라 만들어진다.

18) 정치 공동체 탄생 과정에 대한 로크의 이러한 설명은 홉스의 첫 번째 사회 계약 내용과 다르지만, 또 다른 해석이 가능한 홉스의 두 번째 사회 계약 내용과 비슷하다. 그것은 자연인 개개인이 앞으로 모든 의사 결정을 다수결로 하게 될 회합체에 자신의 권력을 위임해 정치 공동체를 만들기로 하는 것과 유사하다. 물론 이 경우에도 로크에게는 절대 권력인 주권 개념이 존재하지 않는다.

로크에게 정치 공동체의 권력이나 인민의 권력은 곧 다수의 권력이다. 이 다수의 권력이 없다면 정치 공동체가 붕괴하고 정치 체제도 존재할 수 없다는 점에서 그것은 정치 체제가 가진 모든 권력의 원천이고 정치 공동체 존재의 근원이기도 하다. 하지만 그것은 부정형(不定形)의 시원적 권력에 불과하다. 그것이 정해진 형태를 갖추고 공동체를 운영하려면 정부를 수립해야 하는데, 로크에 따르면 정부의 가장 중요한 기능이 법률을 제정하는 것이다. 따라서 이 시원적 권력은 다른 무엇보다 우선 누가 법률을 제정할 것인가를 정해야 한다. 이 법률 제정 주체를 정하게 되면 그에 따라 정부 형태가 정해진다. 이 다수의 시원적 권력이 직접 때때로 모여서 법을 만들고 자신들이 위임한 집행관들이 그것을 집행하도록 하면, 민주정이 수립된다. 그렇지 않고 특정 한 명을 지정하여 그에게 법을 제정하도록 하면 군주정이 만들어진다. 여기서 군주가 선출되느냐 세습되느냐는 중요하지 않다. 또한, 시원적 권력인 다수가 법을 제정하는 기능을 소수의 선출된 사람들에게 맡기면 과두정이 등장한다. 마지막으로 이러한 방식을 뒤섞으면 혼합 정부가 된다.

정부와 신임

로크의 정치 체제 혹은 정부의 특성을 잘 보여주는 개념은 신임(trust)이다. 이것은 홉스의 체제 문제를 설명해 주는 대표(represent)와 위임(done by authority, authorize) 개념과 비교할 때 세 가지 특징을 지니는데 하나는 일방적이라는 것이고, 다른 하나는 조건부적이라는 것이고 마지막 하나는 자연 상태의 개인이 하지 않는다는 것이다. 첫째, 신임을 주는 자와 신임을 받는 자의 관계는 통상적으로 쌍방적인 계약과 달리 일방적이다. 그것은 상호 평등한 자들끼리 이루어지는 정상적인 균등 거래 관계라기보다는 불균등한 관계 속에서 이루어지는 일방적인 위탁 관계일 뿐이다. 위임받은 자들이 신임을 받는 대가로 뭔가를 주는 것이 아니다. 뒤집어 이야기하면, 위임받은 자들이 무엇인가를 주기 때문에 그 대가로 신임을 받는 교환 관계가 아니다. 따라서 공동체 탄생 단계에서 평등한 개인 간에 이루어지는 쌍방거래에 해당하는 홉스의 사회적 계약은 로크에게 신임의 행위가 아니다.

둘째, 로크의 신임 관계는 일방적이지만 조건부적인 것이다. 이것은 홉스의 작자(author)와 행위자(혹은 연기자, actor)의 관계가 일방적인 성격이면서도 무조건적인 것과 차이가 난다. 앞의 장에서 보았듯이, 홉스의 작자와 행위자(혹은 연기자)의 관계는 자연인들이 정치 공동체이자 주권체를 형성하는 것과 동시에 정치 체제를 만들 때 등장한다. 그것은 작자가 가지고 있는 권위를 일방적으로 행위자에게 이전하는 것으로, 그 권위를 이전받은 행위자는 작자의 인격을 그대로 이어받아서 완전히 자율적으로 행위 한다. 또한, 홉스가 주권체를 만들 때 등장하는 작자와 행위자는 상호 간 계약 당사자가 아니기에 행위자는 그에 의해서 얽매이지 않는다. 그리하여 홉스에게서 행위자는 무수히 많은 자연적 인격체인 자연인 개개인들이 서로 간 계약을 통하여 만들어낸 완전히 독립적인 인위적 인격체이다. 다시 말하면, 이 인격체는 계약의 결과물로서 등장하는 새로운 인격으로 이전의 자연인들과 아무런 계약 관계에 놓여 있지 않다. 여기서 계약은 어디까지나 평등한 자연인들 서로 간의 쌍방적 거래로 이루어진 것일 뿐이고 이들 자연적 인격체와 주권체라는 인위적 인격체 간에는 어떠한 계약도 맺어지지 않는다. 그 결과 이 인위적 인격체는 계약과 관계없이 하나의 독립적인 인격체로서 행동한다. 따라서 홉스의 리바이어던 형성에서 나오는 자연적 인격체와 인위적 인격체 간의 관계는 조건부적인 위임 관계가 아니다. 이렇게 작자와 행위자 간에 이루어지는 절대적인 권한 부여인 홉스의 위임(authorize) 개념과 달리, 로크의 신임은 조건부적인 권력의 부여이다. 그것은 권력을 부여한 취지인 공익의 도모나 다수의 이익증진을 어기거나 부여된 권한 범위를 넘어서는 경우 언제든지 철회될 수 있다.

마지막으로 자연인 개개인 간에 이루어지는 홉스나 로크의 계약 개념과 달리, 로크의 신임 개념은 자연 상태에서 이루어지는 것이 아니며 개인 수준에서 이루어지는 것도 아니다. 이 신임행위는 개개인들 간의 합의(혹은 계약)를 통해 정치 공동체 혹은 사회를 형성한 후에 만들어진 인민(혹은 다수)이라는 집단적 인격체가 하는 행위의 일종이다. 이러한 집단적 인격인 인민이 정부를 구성하는 개인이나 단체에 신임을 부여하는 것이다. 다시 말하면, 집합 개념인 다수 혹은 인민이 개인일 수도 있고 집단일 수도 있는 정부와 신임 관계를 맺는 것이다. 그리하여 신임을 주는 자는 항상 집합 범주이며, 신임을 받는 자는 집합일 수도 있고 개인일 수도 있다. 로크의 신임은 자연 상태에서 사회나 정치 공동체를 만들기 위해서 자연인들이 맺는 사회적 계약과 직접적인 관계가 없다. 그것은 사회적 계약을 통하여 공동체를 설립한 후 공동체의 운영권을 지닌 다수가 정부를 만들 때 등장한다. 그것은 공동체의 다수와 정부 간의 관계에 관한 것이다.

정치 체제는 계약의 대상이 아니다

홉스와 로크 둘 다 자연 상태에서 계약을 통하여 만들어지는 것이 정치 공동체라고 본다. 하지만 홉스의 이론에서 자연인 개개인들의 계약을 통해 만들어지는 것은 정치 공동체 일반 혹은 주권체 일반만이 아니다. 그것은 또한 특정 정치 체제 혹은 특정 주권체이기도 하다. 이렇게 정치 공동체가 만들어지는 동시에 특정 정치 체제가 나오려면, 개개인이 자신의 권력을 자신의 대표에게 부여할 때 구체적으로 특정한 대표를 지정해야 한다. 이렇게 대표로 특정되는 권력체가 한 명이면 군주국이고, 그보다 많은 사람의 회합체라면 귀족국이고, 전부가 모이는 회합체라면 민주국인 것이다. 그리하여 홉스의 이론에서는 개인의 주권체 일반 선택이 구체적인 종류의 주권체와 정부에 관한 선택과 동시에 이루어진다. 하지만 로크의 이론에서는 자연인 개인의 선택으로 만들어지는 것이 다수와 동일시되는 정치 공동체 그 자체일 뿐이며, 정부 일반이나 특정 정부 형태가 만들어지는 것이 아니다. 이렇게 정부를 구성하고 그 종류를 택하는 일은 바로 개개인들의 계약에서 공동체의 의사와 같은 것으로 합의된 다수의 의사에 맡겨진다. 그리하여 로크의 정치 체제나 정부는 홉스와 달리 자연인 개개인이 맺는 계약의 직접적 대상이 아니며 그러한 계약의 결과로 파생될 뿐이다.

로크에게 정치 공동체의 형성과 정부의 형성은 논리적으로 별개의 과정이며, 전자는 계약에 참여하는 개개인들의 의사의 총합으로 만들어지는 것이고, 후자는 그러한 총합으로 형성된 정치 공동체에서 다수의 의결과 그들의 신임으로 만들어지는 것이다. 후자의 과정에서 결정은 공동체 구성원 개개인이 하는 것이 아니라 개개인의 결정으로 만들어진 다수가 하는 것이다. 이 다수는 정부 일반을 구성하기로 의결하는 것이 아니라 구체적인 정부 형태를 정하게 되는데, 이때 비로소 정부가 만들어지는 것이다. 즉, 정치 공동체가 만들어진 다음에 그 구성원들이 이제 정부가 필요하다는 이유로 정부 일반을 만들자고 다수의 뜻을 모으는 것이 아니라, 구성원 다수의 의사로 특정 형태의 정부를 만들자고 의결하게 되는 것이다. 이렇게 특정 형태의 정부를 선택한 결과 비로소 정부 일반이 있게 되는 것이다.

정치 체제 우월성 논의의 부재

로크의 이론에는 다수가 모여서 여러 종류의 정부 중 어떤 정부가 더 우월한지 토론하는 장면이 나와야 하지만 그렇지 않다. 즉, 세 가지 순수한 정부와 혼합정의 장단점에 관해 다수가 갑론을박하는 장면을 찾아볼 수 없다. 이러한 체제 비교론은 홉스의 이론에서는 불필요하다. 그에게는 정부 구성의 문제가 공동체 성원 다수의 논쟁이 아니라 자연인 개개인의 호불호로 결정되는 문제이기 때문에, 다른 사람들과의 대화와 설득 과정이 필요하지 않다. 하지만 로크의 정부 이론에서는 정치 공동체 구성원들은 결국 다수의 의사로 정부 형태를 결정하기 때문에 당연히 어떤 정부가 좋은지 서로 간 설득과 논쟁이 필요하다. 따라서 로크의 정부 이론이 온전하려면 당연히 세 가지 순수한 정부와 혼합 정부의 장단점에 관한 비교가 들어가야 하지만 이러한 논의는 그에게서 찾아볼 수 없다. 다만 우리는 질서 정연한 정치 공동체(well-ordered commonwealth)와 권력 분리에 관한 논의에서 이 문제에 관한 그의 생각을 조금이나마 간접적으로 추론해볼 수 있을 뿐이다. 이러한 정부 형태 간 우열 비교론의 부재는 그의 핵심 관심사가 사회적 계약과 정치 공동체의 형성이지 정부의 형성과 정부 형태의 선택 문제가 아니었음을 보여준다.

이렇게 로크가 정치 체제 간 장단점을 비교하지 않기에 우리의 관심사인 민주정이 과두정이나 군주정보다 나은 것인지, 낫다면 어떤 면에서 그러한지에 대한 로크의 생각을 『통치론』에서는 찾아볼 수 없다. 그가 중시하는 공동체의 의지, 공익, 혹은 개개인의 고유 자산 등은 특정 정치 체제의 문제가 아니며, 모든 합법적인 체제라면 당연히 수호해야 하는 문제이다. 민주정이든 군주정이든 과두정이든 모두 다수의 의사를 반영한 법에 따라 통치되며, 모두 공익을 도모하며 개개인의 고유 자산을 침해하지 않는다. 따라서 구체적으로 어떠한 체제를 채택하느냐는 로크에게 그다지 중요하지 않다. 다시 말하면, 정부 형태를 결정하는 입법권이 어디에 있든 누가 행사하든 로크의 시각에서 보면 큰 차이가 없기에, 민주정이 다른 정부 형태보다 특별히 선호될 이유가 없다.

시원적 권력과 최고의 권력: 주권의 분화

로크의 이론에서는 다수의 의사라는 공동체의 원천적 권력으로부터 입법권을 부여받은 기관을 구성하는 자들의 수에 따라서 세 가지 순수한 정부 혹은 정치 체제가 나누어진다. 이 일차적 파생 권력인 입법권은 다른 권력, 특히 법의 집행권보다 우위에 있는 최고의 권력(supreme power)이다. 입법권을 다른 권력보다 우위에 두는 이러한 사고는 주권 개념을 사용하는 보댕이나 홉스에게도 찾아볼 수 있다. 이 두 사상가도 입법권이 최고의 권력이라는 데에 동의하며 주권의 소재를 파악하기 위해서는 누가 법을 최종적으로 제정하는지를 살펴봐야 한다고 주장한다. 따라서 주권 개념을 사용하는 근대 사상가이든 아니든 입법권력의 우월성을 강조하는 것은 마찬가지다. 하지만 로크가 언급하는 최고의 권력 개념은 시원적 권력 개념을 별도로 설정하고 있다는 점에서 보댕과 홉스의 주권 개념과 다르다. 이런 면에서 로크의 최고의 권력은 주권이 되기에는 한계가 있다.

로크는 인민의 권력 혹은 공동체의 권력을 최고의 권력으로 부르기도 하고 입법권을 최고의 권력이라고 부르기도 한다. 여기서는 혼동을 막기 위하여 이 두 가지를 구분하여 전자를 별도로 시원적 권력으로 부르고자 한다. 홉스의 주권은 정치 공동체 구성원으로부터 직접 부여받은 시원적 권력일 뿐만 아니라 여기서 제한적 의미로 사용하는 로크의 최고의 권력이기도 하다. 홉스의 주권은 또한 단일 권력으로, 여러 기관이 공유하거나 여러 기관에 나뉘어서 존재할 수 없다. 반면에 로크의 최고의 권력은 하나로 통일된 불가분의 권력이 아니기 때문에 얼마든지 여러 기관에 나누어질 수 있다. 그리하여 이른바 혼합 정부나 혼합 정치 체제(compounded and mixed forms of government)가 로크에게는 가능하지만 홉스에게는 불가능하다.

실제로 로크의 시각에서 보면, 의회가 제안한 법률안에 대해서 행정부가 동의권을 가지거나 이 두 기관의 의견 일치가 입법에 필요한 경우 혼합 정부로 간주될 수 있다. 구체적으로 로크는 혼합 정부의 예로서, 입법 기관이 상설되어 있지 아니한 정치 공동체에서 집행권이 단 한 명에게 맡겨져 있고 이 사람이 입법권도 일부 공유하고 있는 경우를 들고 있다. 이 경우 우리는 하위 권력자들인 부하 집행관들의 권력이 그한테서 나온다는 의미에서 그가 최고 권력자라고 말할 수도 있지만, 그가 진정으로 최고 권력자인 이유는 입법에서 그가 구속받아야 할 상위 권력이 없고 그의 동의가 없이는 어떠한 법도 만들어질 수 없기 때문이다. 즉, 그는 최고의 권력인 입법권을 혼자 행사하는 것이 아니지만, 여전히 최고의(supreme) 권력자라고 말할 수 있다. 여기서 로크는 최고의 권력이 공유될 수 있음을 명시하고 있다. 하지만 홉스에 따르면, 이런 식으로 주권은 공유될 수가 없으며, 만약에 그런 식으로 주권이 공유된다면 그것 자체가 주권이 아니다.

홉스의 주권 개념이 로크에 오면 시원적 권력과 최고의 권력으로 분화되는데 이것은 정치 공동체와 정부를 구분하지 않는 홉스와 달리 로크가 이 둘을 명확히 구분하는 것과 관련이 있다. 이러한 구분 때문에 최고의 권력과 관련된 정부를 제거하여도 시원적 권력인 다수의 의사나 인민이 상존한다면 정치적 공동체는 해체되지 않고 살아남는다. 다른 식으로 말하면, 정부 형태는 정치 공동체의 변화가 없어도 얼마든지 바뀔 수 있다. 이와 달리 홉스의 경우 입법 기관인 주권체가 도전받거나 정부가 변경되면 바로 정치 공동체가 소멸 위기에 봉착하게 되고, 주권체의 변경 없이는 정부 형태도 변경될 수 없다. 또한, 홉스와 달리 로크에게는 시원적 권력과 최고의 권력이 분리되기 때문에 정부의 의사가 인민의 의사와 어긋나는지 아닌지 판단할 별도의 준거점이 마련된다. 최고의 권력을 가진 입법 기관이나 그것을 재위임받은 행정 기관이 인민의 신탁에 벗어나 행동하는지 아니한지를 판단하는 권한은 시원적 권력을 가지고 있는 인민에게 있다(Locke 1988, Book 2 Section 240, 427).

최고의 권력과 절대 권력

로크가 말하는 입법을 할 수 있는 권한인 최고의 권력은 절대 권력이 아니다. 이것이 의미하는 바는 로크의 절대 군주정\에 대한 논의를 보면 확연히 드러난다. 로크는 절대 권력을 가진 자는 시민 사회 혹은 정치 사회에서는 존재할 수 없다고 본다. 절대 권력이 법을 제정하는 권력을 넘어서 법의 적용대상이 되지 않는 초법적인 권력을 의미한다면, 이러한 권력은 시민 사회 내에서는 존재할 수 없다. 자연 상태를 벗어나 사회를 이루기로 합의한 이상 절대 군주를 포함한 모든 구성원은 서로 간에 의견이나 이해관계의 충돌이 있을 때, 이해 당사자가 직접 해결에 나서지 않고 그들 간 분쟁을 판단하고 해결책을 찾아서 집행할 제3의 권력을 인정해야만 한다.

하지만 절대 군주와 그 신민들 간에 분쟁이 생길 때 글자 그대로 '절대 권력'을 가진 절대 군주라면 이 문제까지 자신이 나서서 판단하고 처리하거나, 아니면 피해를 본 다른 사회 구성원 누구도 하소연할 수 없도록 할 것이다. 절대 권력을 가진 군주가 자신이 개입된 문제까지 직접 권한을 행사한다면, 분쟁 당사자가 아닌 자가 객관적으로 분쟁을 해결하도록 한다는 사회 계약의 원칙을 어기게 된다.

이러한 원칙에는 아무리 절대 군주라도 예외가 될 수 없다. 예외를 인정받는 권력이 존재하게 된다면 그 권력과 신민 간에는 중재자가 존재하지 않게 되어 이들의 관계는 시민 사회의 관계가 아니라 그 이전인 자연 상태의 관계로 돌아가게 된다. 다시 말하면 그러한 절대 권력자는 자신을 제외한 구성원들로 이루어진 시민 사회의 외부에 존재하는 자연인의 지위를 지니게 된다. 그리하여 시민 사회의 구성원과 시민 사회는 그를 대할 때, 자연 상태에서 다른 자연인들을 대하는 방식으로 대하면 된다. 이것은 비단 1인 절대 권력자만이 아니라 다수로 이루어진 절대 권력체에도 마찬가지로 적용된다. 절대 권력이 개념상 존재할 수 없는 시민 사회에서는 누구든 사회의 구성원이 된 이상 제정된 법과 그에 따른 공권력의 집행 대상이 된다. 여기에는 어떤 형태의 권력자도 예외가 안 된다. 그리하여 로크는 홉스와 달리 입법자인 주권체도 1인이든 소수이든 다수이든 자신이 만든 법에 구속받는다고 본다.

자의적 권력인 대권 개념의 두 가지 해석

절대 권력을 부정하였던 것과 반대로 로크는 대권 혹은 특권(prerogative)을 인정하고 있다. 절대 권력은 법에도 구속받지 않고 행사하는 자의적인 권력이고 시민 사회 내에서 존재할 수 없지만, 대권은 법이 없는 곳에서 자유롭게 행사하는 권력으로 이것은 시민 사회에서도 존재할 수 있다. 대권은 법에 구체적인 규정이 없지만, 권력자가 공익을 도모하기 위해 자신의 사리 분별에 따라서 행사하는 권력이다. 또한, 로크가 절대 권력을 부정하고 있기에 논란의 여지가 없지 않지만, 이 대권은 심지어 때에 따라서 공익을 도모할 목적이라면 법을 어기면서까지 행사할 수 있는 권력이다. 이것은 법이 가지고 있는 경직성과 불완전성을 보완하는 권력이며 법의 존재

목적이자 존립 근거인 공익에 따라 권력자가 스스로 판단하여 임의적으로 행사하는 권력이기 때문에 때에 따라서 법에 어긋나는 것처럼 보이더라도 정당한 권력 행사일 수가 있다. 입법권은 시원적 권력에 의해서 명시적으로 주어진 권한이고 법 집행권은 그러한 입법권에서 파생된 권력이라는 점에서 이 두 가지 권력, 즉 입법권과 집행권은 사회적 계약으로 직접적으로나 간접적으로 분명하게 파생된 권력이다. 그리고 입법권은 시원적 권력에 의해서 통제를 받고 법 집행권은 입법권의 통제를 받는다. 하지만 최고의 권력인 입법권에 의해서 권력 행사의 범위와 시기를 명시적으로 규제받는 법 집행권과 달리 대권은 입법권에 의해 권력의 범위와 시기가 명시될 수 없는 임의적인 권력이기 때문에 시원적 권력에 의해서 행사 주체만 정해질 뿐 그 내용은 아무런 제재를 받지 않는다. 이런 의미에서 그것은 최고의 권력인 입법권과 같은 지위를 누리며, 입법권의 통제를 받는 법률 집행권과 차원이 다르다(오향미 2018, 48).

입법권이 시원적 권력에 의해서 최종적인 견제와 통제를 받듯이, 대권도 시원적 권력에 의해서 최종적인 견제와 통제를 받는 것처럼 보인다. 실제로 일부 논자는 이렇게 오로지 공동체만이 대권에 대한 최종적인 심판권을 가진다고 해석한다(오향미 2018, 53). 하지만 로크는 이와 관련하여 두 개의 상반된 주장을 펴고 있다. 하나는 이러한 시원적 권력에 의한 통제에 부합하는 논의이고 다른 하나는 그렇지 아니한 것이다. 그는 처음에는 대권이 모든 권력의 최종적인 존재 이유인 인민의 복리나 공익에서 벗어나는 경우 시원적 권력의 소유자인 인민이나 공동체가 나서서 대권을 제한할 수 있다고 한다. 로크에 따르면 입법권의 통제를 받지 않는 "대권은 규칙에 얽매이지 않고 공익을 추구할 수 있는 권력일 뿐이다(Locke 1988, Book 2 Section 166, 378)." 여기서 공익은 대권을 가진 자가 입법권을 가진 자처럼 임의로 판단하는 것이지만, 그가 최종 판단을 하는 것은 아니며 공익은 곧 다수의 이익 혹은 의사로 수렴될 뿐이다. 그리하여 대권이 갖는 임의적인 권한은 오로지 그 권한이 공익을 침해하지 않고 잘 행사되고 있다는 인민의 신뢰나 믿음에 근거하고 있을 뿐이다. 이러한 신뢰를 저버리고 대권을 가진 자가 사익을 도모한다면 대권에 대한 통제가 일어나게 된다. 이런 경우 대권의 속성상 그것은 처음부터 법이 아니었기 때문에 불법이라고 선언할 수 없지만, 그 특정 권한이 정당한 대권이 아님을 선언하거나 어떤 새로운 제한이 추가된 채 행사되도록 해야 할 것이다. 이 경우 인민의 권력이 정치 공동체에서 최종 권력임이 확인되며, 대권의 범위 역시 사회적 계약의 취지나 인민의 최종적인 통제를 못 벗어난다.

하지만 로크는 대권과 관련하여 이와 상당히 다른 해석이 가능한 주장을 펴기도 한다. 이런 주장은 대권이 과연 올바르게 사용되었는가를 누가 판단하냐는 질문에 대한 답을 하는 구절에 등장한다. 이 질문은 궁극적으로 누가 대권의 행사 목적인 공익 여부를 판단하는가의 문제이다. 여기에 대한 로크의 답을 보면 대권은 마치 사회적 계약과 분리되어 존재하거나 어쩌면 사회적 계약과 관계없이 항상 존재하는 권력처럼 보인다. 로크는 대권 행사의 올바름을 두고서 대권을 행사하는 권력자와 인민이 의견을 달리할 때, 이를 판정해야 하는 측은 권력자도 아니며 인민도 아니라고 한다. 오로지 이러한 분쟁과 갈등에서 판결을 내릴 수 있는 존재는 하늘(heaven)뿐이라고 한다(Locke 1988, Book 2 Section 168, 379). 이렇게 하늘에 호소하는 방식은 자연 상태에서 분쟁 당사자들끼리 판단을 내릴 때 사용하는 방식이 될 수 있을지 모르지만, 사회를 이미 구성한 자들이 취할 판단방식은 아니다. 로크가 강조하듯이, 일단 사회를 구성한 자들은 권력자를 포함하여 사회 구성원들 사이에 분쟁이 생겼을 때 그것이 무엇이든, 다수의 의사에 따라 판정을 받아야 한다고 합의한 상태이다. 따라서 사회적 계약을 맺은 자들은 지상에서 호소할 권력을 찾아야 하며, 더 이상 하늘에 호소하면 안 된다. 그렇게 한다면 하늘의 뜻을 두고서 다시 분쟁이 생길 수 있기에 이것은 결국 자연 상태에서 개개인들의 판단에 따르는 것이나 마찬가지이다. 하늘의 판정에 호소한다는 대답은 모든 권력이 최고의 권력, 즉 입법권에서 나오는 것이 아니라고 할지라도 시원적 권력에서 나온다는 것을 부인하는 것이며, 또한 시원적 권력을 가진 정치 공동체가 탄생하게 된 목적인 공익의 도모에서 공익은 곧 다수의 의사라는 사고에도 어긋난다. 그리하여 대권은 사회적 계약의 결과로 부여받은 것이 아니게 되며, 명분상 그것이 정치 공동체의 의지와 복리를 전제로 하여 행사되어야 하더라도 시원적 권력인 인민의 권력에 의해서도 직접적으로 견제와 통제를 받지 않게 된다. 이런 경우 인민이나 공동체가 판단하기에 대권이 공동체가 묵인하는 범위를 넘어 행사되었다는 이유로 대권 행사 자격이 박탈될 수 있는 것도 아니다. 요약하면, 대권과 관련하여 공익의 판단이 중요한데 대권에 관한 두 번째 해석에서 로크는 권력자와 인민이 의견을 달리할 때 최종적인 판단은 오로지 하늘에 달렸다고 주장한다. 이것은 입법권이나 단순한 법 집행권의 오남용을 두고서 다툴 때, 최종적인 판단 권한은 시원적 권력을 가진 인민에게 있다고 보는 첫 번째 대권 해석과 상치된다.

권력 분산과 권력 분리의 구분: 혼합정의 이해

로크는 입법권을 최고의 권력이라고 보았음에도 불구하고, 이것을 누가 행사하느냐는 문제는 그에게 중요하지 않았다. 하지만 입법권을 가진 자가 입법권에서 파생된 법 집행권을 동시에 행사하느냐 아니냐의 문제는 공공복리의 도모를 위해서 그에게 대단히 중요한 문제였다. 어떻게 보면 로크가 말하는 의미의 입법권의 혼합정 역시 입법권의 공유나 분리

형태로 볼 수 있지만, 로크에게서 혼합정과 권력 분리는 별개의 문제이다. 혼합정의 문제는 여전히 정치 체제의 문제이지만 권력 분리 문제는 이러한 정치 체제 문제와 다른 차원의 문제이다. 실제로 고대에서는 권력 공유 혹은 혼합정이라고 함은 입법권 혹은 심의 권력(deliberative power)과 행정권 간의 분리나 공유를 의미하였다. 즉, 권력 분리와 혼합정은 동일한 문제의 영역에 속하는 것이었다. 그런데 로크가 말하는 혼합정은 특이하게도 오늘날이나 고대에서 말하는 권력의 분리와 견제 문제를 이야기하는 것이 아니다. 로크에게 혼합정(compounded and mixed forms of government)이라고 함은 '입법권'의 분산만을 의미하며 그것도 특이한 형태의 분산만을 의미한다. 동질적 권력인 입법권을 단순히 여러 기구나 사람들이 행사한다고 하여 혼합정이 되는 것은 아니다. 그런 경우 로크의 과두정에 해당할 것이다. 로크의 시각에서 보면, 동질적인 입법권을 공동으로 행사하는 주체가 다수나 전체가 아니라 소수라면 그것은 과두정일 뿐이다. 로크가 혼합정이라고 함은 단순히 입법권을 1인, 소수, 다수 중 어느 둘이나 셋이 나누어서 행사하는 것만을 의미한다. 이것은 매우 특이한 규정이다. 예를 들면, 미국처럼 입법 기능이 상원과 하원에 나누어져 있더라도 이것은 어디까지나 과두정에 불과하며, 혼합정은 아니다. 혼합정이 되려면 1인 기관도 입법 기능을 수행하고 소수 기관도 입법 기능을 수행해야 한다. 이런 경우 군주정과 과두정이 혼합된 정부가 된다.[19)]

최고의 권력이 분산되는 것을 인정하는 로크의 혼합정 개념과 논점이 다른 그의 권력 분리론은 나중에 몽테스키외의 삼권 분리론으로 발전하는 기초가 된다. 몽테스키외와 비교할 때 로크는 입법권이 최고의 권력이고 법 집행권은 입법권에서 파생되는 권력임을 더욱 명확히 하고 있다.[20)] 따

19) 오늘날 미국처럼 법률 제안권과 법률 의결권을 의회만 가지고 대통령은 동의권이 아닌 거부권만 가지고 있다면 로크가 말하는 혼합정이라고 볼 수 있느냐는 또 다른 문제이다.

라서 그의 권력 분리론은 권력 행사 기관의 분리만을 의미하는 것이지 권력 간 동등한 지위에 기반한 실질적인 견제 관계를 의미하지 않는다. 입법권과 법 집행권이 대등한 위치에서 서로 견제하려면, 이 둘 다 시원적 권력에서 동등하게 발원되어야만 하는데 오로지 입법권만 그러한 지위를 지니고 행정권은 입법권으로부터 사후적으로 파생된 권력에 불과하다. 로크의 입법권과 행정권의 관계는 오늘날 미국의 대통령과 의회의 관계와 다르다. 미국에서는 대통령이 인민에 의해서 선출되고 의회도 인민에 의해서 선출되어 둘 다 대등하게 인민으로부터 권한 위임을 주장할 수 있지만, 로크의 입법권과 행정권의 관계는 그렇지 않다. 이 두 권력은 서로 간의 위계 서열이 분명해 실질적인 견제 관계를 맺기 어렵다.[21)]

권력 분리의 근거와 질서 정연한 공동체

로크가 입법과 집행권력 이 두 개의 권력을 인적으로 분리해야 한다고 주장하는 첫 번째 이유는 입법권이 동시에 법 집행권을 가지게 된다면, 입법권이 공익을 돌보지 않고 사익이 반영된 입법 활동을 하거나, 법 집행이 불공정하게 집행자의 이익만 돌볼 가능성이 크기 때문이라고 한다. 이것은 일종의 권력 집중에 의한 부패 방지 이론이다. 하지만 엄격하게 볼 때 입법 기관과 법률 집행 기관의 원칙적인 위계 서열을 고려한다면, 입법 기관이 사사로운 법을 제정하여 사익을 도모할 때 법 집행 기관이

20) 로크는 옳고 그름을 판정하는 권력을 입법권이라고 보기도 하고 이와 분리된 독립적 사법권이라고 보기도 하는 모호성을 유지하고 있다. 홉스는 사법권이 행정권의 일부인 것처럼 다루는 경향이 있다. 이에 반하여 몽테스키외는 사법권을 행정권과 명확하게 분리하여 하나의 별도 권력으로 정립한다.

21) 민주정에서 집행권은 시원적 권력으로부터 바로 도출되지만, 민주정에서도 입법권이 곧바로 시원적 권력인 것에 반하여 집행권은 시원적 권력 자체가 아니라 그로부터 파생된 권력이라는 의미에서 권력 간 위계서열은 여전히 존재한다.

비록 분리되어 있다고 하더라도 상위 기관인 입법 기관을 체계적으로 견제할 수가 없다. 이러한 단점에도 불구하고 로크는 입법권의 행사자들이 법률 집행권을 동시에 행사하지 못하도록 한다면, 폭정(tyranny)을 막는 것이 가능하다고 본다. 로크가 추가로 설명한 구절을 보면, 그가 정말로 우려한 폭정은 입법권을 가진 자들이 입법한 후에도 해산하지 않고 계속 남아 법의 집행 대상이 되지 않고 자신들이 집행의 주체가 되는 상황이다. 그는 입법과 법 집행의 주체가 분리된다면 법 집행자가 비록 하위 권력일지라도 입법권의 오남용을 어느 정도 견제할 수가 있다고 믿는 것으로 보인다.

폭정을 막기 위한 방편으로 로크는 질서 정연한 정치 공동체(well-ordered commonwealth)를 주창한다. 여기에서는 법을 제정하는 사람들이 여러 명인데, 이들은 단독으로나 다른 기관과 연합해 법을 만들고 그 이후에는 해산하여 다시 개개인으로 돌아가 법의 집행 대상이 되어 구속받는다. 입법자들은 이렇게 자신들이 나중에 법의 집행 대상이 됨을 염두에 둔다면 법을 함부로 만들 수가 없다. 자신이 그 법에 따라 피해를 볼 수 있기 때문이다. 또한, 로크는 입법자들이 자신들만의 이익을 도모하는 법을 만들면 법 집행자들이 공익을 내세워 법의 집행을 거부할 수가 있다고 가정하고 있다. 그런데 이러한 가정은 하위 권력인 법 집행 기관이 상위 권력인 입법 기관이 만든 법의 공공성 여부를 판단할 수 있는 권한이 있음을 전제로 한다. 이 문제는 입법권이 최고의 권력이라는 로크의 핵심 주장을 부인하는 것으로까지 이어질 수도 있어 논란이 될 수 있다. 그런데도 그러한 전제를 인정한다면, 입법권을 가진 자들이 법 집행권까지 장악하지 못할 때 로크의 주장대로 공익이 무시되는 폭정이 대두할 가능성은 줄어들 것이다.

역으로 법 집행 기관이 입법권을 찬탈하여 발생하는 또 다른 권력의 횡포도 입법권과 행정권이 분리되지 않은 결과이고 이것은 어쩌면 통상적인 폭정의 대표적 사례일 수 있다. 왜냐하면 로크가 말하는 폭정의 사전적인 정의는 권력이 법이나 공익을 준수하지 않고 사사로운 의지나 이익을 내세워 통치하는 것이기 때문이다.[22] 하지만 로크가 권력 분리 논의에서 우려한 것은 이러한 통상적 종류의 폭정이 아니다. 별도로 존재하는 입법 기관의 권력을 법 집행 기관이 역으로 찬탈하여 법을 무시하고 권력을 사사로이 행사하는 것은 정상적인 정치 공동체에서는 원천적으로 불가능하다. 왜냐하면 로크의 이론에서는 입법권이 언제나 최고의 권력이기 때문이다. 권력 분리론을 통하여 그가 오히려 진정으로 우려한 것은 최고의 권력인 입법권의 횡포이다. 그는 입법 기관이 집행권까지 장악하여 스스로가 정한 법을 무시하고 통치하는 상황을 우려하였다.

이런 시각에서 보면 그의 권력 분리론은 대등한 힘을 가진 권력 기관에 의한 상호 견제의 이론이 아니다. 더욱 정확하게 보면 그것은 권력 집중에 따른 횡포의 위험성 때문에 최고의 권력 기관인 입법 기관이 입법 이외의 기능을 행사해서는 안 되며 이런 기능은 다른 기관이 하도록 내버려 둬야 함을 강조하고 있을 뿐이다.

로크가 입법과 집행권력이 분리되어야 한다고 보는 두 번째 이유는 특이하게도 입법 기능과 집행 기능의 시간적 속성의 차이다. 즉, 그는 입법의 일시성과 법률 집행의 항시성으로 인해서 입법 기관과 집행 기관은 별도로 분리되어 존재해야 한다고 역설하고 있다. 특히 법률 집행의 항시성 문제는 법 집행을 언제나 1인이나 소수가 하도록 하여 다수가 입법과 집행을 동시에 수행하지 못하게 만드는 요인이 된다. 왜냐하면 다수는 1인이나 소수와 달리 집회를 항시적으로 열기가 어렵기 때문이다. 이러한 로크의 권력 분리 논리는 상호 견제 이론과 무관하다. 그것은 단지 입법 기

22) 로크는 찬탈과 폭정을 구분하는데 전자는 누군가 정당하게 가진 권력을 그렇지 않은 자가 빼앗아 행사하는 것이고 폭정은 주어진 권한을 넘어서 권력을 행사하는 것이다.

관이 비상설 기구로 존재하는 것을 의미하고 입법 기관이 해산된 이후, 법의 집행을 담당하거나 해산된 입법 기관을 재소집하는 권력을 행사하는 기관인 집행 기관이 별도로 상설되어 있어야 한다는 것을 의미한다.

질서 정연한 공동체와 정치 체제의 연관성

앞서 지적했듯이, 로크는 정치 체제의 장단점을 직접 비교하는 논의를 하고 있지 않지만 질서 정연한 공동체 논의를 자세히 검토하면, 간접적으로 특정 체제에 대한 그의 호불호를 감지할 수 있다. 왜냐하면 입법자의 수 혹은 정치 체제의 종류에 따라 질서 정연한 공동체가 만들어질 가능성이 달라지기 때문이다. 즉, 민주정, 과두정, 군주정은 로크가 이상적으로 간주하는 질서 정연한 공동체가 될 가능성이 다르다.

우선 민주정부터 보자. 불필요한 오해를 하지 않으려면, 먼저 독자들은 질서 정연한 공동체 문제는 로크가 의미하는 혼합 정부의 문제가 아니라 입법권과 법률 집행권의 분리 문제라는 점과 민주정은 단순히 입법권의 행사 주체의 문제라는 점을 상기해야만 한다. 로크의 민주정은 다수의 의사로 정치 공동체를 운영하기로 만장일치 합의를 본 개인들의 집합체인 인민이 다수의 의사로 직접 입법을 하고자 하는 경우 탄생한다. 이 경우에도 법의 집행은 이들이 직접 하지 않고 별도로 임명한 소수의 사람이 하도록 한다. 로크는 이렇게 별도의 소수가 법률 집행을 하는 이유를 제시하고 있지 않지만, 아마도 그가 앞서 공동체 운영과 관련하여, 왜 만장일치가 아니라 다수의 의사로 운영해야 하는지를 제시할 때 모두가 실제로 모이기 어렵고 모두는 의견 일치를 보기 어렵다는 것을 강조한 점에 비춰 보면(Locke 1988, Book 2 Section 98, 332-333), 항시성을 요구하는 법률 집행은 민주정에서도 왜 공동체가 직접 할 수 없는지 분명해진다. 따라서 로크에게 행정은 언제나 다수가 아닌 소수나 1인의 행위가 된다. 이 결과 민주정은 개념적으로 입법과 행정이 언제나 분리된 질서 정연한 공동체가 된다.

민주정이 개념적으로 질서 정연한 공동체에 속하는 것과 달리, 과두정은 그럴 수도 있고 아닐 수도 있다. 실제로 권력 분리론에서 로크가 현실적으로 우려한 입법권의 집행권 장악은 과두정의 정부 형태에 적용되는 것이라고 보아야 할 것이다. 그는 권력 분리 논의에서 입법권의 횡포가 있을 수 있는 사례로 다양한 사람들로 구성된 입법부를 들고 있다. 개념적으로 질서 정연한 공동체일 수밖에 없는 민주정을 우리가 제외한다면 여기서 다양한 사람들로 구성된 입법부는 곧 과두정을 의미한다고 봐야 할 것이다. 따라서 로크의 이야기는 소수의 다양한 사람이 모여서 입법을 한 후에 이들이 집행까지 도맡아서 하는 경우 횡포를 부릴 수 있기에 권력 분리가 필요하다는 것이다. 다른 식으로 말하면, 과두정이 질서 정연한 공동체가 되려면, 법률 집행을 맡은 기관은 다른 소수의 사람이거나 1인이어야만 한다. 물론 논리적으로는 집행자가 다수여도 되지만, 다수는 집행권을 행사하기 어렵다는 원칙을 고수하면 법률 집행자는 다수가 될 수 없다.

마지막으로 집행의 항시성으로 생기는 권력 분리의 필요성이라는 측면에서 보면 군주 1인이 입법권을 독점하는 군주정은 질서 정연한 공동체가 될 가능성이 낮다. 왜냐하면 권력 집중에 따른 부패로 인하여 권력을 분산해야 한다는 논리는 군주정에도 적용되지만, 집행자의 수가 많아서 집회가 항시적으로 이루어지기 어려워 집행권력이 입법권력과 분리되어야 한다는 논리는 군주정에는 통하지 않는다. 군주정에서는 한 명이 입법을 하는 동시에 이 한 명이 집행까지 하는 것이 기술적으로 전혀 문제 되지 않는다. 한 명이 입법을 하는 군주정에서는 이 한 명이 항시적으로 존재하기 때문에 그가 집행권력도 동시에 장악하는 것이 아주 자연스럽다.

이 결과 군주정은 태생적으로 질서 정연한 정치 공동체가 되기 어렵다. 이것은 다수로 된 회합체가 상설되기 어렵기 때문에 간헐적인 입법 기관과 항시적인 법률 집행 기관이 어쩔 수 없이 분리될 수밖에 없는 민주정과 대조적이다.[23)]

결과적으로 보면, 로크는 정치 체제의 장단점을 별도로 논하고 있지 않지만, 권력 분리론이나 질서 정연한 공동체 이론에 나오는 그의 논리를 끝까지 밀고 나가면, 그에게 이상적인 체제는 1인이 아닌 여러 명이 입법을 맡고 소수나 1인이 법률 집행을 담당하는 공동체이다. 결국 이는 로크에게 이상적인 정치 체제가 여러 명의 입법자를 두는 민주정이거나 과두정이라는 말과 동일하다. 이 중 민주정은 다수의 집행권 장악 불가능성 때문에 현실적으로 언제나 질서 정연한 공동체가 될 수밖에 없고, 과두정은 그럴 수도 있고 아닐 수도 있다. 반면 군주정은 질서 정연한 공동체가 되기가 가장 어렵다. 그렇게 되려면, 군주가 다수나 소수에게 집행권을 위임해야 하는데, 이것은 부자연스럽고 자신이 집행권을 행사하는 것이 더욱 자연스럽고 효율적이기 때문이다.[24)]

이렇게 세 가지 순수한 체제 중에서 로크가 말하는 민주정이 질서 정연한 공동체가 될 소지가 가장 크지만, 민주정도 입법 기관의 횡포를 완전히 막는 데 한계가 있다. 그 이유는 다른 체제보다 더욱 강한 입법권의 절대적 우위가 존재하기 때문이다. 다른 정부에서는 집행권만이 아니라 입법권도 시원적 권력에서 파생된 권력이지만 민주정에서는 입법권은 공

23) 이것은 나중에 보게 될 칸트의 주장과 정반대이다. 칸트에 따르면, 민주정의 인민은 본질적으로 입법과 집행을 동시에 하기 때문에 민주정은 언제나 이 두 개의 권력이 분리되어 있지 않은 전제적인 모습을 보인다. 하지만 군주정은 전제적이지 않을 가능성이 있다.

24) 혼합정의 경우 어떤 종류의 결합이냐에 따라서 다를 수 있지만 어떤 결합이든 속성상 질서 정연한 공동체가 될 소지가 있다. 예를 들어, 1인, 소수, 다수 중 둘 이상이 공동으로 입법하는 혼합 정부의 경우에 이들 중 다수가 아닌 1인이나 소수가 집행을 맡아서 하면 질서 정연한 공동체가 될 것이다.

동체의 시원적 권력과 동일하다. 즉 입법 기관이 사실상 인민자체이다. 따라서 민주정에서는 입법권의 집행권에 대한 우위가 군주정이나 과두정보다 더 두드러진다. 이렇게 민주정에서 법률 집행 기관의 입법 기관에 대한 종속성 때문에 입법 기관과 집행 기관의 형식적 분리만으로는 로크가 바라는 대로 입법 기관의 횡포가 통제된다고 보기 어렵다.

결론

지금까지 로크가 말하는 정치 공동체의 형성 과정과 정부의 탄생 과정을 살펴보고 이 과정에서 로크가 가진 특이한 권력 개념들인 시원적 권력, 최고의 권력 그리고 대권 개념을 분석해 보았다. 또한, 권력 분리와 권력 분산 개념을 구분하고 그가 말하는 질서 정연한 공동체와 혼합정에 관해서도 논의하여 보았다. 이러한 논의와 분석을 통하여 그가 말하는 민주가 무엇을 의미하는지 더욱 분명하게 이해할 수 있게 되었다고 본다.

로크는 홉스와 마찬가지로 정치 공동체의 수립에 모든 이의 동의가 필요한 것으로 본다. 하지만 구체적 합의 내용은 둘 간에 상당히 차이가 난다. 홉스는 자연인들이 1인이나 일부나 전체에게 공동체의 권력을 부여할 수 있다고 하지만 로크는 다수에게 공동체의 권력을 부여한다고 가정한다. 또한, 이렇게 하여 만들어진 공동체의 권력을 홉스는 주권이라고 명하고, 로크는 공동체가 가지는 권력을 별도의 이름으로 부르지 않지만 우리는 여기서 이것을 시원적 권력이라고 하였다. 이 시원적 권력에서 다른 모든 정부 권력이 파생되어 실재하게 된다.

홉스의 주권은 일단 형성된 다음에는 양도 혹은 위임되거나 나누어질 수 없고 그에게 정치 공동체의 탄생은 곧 정부의 탄생이기 때문에, 그는 공동체와 독립적으로 존재하는 정부가 공동체의 주권을 위임받아 통치한다는 생각을 상상조차 할 수 없었다. 반면에 로크의 시원적 권력은 정부가 만들어지기 이전에 존재하는 것이고 이 권력은 양도 혹은 위임되거나 나누어질 수 있다. 로크에게 정부는 정치 공동체가 가진 시원적 권력의 일부인 입법권을 위임받아 별도로 만들어진다. 그리하여 이제 정부와 정치 공동체는 분리되어 별개로 존재한다. 더욱 정확하게 말하면 다수의 의사인 정치 공동체의 시원적 권력이 어떻게 입법을 하느냐에 따라 여러 가지 정부가 탄생한다. 이 다수가 이 시원적 권력을 직접 행사하여 입법한다면 그 정부는 민주정이고 입법권을 1명에게 양도 내지 위임한다면 그것은 군주정이며 소수에게 위임한다면 과두정이다. 그리고 이런 정부들을 뒤섞어 놓으면 혼합 정부가 된다. 또한, 시원적 권력이 직접 정부를 운영하는 민주정을 제외하면 다른 모든 정부는 대의 정부가 된다.

여기서 보듯이 로크가 정부를 구분하는 기준이 되는 권력은 입법권이기 때문에 이 권력은 법 집행권에 비하여 우위에 있다. 이런 의미에서 이 입법권은 최고의 권력이다. 결과적으로 보면 홉스의 정치 공동체가 로크에 와서 정치 공동체와 정부로 분화되면서 주권 개념 역시 시원적 권력과 최고의 권력으로 분화된다. 주권과 최고의 권력은 둘 다 입법권을 핵심으로 한다는 면에서 비슷하지만, 주권은 일단 형성된 다음에 다시 거두어들일 수가 없고 주권의 부재는 정부의 부재만이 아니라 정치 공동체의 부재와 자연 상태로의 복귀를 의미하는 반면에, 최고의 권력은 위임이나 철회될 수 있는 권력이다. 최고의 권력이 정지되거나 부재하게 되면 정부가 없을 수 있지만, 시원적 권력을 가진 정치 공동체는 여전히 견고하게 남아 있다. 시원적 권력이 남아 있는 한 시민들은 자연인으로 다시 돌아가지 않는다.

시원적 권력에 기반을 둔 최고의 권력인 입법권에서 다른 모든 지상의 권력이 나온다. 그리하여 법을 집행하는 권력도 시원적 권력에서 직접적으로 위임받아 만들어지는 것이 아니라 입법권의 파생 권력일 뿐이다.[25] 그런데도 여전히 시원적 권력이나 최고의 권력에 의한 위임으로 설명이 안 되는 권력이 두 가지 존재한다. 그중 하나는 대권이고 다른 하나는 연합 권력(federative power)이다. 대권은 법으로 명시할 수 없는 영역에서 집행권을 장악한 자나 기관이 행사하는 권력이다. 인간사 모든 문제를 일일이 법으로 명시할 수 없고 법이 설령 있다고 하더라도 법이 세세한 내용까지 포함할 수 없으므로 집행관의 자의적인 판단이 개입할 수밖에 없다. 이런 상황에서 집행관의 대권이 등장한다. 이 대권을 법이 없는 상황에서 행사하게 되면 그로써 새로이 법이 만들어지는 것이나 마찬가지가 된다. 이 대권을 두고 로크는 모호한 입장을 취하고 있다. 하나는 이 대권이 여전히 시원적 권력의 통제를 받는다는 입장이고, 다른 하나는 그것은 하늘의 뜻에 따른다는 입장이다. 후자로 해석하면 대권은 자연법에 가까운 것으로 정치 공동체 수립 이전의 개념이 되고 시원적 권력보다 우위에 놓이게 된다.

연합 권력은 하나의 정치 공동체의 내적 관계에 관한 권력이 아니라 외적 관계에 관한 권력이다. 그것은 정치 공동체와 정치 공동체 간이나 정치 공동체와 자연인 간에 존재하는 권력이다. 오늘날 기준으로 보면, 이 권력은 한 국가가 난민이나 무국적자들과 외국을 어떻게 대해야 하는가에 관한 권력이다. 무국적자나 자연인은 태초에 정치 공동체와 어떠한 사회계약을 맺은 적이 없으므로 정치 공동체 내의 모든 권력의 원천이 되는 시원적 권력도 이들에게는 아무런 효력이 없다. 이것은 국가와 국가 간에도 성립하는 말이다.

로크의 정치 이론에서 또 다른 흥미로운 개념은 질서 정연한 정치 공동체 개념이다. 이것은 권력의 횡포와 견제의 문제와 관련해 등장한다. 우

25) 이 주장은 민주정에는 해당이 안 된다.

선 이것은 로크가 말하는 혼합정과 다르다. 혼합정은 최고의 권력인 입법권을 여러 기관에 나누는 것으로 오늘날 삼권 분리와 권력 간 견제 개념과 직접적 관련이 없다. 그것은 권력의 분리라기보다는 권력의 단순한 분산에 가깝다. 구체적으로 그것은 최고의 권력인 입법권을 1인, 소수 혹은 다수 기관에 나누어서 행사하도록 하는 것이다. 이에 반하여 질서 정연한 정치 공동체는 입법권을 가진 자가 행정권도 장악함으로써 입법을 공익이 아니라 사익을 도모하는 수단으로 전락시키는 것을 막기 위해, 입법과 행정 기능의 분리를 제도화한 정치 공동체이다. 다른 식으로 말하면, 이런 공동체에서는 입법 기관이 법률을 만든 다음에 그 구성원들은 다시 자신이 만든 법률의 엄격한 집행 대상자가 되며, 이 법률 집행 기관은 또한 입법 기관과 별개로 존재한다. 언뜻 보기에 이것은 정치 공동체(commonwealth)라기보다는 정부(government)라고 부르는 것이 맞을 것 같지만, 로크는 정부를 구분하는 기준으로 입법권의 행사 방법만 사용하고 그 외 다른 기준을 사용하지 않기 때문에 이렇게 입법과 집행이 분리된 정치적 존재도 여전히 또 하나의 새로운 정부가 아니라 정치 공동체라고 부른다.

우리가 여기서 주목할 만한 점은 질서 정연한 공동체를 이렇게 정의할 때, 로크의 민주정은 논리적으로 언제나 질서 정연한 공동체의 범주에 들어간다는 것이다. 왜냐하면 로크의 민주정은 시원적 권력을 가진 다수가 최고의 권력인 입법권을 위임하지 않고 자신들이 직접 행사하는 반면에 행정권은 자신들이 선택한 소수의 사람에게 위임하는 체제이기 때문이다. 로크는 다수가 입법권과 행정권 둘 다를 행사하는 체제를 상상하지 않았다. 왜냐하면 간헐적 업무가 아니라 항시적 업무에 해당하는 행정은 다수가 하기 불가능한 일이라고 보았기 때문이다. 그리하여 그는 과두정이나 군주정만이 질서 정연한 공동체가 되기 위해서 별도의 제도적 장치가 필요한 것으로 본다.

마지막으로 로크의 이론에 따르면, 오늘날 우리가 흔히 듣는 주장인 "대한민국에서 입법은 다수의 의사에 따라 행해지기 때문에 대한민국 정부는 민주 정부이다"라는 말은 틀린 표현이다. 로크의 시각에서 보면, 대한민국은 300명이라는 소수의 의원들이 다수의 의사를 반영하여 입법을 하기 때문에 민주정이 아니라 과두정 국가이다. 로크가 말하는 민주정은 다수가 직접 입법을 하는 정치 체제이다. 또한, 로크의 시각에서 보면 "대한민국 정부는 다수의 위임을 받아 법을 집행하기 때문에 민주정이다"라는 말도 잘못되었다. 로크의 이론에서는 법을 누가 어떻게 집행하는지는 정치 체제의 문제와 무관하다. 정치 체제는 오로지 입법권을 누가 행사하는지와 관련 있을 뿐이다. 로크의 민주정에서도 정부는 다수의 위임을 받아 법을 집행한다. 하지만 로크는 다수의 위임을 받아 행정부가 법을 집행한다는 이유로 그 정부를 민주정이라고 부르지 않는다.

제3장

몽테스키외의 온건한 정부와 자유로운 정부

파리 루브르 박물관 북측 건물 외벽에 세워진
몽테스키외의 전신상(출처: 저자).

루브르 박물관 리슐리외관 1층 프랑스 조각관에 비치된 몽테스키외 조각상. 1778년 프랑스 위인전 시리즈의 일부로 기획되어 제작된 것으로 전시된 작품은 1783년 작품(출처: 저자).

제3장

몽테스키외의 온건한 정부와 자유로운 정부

서론: 마키아벨리의 혼란을 넘어

마키아벨리는 『군주론』(1532년)에서 세상의 모든 국가(states)를 공화국(republics)과 군주국(principalities) 두 가지로 구분하고 있다. 이와 같은 구분법이 그의 『로마사 논고』(1513년-1517년) 제1권 2장에서도 보인다. 하지만 『로마사 논고』의 같은 장에서 그는 이러한 새로운 이분법과 다른 고대의 전통적인 구분법도 소개하고 있다. 이에 따르면, 국가는 6가지 순수한 형태로 나누어지는데, 그것은 군주 국가와 이것의 부패한 형태인 1인 폭정(혹은 참주 국가), 귀족 국가와 이것의 부패한 형태인 과두 국가 그리고 민중 국가와 그것의 부패한 형태인 무정부 상태이다. 또한 국가는 이 6가지 국가 형태를 혼합한 형태로 존재할 수도 있다. 하지만 마키아벨리는 새로운 2분법과 오래된 6분법이 어떠한 관련이 있는지 명시적으로 설명하지 않는다. 또한, 그가 말하는 구분들이 국가(혹은 정치 공동체)를 대상으로 하는 것인지 아니면 정부를 대상으로 하는 것인지도 모호하다. 그는 어떤 때에는 'stato,' 'citta,' 'repubblica'를 사용하고 다른 때에는 'governo'를 사용한다. 이러한 혼란 중에 두드러지는 것은 'republic'이라는 단어가 어떤 때에는 'monarchy,' 'aristocracy' 그리고 'popular government'와 이들 체제 각각의 변형이 모두 포함될 수 있는 정치 공동체의 의미로 사용되는 반면에, 다른 때에는 'principality'라는 정부 형태에 반대되는 특정한 정부를 의미하는 것으로 사용된다는 사실이다. 분명히 이 두 가지 용법은 공존하기 어렵다.

이러한 혼란은 후대에 마키아벨리와 똑같이 로마사를 연구한 몽테스키외에 이르러 다소 정리되고 있다. 몽테스키외는 그의 저서 『법의 정신』에서 'republic'의 의미를 정치 공동체 일반이 아닌 정부 형태를 의미하는 것으로 제한해 사용하고 있다. 또한, 그는 이 정부의 범주에 마키아벨리의 『로마사 논고』에서처럼 6가지 정부를 모두 포함시키는 것이 아니라 단지 민주정과 귀족정 두 가지 형태만 포함시키고 있다.[26] 그에 따르면, 정부의 속성(nature of government)에 따라 정부에는 1인보다 많은 이들이 통치하는 공화정이 있고 1인이 통치하는 정부들이 있다. 여기서 그는 1인이 통치하느냐 하지 않느냐로 정부 형태를 구분하고 있는데, 이것은 마키아벨리의 『군주론』과 동일하다. 하지만 그는 곧이어 마키아벨리와 달리 1인이 통치하는 정부를 다시 법에 따른 통치 여부에 따라 군주정과 독재정(despotic government)으로 양분한다. 이후 그는 공화정을 다시 인민의 일부가 통치하는 귀족정과 인민 전부가 통치하는 민주정으로 더욱 세분한다. 그리하여 그의 정부 형태는 최종적으로 네 가지, 즉 민주정, 귀족정, 군주정 그리고 독재정으로 세분된다. 그는 이 중에서 앞의 두 가지를 통칭하

26) 'republic'의 용법은 루소에 이르러 다시 마키아벨리의 『로마사 논고』 방식으로 회귀하여 모든 합법적인 정치 체제를 아우르는 정치 공동체를 의미하게 된다. 이것은 루소가 몽테스키외의 영향을 받았다는 사실을 고려하면 놀라운 일이다.

여 공화정이라고 한다. 그리하여 그에게는 귀족 공화정도 존재할 수 있고 민주 공화정도 존재할 수 있다. 이러한 4분법은 고대에서 찾아보기 어렵고, 마키아벨리식 구분도 아니다. 몽테스키외만의 독특한 구분법이다. 통치자의 수에 초점을 두면 공화정이냐 아니냐가 중요하고, 1인 통치를 전제로 한 다음에 법에 따른 통치 여부에 초점을 두면 군주정이냐 아니냐가 중요한 것이다. 이렇게 몽테스키외가 정부 형태를 구분하는 기준은 강조점에 따라 달라지며, 이러한 강조점은 처음부터 동등한 비중을 지니지도 않는다. 수의 문제가 우선하고 그다음에 법에 따른 통치 여부가 중요하다.

몽테스키외는 정부 형태를 이렇게 네 가지로 분류하는 것에 그치지 않고 『법의 정신』의 후속 장들에서 더 많은 정부 형태를 언급하고 있다. 이 장에서는 그가 이렇게 추가로 언급하고 있는 정부 형태 중 온건한 정부(moderate government)와 자유로운 정부(free government)에 관해 주로 논의해 보고자 한다.[27] 우선 이 논의를 위한 예비적 고찰로 통치 원칙 개념을 다룬다. 이 개념은 앞서 언급한 그의 네 가지 정부에서 법의 상대적 중요성을 이해하는 데도 필요하지만, 이 장의 핵심 주제 중 하나인 온건한 정부의 의미를 규명하는 데 절대적으로 필요하다. 온건한 정부 개념은 다양한 의미로 사용되지만 여기서는 크게 세 가지 의미로 구분하여 논의하고자 한다. 마지막으로 온건한 정부 개념에 대한 논의에 이어 자유로운 정부 개념을 살펴봄으로써 이 장을 마무리하고자 한다. 이 자유로운 정부는 그가 말하는 온건한 정부의 한 종류이기도 하지만, 별개의 정부 유형이기도 하다. 특히 이 정부는 몽테스키외가 이상적으로 여기는 정부 형태이기도 하다. 이 정부는 권력에 의한 권력의 견제 개념과 밀접하게 관련 있는데, 여기서는 이 정부의 특징을 알아보기 위해 고대의 혼합정 개념들을 로크의 질서 정연한 공동체 개념과 비교해 본다.

27) 이런 정부 형태 외에도 그는 'oligarchy'와 'tyranny' 등을 언급하고 있다.

정부 형태에 따른 법의 상대적 중요성: 통치 원칙과 관련하여

오늘날 공화주의를 정의할 때 일부 학자들은 공익의 도모뿐만 아니라 법치를 중요한 기준으로 삼는 경향이 있다. 몽테스키외의 정부 형태 구분법에서는 명시적으로 공화주의와 법치 간에 어떤 관계가 있는지를 찾아볼 수 없다. 하지만 공화정의 두 가지 하위 유형인 민주정과 귀족정에 관한 논의를 보면, 법에 따른 통치가 공화정에서는 당연한 것처럼 서술되고 있다. 그는 이 두 가지 정부가 유지되려면 여러 가지 법들이 확정되어야만 한다고 주장한다. 예를 들어, 그는 민주정에서 누가 투표권을 가지고 그것을 어떻게 행사하는지에 관한 법률이 확립되어야 하며, 그렇지 않다면 민주정이 멸망할 수밖에 없다고 본다. 그의 이러한 주장은 공화정인 민주정이 법으로 통치하는 정부임을 시사한다.

그런데도 몽테스키외는 공화정을 정의하는 속성으로 법에 의한 통치를 내세우지 않기에 우리는 법에 의한 통치가 공화정에 정말로 필요 불가결한가 하는 의문을 가질 수 있다. 이 질문에 대한 몽테스키외의 답은 기본적으로 공화정은 법에 의존하여 유지되는 것이 아니라 공화국에 대한 사랑, 즉 애국심에 의존하여 유지된다는 것이다. 그가 볼 때, 민주정에서는 법치 여부가 공화국에 대한 심리적 태도보다 중요하지 않다. 아마도 이런 이유로 군주정과 달리 공화정에 대한 정의에서는 법치 여부가 체제를 규정하는 속성이 되지 못했을 것이다.

이렇게 몽테스키외가 민주정에서 법에 의한 통치를 강조하지 않은 이유를 이해하기 위해서는 그가 말하는 정부의 속성(nature of government)과 통치의 원칙(principle of government)을 구별할 줄 알아야만 한다. 몽테스키외는 'government'라는 용어를 사용할 때 정부와 통치를 구분하지 않고 사용하지만, 여기서는 대체로 속성과 관련해서는 '정부'로, 원칙과 관련해서는 '통치'로 구분하여 번역한다. 전반적으로 볼 때 이러한 구분을 통해

'government'라는 용어에 대한 그의 사용법을 더 잘 이해할 수 있지만 때때로 원칙과 관련해서도 정부라고 번역하는 것이 더 어울릴 때도 있다. 몽테스키외에 따르면 민주정이나 귀족정이 무엇이냐는 문제와 이러한 정부가 어떻게 통치되느냐의 문제, 혹은 그것이 오래 유지되기 위한 조건들은 무엇이냐의 문제는 다른 차원의 문제이다. 일단 만들어진 민주정이나 귀족정은 잘 운영되어야 하는데, 이때 필요한 조건들이 통치의 원칙이다. 다르게 말하면 정부의 속성은 정부의 구조에 관한 것이고 통치의 원칙은 그것을 운영하는 사람들의 심리에 관한 것이다. 이 통치의 원칙이 제대로 작동한다면 구조로서의 민주정이나 귀족정은 지속적으로 운영이 되지만, 그렇지 않다면 부패하게 된다.

그런데 몽테스키외에 따르면, 공화정에 필요한 통치의 원칙은 덕목이며, 이것은 공화정에 대한 사랑 혹은 애착을 의미한다. 즉, 그것은 한마디로 애국심을 의미한다. 애국심은 민주정에서는 곧 평등에 대한 사랑을 의미하며, 이 평등에 대한 사랑은 다시 검소함에 대한 사랑으로 이어진다. 이러한 사랑이 뒷받침될 때 구조로서의 민주정은 계속 유지되고 발전한다. 이 덕목이 없이는 구조로서의 민주정은 곧 무너지게 된다. 왜냐하면, 이 덕목은 민주정에서 대중이 법을 스스로 지키게 만드는 원동력이기 때문이다. 민주정에서는 통치자와 피치자가 동일하기에, 지배를 위한 법을 만든 자가 법의 지배 대상이 된다. 그러므로 민주정에서는 통치를 위한 법이 존재하느냐 않느냐가 중요한 것이 아니라, 법을 만드는 인민이 법을 스스로 준수하느냐 않느냐가 중요하다. 그런데 이렇게 법을 스스로 준수하게 만드는 유인 체계는 체제의 내적 속성에서는 찾을 수 없으며, 민주정에서 법의 준수는 전적으로 인민의 심리적 태도, 한마디로 애국심, 자기희생과 헌신에 달려 있다. 그렇지 않고 인민이 스스로 법을 만드는 자라는 특권의식에 사로잡히게 되면 오히려 법을 무시하는 경향을 보일 수 있다. 그리하여 민주정에서는 덕목이 느슨하게 존재해도 되지만 전혀 없어서는 안 된다. 민주정이 제대로 운영이 되려면 덕목은 반드시 있어야만 하는 요소이다(Montesquieu 1989, Book 3 Chap 3, 22).

몽테스키외가 민주정에서 덕목이 얼마나 필요 불가결하다고 보는가에 관해서 우리는 의견을 달리할 수 있지만,[28] 그는 덕목을 포함한 통치의 원칙이 법에 우선하는 것처럼 이야기한다. 그에 따르면, 통치의 원칙이 부패할 때는 아무리 좋은 법도 악법이 되고, 원칙이 바로 세워져 있다면 심지어 악법도 좋은 법과 같은 효과를 낸다. 그리하여 원칙의 힘이 다른 모든 것을 자기 쪽으로 끌어당긴다(Montesquieu 1989, Book 8 Chap. 11, 119). 덕목을 포함한 건전한 통치의 원칙이 살아 있는 것이 어떤 법을 가지고 있는 것보다 더 중요하다는 말이다. 민주정의 경우 통치의 원칙인 덕목을 갖추고 있는 것이 좋은 법을 가지고 있는 것보다 체제 유지에 더 효과적이고 중요하다. 그래서 법이냐 덕목이냐 둘 중 하나를 굳이 선택한다면, 책 제목과 달리 몽테스키외는 기꺼이 덕목을 선택할 것이다.[29]

민주정만이 아니라 다른 정부 형태와 관련해서도 통치의 원칙은 법에 의한 통치와 관련해 논의되고 있다. 귀족정에서도 민주정에서처럼 공화정의 통치의 원칙인 덕목, 즉 조국애와 평등 의식이 여전히 어느 정도 필요하지만, 절대적으로 필요하지는 않다. 왜냐하면, 여기서는 귀족을 제외하고 체제의 다수를 차지하는 일반 대중은 법만으로도 충분히 다스릴 수 있기 때문이다. 귀족이 지배를 위한 법을 만들지만, 그 법의 주요한 집행 대상이 일반 인민이기 때문에 법의 집행에서 이해 충돌의 여지가 없다. 일반 인민을 통치하려면, 귀족들은 자신에게 적용되지 않는 법을 지배자

28) 다른 한편, 그는 민주정에서 덕목이 약화되어도 법과 강제력으로 보완될 수 있어서 체제가 붕괴되지 않을 수 있다고도 말한다. 이것은 덕목의 필요성을 강조하는 그의 주장과 상치된다.

29) 통치 원칙은 오늘날 정치학에서 정치문화로 연구되는 것과 상통하는 면이 있다.

로서 강력하게 집행하기만 하면 된다. 하지만 여전히 여기서도 같은 귀족에 대한 통제는 법만으로 충분하지 않다. 귀족은 귀족이 아닌 이들을 법으로 억압하기는 쉽지만, 귀족 자신을 법으로 억누르기 어려우므로 지배자인 귀족은 덕목, 일종의 절제(moderation)가 필요하다. 이들 귀족은 적어도 자신들 집단 내에서는 평등 의식을 유지해야만 하며, 법을 자신들에게 적용할 때 너그러워서는 안 된다.

체제를 유지하기 위해 법 이외의 덕목이 절대적으로 필요한 민주정과 어느 정도 필요한 귀족정과 달리 군주정에서는 체제를 유지하는 데 법 이외의 어떠한 덕목도 필요하지 않다. 여기서는 대중의 조국애가 체제 유지를 위해서 전혀 필요하지 않으며, 유일한 지배자인 군주는 자신이 만든 법으로 피치자들을 엄격히 통제하면 된다. 그리하여 이 체제에서는 법에 의한 통치가 필수적이다. 아마도 이런 이유로 법에 의한 통치가 4개의 체제 중 군주정의 속성으로만 명시적으로 거론된 것으로 보인다.

하지만 여기서도 군주는 혼자서 법에 의한 통치를 수행할 수 없다. 그는 자신의 명령을 충실히 이행하는 수족 같은 사람들이 추가로 필요하다. 그리하여 이 정부 형태에서는 체제를 유지하기 위해 이 수족들을 움직이게 하는 힘, 즉 통치의 원칙이 필요한데 그것은 이들의 명예심, 즉 공명심이다. 이런 공명심은 특권, 계급 그리고 우월의식의 존재를 전제로 한다. 하지만 이러한 공명심은 군주의 변덕에 의존하는 것이 아니라 일정한 법률에 기반하고 있어야 한다. 군주를 기쁘게 하는 것이 명예로 치부되어서는 안 되며, 명예로운 일이 무엇인지 법으로 명확히 정해져 있어야 한다. 즉, 정해진 규칙에 근거해서만 명예는 의미가 있다. 이런 점에서도 군주정에서는 법에 의한 통치가 중요하다.

최악의 정부인 1인 독재정에서는 법률도, 덕목도, 명예도 체제를 유지하는 비결이 아니다. 여기서는 무조건적이고 절대적인 복종만 강요되며, 법에 의한 통치 자체가 무의미하다. 오로지 통치의 원칙인 공포심만이 법을 대체한다.

그리하여 오로지 공포심만으로 운영되는 1인 독재정을 제외하고는 법이 존재하지만, 이런 법이 지켜지고 정부가 유지되기 위해서는 각각의 정부에 속한 통치의 원칙이 잘 준수되어야 한다. 법의 지배가 이루어지기 위해서라도 민주정에서는 덕목 혹은 애국심이 절대적으로 필요하고, 귀족정에서는 덕목 혹은 절제가, 군주정에서는 명예가 보완적으로 필요하다.

종합하면, 몽테스키외에게 법은 공화정에서 체제를 정의하는 속성도 아니며 체제 유지를 위한 원칙도 아니다. 이에 반하여 통치의 원칙인 덕목은 공화정의 유지를 위해서 그리고 법의 준수를 위해서 필요 불가결하다. 심지어 그것은 악법도 좋은 법으로 만들 수 있는 권능을 가지고 있다. 특히 단순한 민주정이 아니라, 질서 정연한(well-ordered) 민주정에서는 통치의 원칙인 덕목이 더욱 필요하다. 왜냐하면, 피지배자의 지배를 목적으로 하는 법이 있다고 해서 저절로 지켜지는 것이 아니기 때문이다. 특히 피지배자가 곧 지배자인 민주정에서는 통치가 법만으로 제대로 되지 않는다. 법의 준수가 이루어지기 위해서는 덕목이 반드시 있어야 한다.

온건한 정부의 첫 번째 의미: 통치의 원칙에 의한 권력의 순화

통치의 원칙 문제는 법에 의한 통치와 정부 형태 간의 관계를 이해하는 데만 중요한 것이 아니라, 새로운 정부 형태인 온건한 정부의 의미를 이해하는 데에도 중요하다. 몽테스키외의 『법의 정신』을 보면 정부의 속성에 따라 구분하는 네 가지 정부만 등장하는 것이 아니다. 이 네 가지 정부 이외에도 여러 개의 정부 유형에 관한 언급이 나온다. 그중에서 가장 대표적인 것이 온건한 정부와 자유로운 정부이다.[30] 이 둘 중에 온건한 정부(moderate government) 개념이 통치의 원칙과 밀접하게 연관이 있다. 이 용어는 『법의 정신』에서 혼란스러울 정도로 여러 의미로 사용되고 있어 설명하기가 참 어렵다. 우선, 그가 'moderate government'라고 할 때, 통치의 원칙이 'moderation'인 정부를 의미한 것이 아님은 분명하다. 그리하여 그는 'moderation'이 통치의 원칙인 귀족정과 온건한 정부를 같은 것으로 정의하지 않는다. 그런데도 여전히 이 용어는 통치의 원칙과 무관하지 않다.[31] 특히 여기서 살펴볼 온건한 정부의 세 가지 의미 중 처음 두 가지가 통치의 원칙과 연관이 있다.

몽테스키외가 말하는 'moderate government'의 첫 번째 의미는 통치의 원칙에 의해서 권력의 횡포가 어느 정도 순화 내지 통제되는 체제이다. 이런 용례는 온건한 정부와 독재정을 비교한 제3권 10장에서 찾아볼 수 있다.

> "군주국과 온건한 국가에서 권력은 그것의 원천이 되는 것, 즉 공명심 혹은 명예에 의해서 제한을 받는다. 이것[공명심 혹은 명예]은 1인 지배자(prince)와 인민 모두에 대해서 마치 군주(monarch)처럼 군림한다 (Montesquieu 1987, Book 3 Chap. 10, 30)."

여기서 알 수 있듯이, 온건함은 통치의 원칙 자체가 온건하다는 것을

30) 그는 예를 들어, 온건한 귀족정과 분리하여 온건하지 않은 귀족정을 'oligarchy'라고 칭하기도 한다(Montesquieu 1989, Book 8 Chap. 5, footnote 6, 115).

31) 이렇게 이해하면 'moderate government'의 문제는 통치 방식과 관련이 있고 정부의 권력구조 혹은 속성의 문제가 아니다. 이 결과 앞에서 우리가 번역한 통치와 정부의 구분에 따르면 'moderate government'는 온건한 통치로 번역해야만 한다. 하지만 몽테스키외는 이 용어를 온건한 통치 행위가 아니라 온건한 정부로 번역하는 것이 더 어울리게 사용하는 경우가 많다. 따라서 여기서는 온건한 정부로 대부분 번역한다.

의미하는 것이 아니다. 그것은 법이 아니라 통치의 원칙으로 국가권력을 순화하는 것을 의미한다. 군주정에서 군주는 모든 권한을 가지고 있다. 그는 법을 집행할 뿐만 아니라 제정하는 자이기 때문에 원칙적으로 법에 의해 제한받지 않는다. 이때 군주의 권력을 제한하거나 순화하는 역할을 하는 것이 바로 명예이다. 군주정에서 통치의 원칙인 명예는 군주 휘하의 귀족 집단이나 중간 권력 집단에 우선 적용이 되지만 또한 최고 지배자인 군주 자신에게도 적용이 된다. 즉, 여기서 온건한 정부는 권력의 행사가 절제되지 않는 무자비한 독재정과 달리 통치의 원칙인 명예 혹은 공명심으로 인해 지배자인 군주가 스스로 권력 행사를 절제하는 정부이다. 그리하여 온건한 정부의 첫 번째 의미는 이렇게 통치의 원칙에 의해서 권력의 행사가 순화되는 정부를 말한다. 온건한 정부를 이렇게 해석하면, 권력을 순화할 수 있는 통치의 원칙을 가지고 있지 않은 독재정을 제외하고 나머지 세 가지 정부는 모두 온건한 정부가 될 가능성이 있다.

온건한 정부의 두 번째 의미: 통치의 원칙을 온건하게 적용함

몽테스키외가 말하는 'moderate government'의 두 번째 의미는 통치의 원칙을 극단적으로 적용하는 것을 삼가고 온건한 적용을 시도하는 정부라고 볼 수 있다. 온건한 정부를 이렇게 해석하여도 첫 번째 해석에서처럼 독재정을 제외한 다른 세 가지 정부는 온건한 정부에 귀속될 가능성이 있다. 이 결과 첫 번째와 두 번째 해석의 공통점은 모든 정부를 온건한 정부와 독재정 두 가지로 구분할 수 있다는 것이다. 몽테스키외에 따르면, 독재정은 언제나 극단적인 통치의 원칙을 준수해야 하지만 다른 모든 정부는 통치의 원칙을 조금 누그러뜨려서 통치해도 체제 유지에 큰 문제가 되지 않는다.

> "온건한 정부는 원할 때 언제든지 그리고 조금의 위험 부담도 없이 자신의 원칙을 누그러뜨릴 수 있다. [이 경우에도] 그것은 법과 자신의 내적인 강인함으로 자신을 지탱하게 된다. 그러나 독재적인 군주는 한순간만이라도 자신의 팔을 들어 올려 위협하지 않는다면, 그리고 자신이 권한을 위임해 준 최고위급 인사들을 즉각적으로 처단할 수 없게 된다면, 모든 게 끝나게 된다. 왜냐하면, 이 정부의 원천인 공포심이 계속 유지되지 않으면 인민은 보호자를 상실하기 때문이다(Montesquieu 1989, Book 3 Chap. 9, 28)."

이렇게 그가 'moderate government'라고 할 때 통치의 원칙 자체를 완화 내지 타협하는 것을 의미할 때가 있다. 독재정을 제외한 다른 정부에서는 통치의 원칙을 어느 정도 완화할지라도 법이나 다른 것에 의해서 부족한 부분을 보완할 수 있다. 하지만 독재정에서는 체제 유지를 위해 오로지 공포심의 조장에 의존하기 때문에 통치의 원칙인 공포심의 약화는 곧 체제의 붕괴를 부르게 된다. 그곳에는 법이 없으므로 법에 의해서 보완받을 수도 없다. 온건한 종류의 정부에서는 통치의 원칙을 필요에 따라서 어느 정도 타협하더라도 체제가 망하지 않을 뿐만 아니라, 어떤 경우에는 오히려 통치의 원칙을 엄격히 관철하지 않는 것이 체제 유지를 위해서 더 바람직할 수도 있다.

다시 말하면, 통치의 원칙 측면에서 볼 때, 어떠한 정부든 유지와 발전을 위해서는 고유한 원칙이 바로 서야만 할지라도, 독재정을 제외하고 통치의 원칙은 적당한 정도만 준수되어야 하고 극단적으로 추구되어서는 안 된다. 즉, 민주정을 포함한 공화정에서는 덕목이, 군주정에서는 명예가, 독재정에서는 공포가 통치의 원칙으로 사용되지만, 덕목이나 명예의 추구는 극단적이면 안 된다. 예를 들어, 공화정의 한 종류인 민주정의 덕목인 애국심과 이를 뒷받침하는 검소함과 평등이 지나치게 되면 완벽한 민주정이 구현되는 것이 아니라 오히려 민주정이 파괴된다. 이처럼 통치의 원칙을 온건하게 추구해야 공화정이나 군주정은 지속할 수 있다. 하지만 1인 독재정에서는 공포심을 극단적으로 끌어올려야 비로소 체제가 제대로 운영이 되기 때문에 이 정부에서는 온건한 통치를 하지 않는 것이 더 바람직하다. 그리하여 온건한 통치와 1인 독재정은 양립 불가능하고 상호 배타적이다.

요약하면 첫 번째 의미와 두 번째 의미 모두 온건한 정부는 독재정의 대척점에 있는 정부이자 통치 방식이다.[32] 하나는 통치의 원칙으로 권력의 횡포를 순화한다는 의미이고 다른 하나는 통치의 원칙 자체를 극단적이지 않게 추구한다는 의미이다. 이러한 의미들의 온건한 정부에는 정부의 속성에 따라 구분한 네 가지 정부 형태 중 독재정이 아닌 세 가지 정부가 포함될 수 있다.[33] 정부의 속성을 가지고 정부를 구분할 때는 네 종류가 있지만, 통치의 원칙을 가지고 정부를 구분할 때는 단 두 가지만 존재한다. 이 두 가지의 정부는 통치의 원칙으로 권력을 통제할 여지가 있는 정부와 그렇지 않은 정부, 혹은 통치 원칙을 순화해도 되거나 순화해야만 하는 정부와 순화할 수 없거나 순화해서는 안 되는 정부이다. 통치의 원칙으로 정부를 온건한 정부와 독재정으로 양분할 때, 민주정, 귀족정 그리고 군주정은 정부의 속성에 의해서 독재정으로 분류된 정부와 달리

32) 여기서 온건한 정부의 대척점으로서 'despotism'이 꼭 1인 'despot'를 염두에 둔 표현인지 명확하지 않다. 몽테스키외는 여러 명의 'despot'이 있는 상황을 열어두고 있다. 그는 극단적인 경우 민주정이 1인 독재로 변하거나 아니면 극단적 혼란 상태인 다인 독재로 전락할 수 있다고 한다. 이렇게 보면, 'moderate government'에 대칭되는 'despotism'은 통치 주체가 1인이냐 아니냐를 가지고 구분하지 않는다. 그것은 단지 통치의 원칙을 적용하는 방식일 뿐이며 통치 주체는 다인일 수도 있음을 시사한다.

33) 이것은 군주정 원칙의 부패를 다루는 장에서도 확인이 된다. "이러한 위험은[군주정의 원칙이 부패할 위험은] 국가가 공화정에서 군주정으로 변하거나 군주정에서 공화정으로 변할 때처럼 한 가지 온건한 정부에서 다른 온건한 정부로 변할 때 생기지 않는다. 그러한 위험은 국가가 온건한 정부에서 독재정으로 전락할 때 생긴다(Montesquieu 1989, Book 8 Chap. 8, 118)."

온건한 정부가 될 수도 있고 아닐 수도 있다. 예를 들어, 정부의 속성으로 인해 민주정으로 분류되는 정부라도, 통치의 원칙으로 볼 때는 온건하지 않은 폭정 혹은 독재정이 될 수 있다. 이것은 귀족정이나 군주정도 마찬가지다. 그리하여 정부의 속성으로 볼 때는 모순적일 수 있지만, 통치의 원칙으로 분류할 때는 얼마든지 이론적으로 독재적 민주정, 독재적 귀족정 혹은 독재적 군주정이 가능하다.

통치 원칙의 부패 문제

온건한 정부 혹은 통치를 의미하는 통치의 원칙 완화는 그 원칙의 부패와 대비되는 현상이다. 원칙의 부패는 존재하던 원칙이 사라지거나 반대로 원칙이 극단화되는 현상을 의미한다. 반면에 원칙의 완화는 이 두 극단의 중간에 해당한다. 그리하여 정확하게 이야기하면 그것은 원칙의 절제된 사용 혹은 적절한 사용이 맞을 것이다. 통치의 원칙이 부패하게 되면 체제는 망할 수 있지만, 독재정을 제외하면 그것이 완화된다 해도 체제가 망하지는 않는다. 오히려 체제 유지를 위해서 원칙의 극단적 적용인 부패 현상을 막을 필요가 있다는 점에서 원칙의 완화는 바람직하다. 예를 들어, 민주정에서 통치의 원칙인 덕목, 즉 평등이 사라지고 불평등만을 추구하게 되면 민주정이 부패하게 되고 결국 체제가 망하여 귀족정이나 일인정으로 변화될 수 있지만, 반대로 민주정에서 통치의 원칙인 평등을 극단적으로 추구해도 결국 체제가 붕괴해 1인 독재정으로 전락할 수 있다. 민주정에서 극단적 평등 개념이 득세하면 인민이 권력 행사를 절제하지 못하고 전횡하게 된다. 구체적으로 보면, 권력을 행사하는 자들과 자신이 평등하다고 생각하는 인민은 민주정에서 통치의 전권을 잡아 본인들이 원로원을 대신해 토론하며 재판부를 대신해 재판하며 집행관을 대신해 집행하게 된다(Montesquieu 1987, Book 8 Chap. 6, 112). 이런 경우에 몽테스키외는 인민이 권력 행사를 전횡함으로써 민주정이 완성되는 것이 아니라 부패하게 된다고 본다. 그러므로 민주정이 지속하려면, 한 마디로 극단적으로 평등을 추구하는 것을 삼가도록 하는 온건한 통치(혹은 정부)가 유지되어야 한다.

이런 원칙의 부패 문제는 귀족정에서도 경계해야만 한다. 귀족정은 불평등을 기반으로 하고 있지만 이러한 불평등이 귀족과 일반 인민 사이에 극심해지거나 같은 귀족들 사이에 팽배해서는 안 된다(Montesquieu 1989, Book 5 Chap. 8, 52). 이런 경우 특정 귀족 집단이 권력을 독점하여 세습하게 된다. 군주정 역시 마찬가지다. 군주정은 군주와 다른 인민 간의 불평등이 제일 심한 체제이지만, 군주가 휘하의 귀족 집단과 특정 소도시가 그동안 누려온 특권마저 모두 제거한 다음 자신이 모든 특권과 명예를 독점한다면 군주정은 완성되는 것이 아니라 망하게 될 것이다(Montesquieu 1989, Book 8 Chap. 6, 116).

우리가 언뜻 보기에 군주정이나 민주정이나 귀족정이나 지배세력이 권력을 공고히 해 모든 권한을 강화하는 것이 훨씬 군주정다워 보이거나 민주정다워 보이거나 귀족정다워 보일지 모르지만, 몽테스키외는 바로 이런 정부가 부패한 정부라고 한다. 이것은 고대 사상가인 아리스토텔레스가 말하는 권력의 부패 문제와 비슷하지만, 차이점이 존재한다. 아리스토텔레스는 다수정인 폴리테이아, 소수정인 귀족정 그리고 일인정인 왕정이 각각 지배 집단만의 이익을 도모한다면 부패하여 다른 체제로 변질한다고 보았지만, 몽테스키외의 경우 정부의 부패 문제는 추구하는 목표가 아니라 체제의 원동력인 통치의 원칙이 부패하는 문제와 관련이 있고 이런 부패 문제는 지배 집단에 의한 권력 집중 혹은 독점 문제와 연관이 있다. 그리하여 원칙의 부패로 인해 각 체제에서 주권을 가진 주체가 모든 권력을 직접 행사하게 되면 해당 체제가 더 순수한 형태로 발전하는 것이 아니라 오히려 부패하게 된다. 한마디로 말하면, 민주정이 부패하지 않은 민주정이 되려면, 그리하여 민주정다워지려면 인민이 모든 권력을 행사해서는 안 되며 지나친 평등을 강요해서도 안 된다. 결국, 이 부패 문제는 권력의 분리와 견제 문제를 제기하는 세 번째 의미의 'moderate government'와 연결이 된다.

온건한 정부의 세 번째 의미: 자유로운 정부와 권력에 의한 권력의 견제와 균형

온건한 정부를 이해하는 세 번째 방식은 이 정부를 권력의 분배 시스템과 결부하여 이해하는 것이다. 이것은 온건한 정부를 통치 방식과 관련하여 이해하였던 앞의 두 가지 해석과 대비된다. 또한, 이 세 번째 의미는 혼합정과 관련이 있는 반면에 첫 번째와 두 번째 의미의 온건한 정부는 혼합정이 아닌 순수한 정부에서도 얼마든지 가능하다.[34] 구체적으로 온건한 정부의 세 번째 의미는 권력에 의한 권력의 견제 혹은 통제 시스템을 갖춘 정부를 의미한다. 이러한 해석을 뒷받침하는 구절은 『법의 정신』 제5권 14장에서 찾아볼 수 있다. 독재정의 원칙과 관련된 법률을 다루는 이 장에서 몽테스키외는 자유를 구가하기 위해서 온건한 정부를 구성해야 하며 이를 위해서는 권력을 규제하고 억제해야 한다고 주장하면서 "하나의 권력에 저항하도록 또 다른 권력에 힘을 실어주어야 한다"고 말한다. 여기서 그는 자유를 위해서는 권력에 의한 권력의 견제가 필요함을 주장하고 이러한 시스템을 갖춘 정부가 곧 온건한 정부라고 주장한다. 이것은

34) 이것은 아리스토텔레스가 단지 혼합정에서만 온건한 정부가 가능하다고 보는 것과 상반된다.

권력의 독점과 횡포를 막는다는 취지에서 보면 앞서 원칙의 부패에서 말한 권력의 횡포와 집중을 막는 것과 다를 바 없다. 하지만 여기서 권력에 의한 권력의 견제를 통해 권력의 횡포를 막는 것은 구조적이거나 제도적 문제인 반면에, 앞서 말한 원칙의 적절한 운용이나 절제된 운용은 지배자나 지배 계층의 열망, 즉 인간의 심성과 관련된 문제이다. 이 경우 'moderation'은 구조적 결과물이 아니라 지배자의 자율적인 절제에 가깝다.

몽테스키외는 권력에 의한 권력의 견제 시스템 문제를 자유에 관한 제11권 4장에서 보다 자세히 다루고 있다. 그곳에서 그는 권력의 견제를 통한 권력의 횡포 방지는 자유를 위한 필요충분조건이라고 보며, 이러한 자유는 온건한 정부에서만 존재한다고 주장해 여전히 권력의 견제를 온건한 정부 혹은 통치와 연관 짓는다. 하지만 여기서 그는 제5권 14장과 달리 한 발 더 나가 권력의 견제 시스템을 갖춘 자유로운 정부가 모든 온건한 정부에 존재하는 것이 아니라고 주장한다.

> "정치적 자유는 온건한 정부에서만 존재하는 것이다. 그러나 그것은 온건한 정부에 항상 존재하는 것은 아니다(Montesquieu 1989, Book 11 Chap. 4, 155)."[35]

즉, 자유로운 정부와 온건한 정부는 동일한 것이 아니다. 자유로운

35) 그가 말하는 자유는 법의 테두리 내에서 마음대로 하는 것을 의미한다. 그리하여 법에서 허용하는 것은 무엇이든 할 수 있고 법으로 해야만 한다고 규정된 것이 아닌 것을 하도록 구속받지 않는(다시 말하면 법에 의한 의무가 아니라면 싫은 것을 억지로 하지 않아도 되는) 상태를 의미한다(Montesquieu 1989, Book 11 Chaps. 3 and 4, 155-156). 이렇게 자유를 이해하면, 어떤 행위가 자유로운 것인가 아닌가를 판단하기 위해서는 그와 관련된 법이 무엇인가를 먼저 파악해야만 한다. 이 경우 자유를 위해서는 먼저 법이 존재해야 하므로, 법을 제정하는 권력이 사실상 자유가 무엇인지를 규정한다. 이 결과 입법권과 행정권의 분리와 견제보다 자유에 더 중요한 것은 법의 존재와 법규 내용이다. 하지만 몽테스키외는 자유를 다룰 때 이 점을 강조하지 않는다.

정부는 온건한 정부가 될 수 있고 자유로운 정부가 되기 위해서는 우선 온건한 정부가 될 필요가 있지만, 모든 온건한 정부가 반드시 자유로운 정부가 되는 것은 아니다. 자유로운 정부는 추가로 권력이 남용되지 않도록 제도적 장치를 마련할 때만 가능하다. 인간은 본성적으로 권력을 남용할 성향이 있기 때문에 제도적으로 이런 남용이 일어나지 않도록 견제되어야 하고, 이런 견제는 다름이 아니라 또 다른 권력에 의해서 이루어져야 한다. 즉, 권력에 의한 권력의 견제(check to power)를 통해서만 자유로운 정부가 만들어지는 것이다.

요약하면 자유로운 정부는 온건한 정부에 추가로 권력 남용 방지 장치가 갖추어진 정부이다. 이러한 제도적 장치인 권력에 의한 권력의 견제는 모든 온건한 정부에 있는 것이 아니라 '자유로운' 온건한 정부에만 있는 추가적인 속성이다. 이것은 자유롭지 않은 온건한 정부가 존재할 수 있고 그런 온건한 정부에서는 권력 견제의 특수한 제도적 장치가 빠져있다는 것을 시사한다. 이러한 예로 앞서 논의한 첫 번째와 두 번째 의미의 온건한 정부를 들 수 있을 것이다. 여기서는 권력에 의한 권력의 견제가 없이 지배자의 심리적 절제와 체제를 추동하는 열망의 순화된 모습을 통하여 권력이 통제된다. 그리하여 자유와 권력 견제는 온건한 정부의 충분조건이지만 필요조건은 아니며 온건한 정부는 자유와 권력 견제의 필요조건이지만 충분조건은 아니다. 그리고 자유와 권력 견제를 위한 헌정 질서는 서로 필요충분조건이다.

자유로운 정부를 위한 권력의 견제 시스템 설계

그런데 그가 말하는 이 권력에 의한 권력의 견제는 정확하게 무엇을 의미하는가? 이것은 오늘날의 삼권 분리와 상호 견제 개념과 완전히 동일한 개념은 아니지만 유사하다. 우선 그는 권력을 세 종류로 나누는데 그것은 첫째, 입법권, 둘째, 다른 나라를 대상으로 전쟁과 화평, 대사 신임과 파견, 안보 확립 및 외침 방지 등을 하는 대외적인 집행권 혹은 간단히 국가의 집행권 그리고 셋째, 범죄를 처벌하거나 개인들 간의 분쟁을 재판하는 대내적인 집행권 혹은 재판권(power of judging)이다. 여기서 알 수 있듯이 몽테스키외의 권력 삼분법에는 오늘날 대부분의 집행권에 해당하는 권한, 즉 구체적인 사례에 법률을 적용하여 집행하는 행정권에 대한 직접적인 언급이 없다. 그에게 대내적인 집행권은 행정권이 아니라 곧 재판권을 의미한다. 그가 국가의 집행권이라고 규정한 것도 사실상 로크의 연합 권력(federative power)과 동일한 것이다. 그런데도 그의 권력 견제 취지를 고려할 때, 몽테스키외가 입법권을 견제하는 권력이라고 말하는 넓은 의미의 집행권에는 오늘날 행정권이 포함되는 것으로 보인다. 실제로 입법권, 대외적인 집행권, 대내적인 집행권(재판권)이라는 특이한 권력 삼분법을 제시한 다음에 곧이어서 그는 오늘날 삼분법과 유사한 논의를 하고 있다. 구체적으로 그는 결의사항 혹은 일반 의지를 집행하는 권력을 언급하고 이것을 입법권 및 사법권과 병치하여 구분하고 있다. 따라서 후속 논의와 맞지 않는 앞부분의 특이한 권력 삼분법에도 불구하고 권력에 의한 권력의 견제론과 관련하여 우리가 다루는 그의 권력 삼분법은 입법권, 행정권, 사법권으로 나누는 오늘날의 전형적인 삼분법과 실질적으로 다를 바가 없다고 봐도 된다.

그는 이 세 가지 권력이나 좁게는 두 가지 권력인 입법권과 집행권이 하나의 기관에 집중된 것을 자유에 대한 위협으로 보고 있다.[36] 그가 묘사하는 자유로운 정부에서는 입법권이 두 개로 분리되어 하나는 세습 귀족 집단에, 다른 하나는 인민을 대표하도록 선출된 대의 기관에 부여되어

---

36) 이런 면은 로크의 권력 집중 반대와 동일하다.

있고, 집행권은 오로지 군주에게 있도록 편제되어 있다. 여기서 인민은 행정권을 직접 행사하지 못할 뿐만 아니라 입법권도 직접 행사할 수 없다. 인민이 입법권을 가진 것은 맞지만, 이들은 수가 너무 많아 한 자리에 모여 토론을 위한 집회를 열 수가 없어 그들의 대표자들을 선정해 간접적으로 입법 과정에 개입한다. 이것이 인민이 할 수 있는 입법 관련 행위의 전부이다. 또한, 이렇게 선발된 인민의 대표자들도 입법은 하지만, 집행과 관련해서는 어떠한 결정도 내릴 수 없다. 집행 결정은 언제나 즉각적인 행동이 필요하므로 다수가 하기에 부적합하다. 따라서 그것은 1인 통치자인 군주가 내려야 한다. 또한, 귀족 집단은 인민보다 수가 적은 탓에 이들과 동등한 의결권을 가지게 되면 불리하다. 따라서 그 집단은 자신들만으로 구성된 별도의 입법부를 구성하고 이 기관이 인민의 행위를 견제해야 한다.

근본적으로 몽테스키외의 자유로운 정부 구상은 각각 하나의 입법 기관을 차지한 귀족과 인민이 상호 견제하고 이 두 개의 입법 기관은 다시 별도로 세습 군주가 장악한 집행 기관에 의해서 견제받는 시스템이다. 이 집행 기관은 역으로 다시 입법 기관에 의해서 견제받아야 한다. 결과적으로 그의 삼권 분리에 기반한 권력 견제는 사회의 신분 질서를 형성하고 있는 귀족, 인민 그리고 왕이 권력을 나누어 가지고 상호 견제하는 시스템을 의미한다.

여기서 기관 간 견제의 구체적인 내용을 살펴보면, 집행 기관은 입법 과정에서 법률안을 제안하거나 다른 식으로 입법에 관여할 수 없지만, 의회 소집권이나 법률 거부권을 행사하여 입법권을 견제할 수 있다. 반대로, 입법 기관은 어떤 경우에도 집행권을 행사해서는 안 된다. 입법 기관은 자신이 통과시킨 법안이 집행 기관에 의해 제대로 시행되고 있는지를 검토하는 권한만을 가질 수 있을 뿐이고, 다른 식으로는 법의 집행에 개입할 수 없다. 이러한 집행권에 대한 개입 금지행위에는 법률 집행관과 그의 행위를 처벌하거나 재판하는 것도 포함된다.

자유를 위한 몽테스키외의 권력 분리와 상호 견제론은 몇 가지 특징을 가지고 있다. 우선 그것은 단순히 기능적 분리만이 아니라 인적인 분리도 포함한다. 예를 들어 집행권을 행사하는 인물들이 입법 기관에서 선출된다면, 이 기관이 비록 입법 기관과 별개의 기능적 기관으로 분리되어 있더라도, 이것은 그가 말하는 권력 분리가 아니다. 그리하여 아이러니하게도 몽테스키외가 생존 당시 자유로운 국가의 대표적인 예로 삼았던 영국의 오늘날 모습은 몽테스키외가 의미한 자유로운 국가가 아니다. 과거와 달리, 오늘날 영국의 의회(하원)와 행정부의 관계는 권력 분리와 상호 견제의 관계가 아니라 하나로 융합된 권력 기관에 기초하고 있다. 왜냐하면 두 기관은 기능적으로 분리되어 있지만, 의원들이 행정부 각료가 될 수 있어 인적으로는 서로 통하기 때문이다.

그러면 오늘날 우리나라처럼 인민이 대표자를 선발하여 의회를 구성하고 별도의 선발 과정을 통해 다른 대표자를 뽑아 행정권을 행사한다면 몽테스키외의 권력 분리일까 아닐까? 이에 대한 몽테스키외의 대답은 확실히 알 수 없다. 이런 시스템은 그 당시에 존재하지 않았다. 하지만 그의 권력 분리가 기능적 분리만이 아니라 인적인 분리를 전제로 하고, 이런 인적 분리는 다시 신분 질서를 배경으로 한다고 본다면, 오늘날 한국의 대통령과 국회의 권력 관계는 몽테스키외식 권력 분리 시스템이 아니게 된다. 이는 엄밀한 의미에서 보면 인민에게 권력이 융합된 것이다. 만약에 귀족들이 입법 기관의 구성원을 선발하고 동일한 귀족 집단이 이 입법 기관과 별개로 최고지도자를 선발하여 통치한다면 이 역시 권력 분리에 어긋나는 것과 마찬가지다. 각각 인민과 귀족에 의한 권력의 횡포를 근본적으로 막을 수 없다. 오늘날 권력 분리론이 상정하듯이 서로 다른 권력 부서 간에 선출 방식을 달리하거나 선출 시점을 달리한다고 하여 몽테스키외식 권력 간 견제를 위한 권력 분리가 완성되는 것은 아니다. 선거인단이 같은 이상 엄격한 의미에서 몽테스키외식 권력 분리가 되었다고 보기 어렵다.[37]

둘째, 그의 권력 분리론은 『법의 정신』 초반부에 있는 속성에 따른 정부 분류법과 모순되는 면이 있다. 정부의 속성론에서 그는 주로 주권의 소재에 따라 세 가지 혹은 네 가지 종류의 정부가 있다고 했는데, 자유를 논하는 장에서는 순수한 형태의 정부뿐만이 아니라 혼합정을 인정하고 있다(Montesquieu 1989, Book 11 Chap. 12, 170). 그리하여 그는 이제 정부가 군주정, 귀족정 그리고 민주정 요소를 동시에 가질 수 있다고 본다. 이런 점에서 본다면 자유로운 정부는, 이미 앞서 논하였듯이 자체적으로 권력의 견제 구조를 어느 정도 갖추고 있는 순수한 군주정을 열외로 한다면, 전통적인 혼합정의 한 종류이다. 몽테스키외는 비록 『법의 정신』 초반부에서 주권 개념을 사용하고 혼합 정부를 언급하지 않지만, 홉스나 보댕과 달리 나중에 주권의 단일성을 포기한다. 또한, 그는 민주정의 속성을 논하고 있는 장에서 분명히 입법권을 다른 권력에 비해 최고의 권력이자 최종적 권력으로 이야기하지만, 나중에 와서는 이러한 생각을 접고 입법권을 실질적으로 견제할 수 있는 또 다른 권력을 인정하고 있다.[38] 결과적으로 그의 권력에 의한 권력의 견제 개념은 보댕이나 홉스에서 보는 주권의 단일성이나 로크에서 볼 수 있는 입법권의 절대 우위론과는 거리가 멀다.

---

37) 베니스에서 입법권은 'Great Council'에, 집행권은 'Pregadi'에, 사법권은 'Quarantia'에 각각 나뉘어 있음에도 불구하고, 몽테스키외는 이들을 구성하는 관리들이 같은 사회 집단에서 선발된다는 이유로 이 기관들을 사실상 하나의 권력 기관으로 본다(Montesquieu 1989, Book 11 Chap. 6, 158).

38) 몽테스키외가 입법권을 중시하는 것은 민주정에서 원칙의 부패를 다루는 장에서도 드러난다. 그는 부패하지 않은 민주정에서 심의(deliberation), 집행(execution) 그리고 재판(judging)을 인민이 아닌 다른 이들이 할 수 있다고 보고 이러한 기능을 인민이 직접 행사하려고 할 때 체제의 원칙이 부패한다고 주장한다(Montesquieu 1989, Book 8 Chap. 2, 112). 이것은 뒤집어 말하면 입법권을 제외한 기능들은 주권자인 인민이 최종적으로 행사할 필요가 없다는 것이다.

셋째, 그의 권력 분리론은 재판하는 권력, 즉 사법권에 모호한 위상을 부여하고 있다. 우선 그는 사법 기관이 항구적으로 존재하는 것을 바람직하지 않다고 본다. 그에 따르면, 무시무시한 권력인 사법권은 존재하되, 고정된 사법 기관이 별도로 존재하지 않아야 하며 이 권력이 특정 신분이나 직분에 결부되어서는 안 된다. 그래야 인민은 사법권을 무서워하여 법을 준수하지만, 그 집행관들을 두려워하지 않는다. 이를 위해 그는 사법 기능이 그때그때 사안에 따라서 인민 중에서 선출된 일단의 사람들에게 맡겨지는 것을 선호한다(Montesquieu 1989, Book 11 Chap. 6, 158). 그는 이런 사례를 고대 아테네에서 찾고 있다. 고대 아테네의 사법 행정에 대한 그의 이해가 완전히 올바르다고 볼 수 없지만, 그의 말은 어느 정도 사실이다. 그 당시에는 어떤 사건이 재판에 회부되었을 때, 인민 가운데 이미 선발된 일정한 수의 인민 재판원단 중에서 추첨을 통해서 해당 사안을 재판할 사람들을 무작위로 뽑았기 때문에 하나의 항구적인 기관이 개별 사안을 재판하는 게 아니었다(최정욱 2021, 32-33).

몽테스키외가 사법권과 관련하여 가장 두려워했던 것은 사법권을 행정 수반인 왕이 행사하는 것이었다. 왜냐하면, 이런 경우 몽테스키외가 무시무시한 권력이라고 본 사법권을 1인 세습 권력자가 전횡할 수 있기 때문이다. 또한, 그는 사법권을 입법 기관에 부여하는 것 역시 자유를 해칠 수 있다고 보았다. 하지만 몇몇 예외적인 경우에는 귀족의회에서 선발된 자들로 구성된 법정에서 귀족이 재판을 받게 하거나 인민의 대표로 된 의회에서 선발한 사람들로 구성된 법정에서 인민이 재판을 받도록 허용하였다.[39]

39) 하지만 이렇게 사법 기관 구성원이 입법 기관에서 선발된다면 그것은 사법권과 입법권의 분리와 상호견제의 예가 될 수가 없다. 어차피 둘은 동일한 몸통의 권력에서 나온 것이라 분리와 견제의 원리에 맞지 않는다. 다만 여전히 두 개의 사법 기관끼리는 서로 견제가 가능할 것이다. 왜냐하면 두 기관의 인적인 뿌리가 다르기 때문이다. 그런데도 이 두 사법 기관의 관할 대상이 다르다면 견제는 무의미하다.

고대 혼합정과 몽테스키외의 자유로운 정부

고대 그리스 시대 혼합정은 각 정치 체제의 고유한 특징으로 간주되었던 속성들을 뒤섞어 새로운 정치 체제를 구축하는 것이다. 예를 들면, 플라톤은 『법률』에서 모든 정치 체제의 모태로 민주정과 군주정 두 개를 들고 있는데, 전자는 자유를 이상으로 하며 후자는 복종을 강요하는 체제이다. 바람직한 체제는 자발적 복종을 유도하도록 자유와 복종을 균형 있게 섞은 것이다(최정욱 2021, 131-135). 아리스토텔레스는 『정치학』에서 두 가지 다른 혼합정을 이야기하고 있다(최정욱 2021, 153-158). 그중 하나는 플라톤처럼 2개 이상의 정치 체제가 갖는 특성을 섞은 것인데, 이런 종류의 예로는 공직 임용 방식을 소수정의 요소인 선거로 하는 반면, 임용 자격은 다수정의 요소를 따라 재산과 무관하게 선발되도록 하는 것이다. 또 다른 예는 법정 운영과 관련된 것인데, 부자가 재판원으로 일하기를 거부하면 소수정에서처럼 벌금을 부과하면서, 가난한 자들이 재판원으로 일하면 다수정에서처럼 일당을 주는 것이다. 이렇게 서로 다른 정치 체제의 제도를 취사 선택해 갈등 중인 정치세력들의 이익을 균형 있게 도모하는 것이 혼합정이다. 아리스토텔레스가 제시한 두 번째 종류의 혼합정은 첫 번째 종류처럼 단순히 각 체제의 속성을 뒤섞는 것이 아니다. 이런 혼합정의 예로 그는 빈민과 부자를 각각 대변하는 민주정과 과두정의 중간 체제인 폴리테이아(politeia)를 들고 있다.[40] 이런 경우 혼합정은 두 개의 극단이 있을 때 그 중간지대를 중심으로 체제가 형성된 것을 의미한다. 구

40) 그는 폴리테이아를 현실 세계 속에서 존재하는 두 개의 대표적인 정치 체제인 과두정과 민주정의 특성이 섞여 있지만 그나마 민주정의 특성이 조금 더 우위에 있는 체제라고 규정한다. 다른 한편 그는 민주정에 반대되는 다수정을 폴리테이아라고 규정하기도 한다. 이런 의미에서 폴리테이아는 민주정에서처럼 다수가 지배적 집단이지만 이 집단은 민주정에서와 달리 공익을 추구하여 빈민의 이익만이 아니라 부자들의 이익도 보장하는 체제이다.

체적으로 말하면, 그것은 중용의 원칙에 기반하고 있는데, 양극단에 빈민과 부자가 존재할 때 이 둘의 중간인 중산층이 지배적인 집단이 되는 체제를 의미한다.

이러한 고대의 혼합정은 몽테스키외의 권력에 의한 권력의 견제를 특징으로 하는 혼합정 개념과 몇 가지 면에서 다르다.[41] 우선, 몽테스키외의 혼합정은 구성원이 중첩될 수 없는 사회적 집단들을 전제로 한 다음에 각 집단이 권력의 한 부분을 각각 나누어 가져 어느 한쪽이 일방적인 국정 운영을 하지 못하도록 견제한다. 하지만 고대의 혼합정에서는 단순히 특정 체제의 고유한 제도들을 혼합할 뿐이다. 이러한 혼합은 몽테스키외와 달리 단순히 특정 사회 집단의 분파적 이익과 연계된 정치 제도를 뒤섞어 운영함으로써 사후적으로 어느 한 사회 집단의 이익이 배타적으로 도모되는 것을 막는다.

둘째, 고대 사람들은 몽테스키외식 혼합정을 상상하지 못하였다. 고대에서는 사회 집단과 분리된 주권과 같은 추상적 권력 개념을 상정하지 않고 정치적 지배 집단을 중심으로 정치 체제를 규정하였다. 따라서 고대에는 누가 지배적 집단이냐가 핵심적 이슈였다. 하지만 근대에 와서 등장한 추상적인 주권 개념은 먼저 권력을 지배 집단과 분리하여 추상적으로 설정한 후 이 권력을 누구에게 주느냐 혹은 이 권력을 어떻게 배분하여 사용하느냐는 시각으로 체제 문제에 접근한다. 몽테스키외의 권력에 의한 권력의 견제라는 개념도 결국 후자의 문제에서 파생된 것이다. 그러므로,

41) 권력이 더 이상 공포의 대상이 되지 않도록 하나의 권력이 다른 권력을 견제해야 한다는 몽테스키외의 자유로운 정부 개념은 권력 분리를 전제로 한다. 그러므로 이 정부는 주권의 단일성과 분할 불가능성을 부인하는 것으로 보이고 혼합 정부를 의미하는 것이라고 보아야 마땅하다. 하지만 그는 자유로운 정부를 혼합 정부라고 부르지 않고 여전히 자유로운 '군주정'으로 부르고 있다. 이 말은 군주정이지만 군주의 권력 행사 방식이 시민의 자유, 즉, 마음의 평온을 보장하는 방식으로 이루어진다는 것을 의미한다. 그에 따르면, 고대 학자들은 이런 군주정을 발견하지 못하였고 오로지 그런 형태의 정부는 다수정에만 존재하는 것으로 알았다고 한다.

고대 플라톤은 자유를 특정 지배 체제의 고유한 속성으로 간주하고 권력이 빈민에게 집중되어 있을 때 자유가 만발한다고 하였지만, 몽테스키외는 반대로 권력이 특정 집단에 집중되지 못하도록 여러 집단들에 분산 배치하였을 때만 자유가 보장된다고 한다. 그래서 그는 자유를 특정 지배 집단과 연결하지 않는다.

마지막으로, 서로 다른 체제의 속성을 취사 선택하거나 양극단의 중간지대를 중심으로 권력 구조를 짜는 고대의 혼합정에도 견제의 개념이 없는 것은 아니지만, 몽테스키외와 달리 권력의 분리와 이를 통한 상호간의 견제 개념이 약하다. 물론 전통적인 혼합정에서도 빈민 세력이 자신들에게 유리한 어떤 제도를 도입하고 부자들도 자신들에게 유리한 다른 제도를 도입하였다면 이들 간에 제도적 견제가 일어나지 않는 것은 아니다. 하지만 여기서는 이러한 제도적 분리와 견제가 주안점이라기보다는, 일방적 이익 추구를 배제하고 양측 모두에게 이익이 되거나 서로 간에 절충된 이익을 추구하도록 하는 것에 초점을 맞추고 있다. 다시 말하면 고대의 경우, 서로 다른 제도의 도입을 통하여, 특정 제도와 연관된 분파적 이익들이 최종적으로 절충되거나 균형을 잡도록 한다. 하지만 몽테스키외의 경우, 각 사회 집단은 자신의 이익을 관철하거나 최소한 침해받지 않기 위해 특정 권력 기관을 온전히 장악하고 이를 통해 다른 사회 집단을 견제함으로써 자신의 자유를 최대한 보장하고자 한다. 전자는 제도적인 절충을 통하여 공익의 도모를 목표로 하지만 후자는 구조적인 권력의 분점을 통하여 공익보다는 개별집단 이익의 소극적 보장을 추구하는 성격이 강하다. 전자는 후자와 비교하면 권력의 분리와 견제보다 공유와 타협 개념이 더 강하다. 그리고 후자는 권력, 혹은 주권과 같은 추상적인 최고 권력의 분할을 강조한다.

몽테스키외의 자유로운 정부와 로크의 질서 정연한 공동체

몽테스키외의 권력 분리와 그에 기반한 권력에 의한 권력의 견제는 로크의 혼합정 개념과 다르지만, 그의 질서 정연한 공동체 개념과 유사하다. 로크의 혼합정은 최고의 권력인 입법권력을 1인, 소수, 혹은 다수에게 나누어 공유하는 것을 의미한다. 예를 들면, 특정 분야에 관한 법률은 군주 혹은 1인이 입법하고 다른 분야에 관한 입법은 의회가 한다면 이것은 로크식 혼합정이 될 것이다. 또한, 몽테스키외의 자유로운 정부에서 입법을 귀족 집단과 인민 집단이 나누어 가지는 것도 로크식 혼합정의 좋은 예이다.

다른 한편, 로크의 질서 정연한 공동체 개념은 몽테스키외의 권력 분리와 그에 기반한 상호 견제처럼, 행정과 입법을 하는 기관이 달라야 함을 명확히 하고 있다. 다만 로크는 몽테스키외만큼 강하게 인적인 분리를 상정하지 않는다. 몽테스키외는 서로 다른 신분과 그에 연계된 권력 기능을 상정하고 권력 간 인적인 연결을 원천적으로 차단하였지만, 로크는 권력 기관이 다르다면 그 구성원이 중첩돼도 권력 분리로 보는 듯하다. 또한, 로크는 몽테스키외와 달리 여전히 입법 기관이 행정 기관과 동등한 지위에서 힘의 균형을 이룬다고 생각하지 않는다. 그의 질서 정연한 공동체에서도 권력 간 위계 서열에서 입법 기능이 여전히 행정 기능보다 우위에 있다.

마지막으로 몽테스키외는 로크와 달리 입법과 행정의 분리만이 아니라 사법 기능의 분리도 논하고 있다. 비록 몽테스키외는 입법 기관과 행정 기관에 대항할 항구적인 사법 기관을 두는 것을 반대하지만, 그는 여전히 원칙적으로 입법 기관이나 행정 기관이 사법 기능을 수행하면 안 된다고 주장한다. 이런 면에서 비로소 몽테스키외에게 와서 권력의 삼분법과 상호 견제론이 등장한다고 보아도 무방하다.

결론

지금까지 몽테스키외의 『법의 정신』에 나오는 온건한 정부와 자유로운 정부 개념을 중심으로 그의 정치 체제론을 고찰하여 보았다. 그는 마키아벨리가 도입한 특정 정부 형태로서의 공화정 개념을 이어받아 민주정과 귀족정을 내포하는 개념으로 공화정을 재정의하였다. 이것이 오늘날 우리가 아는 민주 공화국이라는 개념의 출발점이다. 그가 인식하고 있는 민주정은 고대 아테네의 정치 체제를 염두에 두고 있다. 따라서 그가 정부의 속성에 따라서 구분한 민주정과 그에 속한 근본적인 법률을 다루는 부분은 새로운 내용이 없다. 하지만 그가 민주정의 속성과 구분하여 별도로 정의하고 있는 통치의 원칙에 관한 논의는 플라톤의 *The Republic*을 연상하게 만드는 면이 없지 않지만 상당히 새로운 것이다. 플라톤 역시 각 정치 체제를 추동하는 에너지로 명예, 재욕, 자유 등을 논하고 있지만 이러한 심리적 요인들과 법치 간의 관계에 대해서 논하지 않았다. 그리고 통치의 원칙에 관한 장에서 몽테스키외가 주장하고 있는 핵심 내용들, 즉 정부 형태에 따라서 체제 유지를 위한 법의 필요성이 달라진다는 주장과 정부가 제대로 운영되려면 법에 의한 강제만으로 안 되며 각 정부에 맞는 통치의 원칙으로 보완되어야 한다는 주장은 오늘날 정치학에서 말하는 정치문화론의 출발점이 된다고 봐도 무방하다.

특히 민주정의 경우, 통치의 원칙인 덕목이 없다면 체제가 법만으로는 지탱될 수 없다는 그의 주장은 오늘날 법대로 하자면서도 법을 사실상 사보타주하는 시대를 사는 우리에게는 의미심장한 이야기이다. 민주정에서는 인민이 주인으로서 법을 제정하지만 법의 지배 대상도 바로 다름 아닌 인민이다. 이러한 인민이 법의 적용으로부터 면제받으려 하거나 법을 자신에게 유리하게 곡해하려는 유혹에서 벗어나 법에 의한 구속을 기꺼이 수용할 유인책은 체제 내에서 찾아볼 수 없다. 다시 말하면 법의 준수는 인민에 의한 지배 자체에 내재해 있는 속성이 아니다. 오히려 그 반대일 가능성이 크다. 자신에게 유불리함을 떠나 자신이 만든 법을 준수하는 것은 인민이 덕목을 지녔을 때만 가능한데, 이 덕목은 기본적으로 자기희생과 공동체에 대한 사랑, 즉 애국심이다. 몽테스키외에 따르면, 이러한 자기희생은 검소함과 물욕의 부재를 기반으로 하는 실질적 평등을 전제로 한다. 몽테스키외의 이론은 부의 불평등이 나날이 강화되어 간다면 민주정의 원칙이 부패하게 되어 결국 체제가 망하게 될 것임을 시사하고 있다.

통치의 원칙이 지니는 중요성은 또한 그의 온건한 정부와 자유로운 정부 개념에서도 여실히 드러난다. 이 두 가지 정부는 권력의 순화 내지 절제를 추구하는 체제라는 점에서 같다. 다만 이 둘은 이러한 권력의 순화를 끌어내는 방식에서 차이가 난다. 온건한 정부에서는 권력의 순화가 지배자의 심리적 자기통제 혹은 절제에 의존하는 방식으로 이루어진다. 민주정이든 귀족정이든 군주정이든 몽테스키외는 권력을 잡은 자들이 내면의 절제 없이 권력을 행사하는 것을 경계하고 있다. 다른 한편, 온건한 정부의 한 유형이기도 하지만 그 자체가 하나의 정부 유형으로 보아도 무방한 자유로운 정부에서는 권력의 순화가 다른 온건한 정부들과 달리 지배자의 자발적인 내적 통제에 의존하여 일어나는 것이 아니라 제도적으로 지배자들이 서로 견제하도록 유도함으로써 일어난다.

여기서 보듯이, 몽테스키외에게서 권력의 순화(moderation) 문제는 지배자의 심리 내면의 문제이거나 심리 외적인 제도적 장치의 문제로 결론이 난다. 이것은 고대 그리스에서 동일한 개념을 고민하였던 아리스토텔레스와 완전히 다른 접근법이다. 아리스토텔레스의 경우 권력의 순화는 부자와 가난한 이들이라는 계급 개념을 전제로 하여 중산층을 육성함으로써 성취된다. 하지만 몽테스키외에게는 이러한 계급 개념이 전혀 없다. 있다면 자유로운 정부에서 보는 신분제가 전부이다. 또한, 아리스토텔레스는 민주정과 과두정을 혼합한 정부를 통하여 권력의 순화를 도모하려 했지만, 몽테스키외는 권력의 순화가 단순히 심리적 절제에 의해서도 가능하다고 보았기 때문에 반드시 혼합정에서만 가능한 것이 아니라고 생각한다. 그리하여 그는 순수정에서도 권력의 순화가 얼마든지 가능하다고 본다.

마지막으로 민주정과 관련해 몽테스키외의 인식에서 흥미로운 점은, 민주정을 정의하는 속성에는 인민이 심의하거나 집행하거나 재판하는 것이 포함되지 않는다고 보는 것이다. 이러한 인식은 민주정의 부패를 논하는 장에서 찾아볼 수 있다. 부패하지 않은 민주정에서는, 비록 입법에 관한 최종 권한이 인민에게 있지만, 법안을 심의하고 토론하는 기능은 상원에 맡길 수 있고, 집행은 집행관을 대신 뽑아서 위탁할 수 있으며, 재판 역시 재판관에게 맡길 수 있다. 이러한 위임이 일어난다고 해서 민주정이 안 되는 것은 아니다. 하지만 만약에 법안이 최종적으로 법이 되도록 승인하는 행위를 위탁하게 된다면 그때는 민주정이 아니게 된다. 이것은 다음 장에서 보듯이 루소에게 그대로 계승된다. 정부의 속성을 결정하는 주권에 재판 기능이 필수적으로 들어가지 않는다는 인식은 몽테스키외가 군주정에서 주권의 소재를 다루는 데서도 다시 확인된다. 군주정에서 재판권이 군주에게 있지 않고 처음부터 법정(tribunal)에 있는 경우에도, 즉 법정이 군주에 의해서 재판권을 위임받아 행사하는 경우가 아니어도, 그는 여전히 주권이 군주에게 있는 군주정이라고 규정하고 있다.

제4장

루소의 인민 주권 개념과 민주 개념의 분리

미국식 복장을 한 루소의 상반신 소형 조각품. 1778-1800년 프랑스에서 제작 추정. 대영 박물관 소장 (출처: 저자).

팡테옹에 안치된 루소의 관. 누군가 그의 관 앞에 둔 꽃다발이 인상적이다. 관의 좌측에는 "여기에 자연과 진실을 추구한 사람이 누워있다"라는 문구가 프랑스어로 적혀있다. 그의 시신은 원래 파리 교외에 묻힌 것을 프랑스 혁명기인 1794년에 팡테옹으로 이장한 것이다. 그의 맞은편에는 볼테르의 시신이 안치되어 있다(출처: 저자).

제 4 장

루소의 인민 주권 개념과 민주 개념의 분리

서론

루소는 우선 다른 사회 계약론자들과 여러 가지 면에서 결이 다르기에 다루기가 쉽지 않은 면이 있다. 그는 또한 때때로 앞뒤가 맞지 않는 주장을 펴기도 하여 더욱더 이해하기 어렵다. 이러한 난관에도 불구하고 이 장에서는 루소에 대한 통념을 중심으로 그의 사상을 비판적으로 재구성하여 보고자 한다. 가장 흔한 루소에 대한 이해는 그가 개인보다 공동체를 우선하는 공동체론자이며, 인민 주권을 내세운 직접 민주주의자이며, 다수의 의지보다는 일반 의지를 내세운 사상가라는 것이다. 이러한 통념은 어떤 면에서는 맞지만 다른 면에서는 오해의 소지가 있다. 이 장에서는 이러한 루소에 대한 세 가지 통념을 그의 『사회 계약론(*On the Social Contract*)』을 바탕으로 재검토한다. 이를 통해 오늘날 우리 식의 용어로 포장하여 재해석한 루소가 아니라 그가 내세운 주장을 있는 그대로 이해해 보고자 한다.

일반 의지의 이해: 홉스의 주권과 비교

우선 루소의 개념 중 가장 모호한 일반 의지 개념부터 고찰해 볼 필요가 있다. 이 개념은 그의 사회 계약론의 핵심이다. 루소에 따르면 일반 의지는 자연 상태의 개개인이 불가항력의 장애물에 봉착하여 각자 자신의 인격과 권력을 공동체로 이전함으로써 생기는 총체적 결과물이다. 이를 통해 개인이 아닌 공동체가 탄생하게 된다.

그렇다면 일반 의지는 정확하게 무엇을 의미하는가? 그것은 마치 홉스의 주권과 유사한 속성들을 지니고 있으며, 공동체 설립과 관련해 로크의 다수의 의사와 유사한 기능을 수행한다. 일반 의지는 개개인 의지의 단순 총합이 아니며 개인 의지와 분리되어 그 자체로 존재한다는 점에서 홉스의 주권 개념과 매우 유사하다. 실제로 루소는 일반 의지에 의해 개인과 구분되는 별도의 공적인 인격체가 만들어지며, 이것은 그 자체의 단일성, 자아 그리고 의지를 지닌다고 주장한다. 루소는 이러한 하나의 온전한 인격체를 정치적 단일체(body politic, republic)라고 칭하고 있다. 그는 이 정치적 단일체가 구성원과의 관계에서 능동적일 때 주권체로 불리고, 수동적일 때 국가라고 불린다고 하였다(Rousseau 1987, Book 1 Chap. 4, 148-149).[42] 즉, 그것이 구성원에 대해서 적극적으로 권한을 행사하는 위치에 있으면 주권체가 된다. 이것은 홉스의 정치 공동체의 핵심을 이루는 주권체 개념과 동일하다. 또한 루소의 주권 개념이 양도 불가하며 분할 불가하다는 것도 홉스의 주권 개념과 동일하다. 일반 의지로 만들어진 주권체는 어떤 것에 의해서도 스스로 구속받지 않는다는 점도 홉스의 주권 개념과 닮았다. 루소는 다음과 같이 말한다.

---

42) 'body politic'은 직역하면 정체가 된다. 하지만 정체는 통상적으로 정치 체제의 준말로 이해되고 때로는 국체와 대비되는 개념이다. 여기서는 혼동을 피하기 위해 이 용어를 정치적 단일체로 번역한다. 그 의미는 정치 공동체나 국체에 가깝다.

> "공적인 심의 의결로 모든 피지배자는 주권체를 의무적으로 따르게 되지만, 반대로 주권체는 그러한 의결로 인하여 스스로 얽매이지 않는다. 결과적으로 주권체의 경우 스스로 어길 수 없는 법을 자신에게 강요하는 일은 정치적 단일체(body politic)의 속성상 있을 수 없다. 그리하여 하나의 단체로서 인민이 의무적으로 지켜야만 하는 어떠한 형태의 근본적인 법이라고는 없을 뿐만 아니라 있을 수도 없다. 심지어 사회적 계약조차도 그러하다(Rousseau 1987, Book 1 Chap. 7, 149)."

하지만 홉스와 다른 점이 있다. 일반 의지는 홉스의 주권 개념처럼 무수히 많은 개인과 개인의 쌍방 계약들로 만들어지는 것이 아니라, 동시적이며 총체적인 개인의 권리 포기로 일거에 만들어진다. 홉스의 주권이 만들어지는 과정과 달리, 일반 의지는 모든 이들이 빠짐없이 만장일치로 자신의 모든 것을 동시에 공동체에 비워주는 과정을 통해 만들어진다. 일반 의지 자체는 홉스의 주권 개념과 달리 1인, 소수 그리고 전부라는 특수한 형태를 띠지 않는 무정형이기 때문에, 이 과정에서 만들어진 공동체 자체도 홉스의 주권에 의해서 만들어지는 특수한 형태의 공동체가 아니라 일반적인 공동체로만 존재한다. 이 결과 홉스의 주권 개념에서 미해결로 남아 있는 문제, 즉 구체적으로 어떻게 '특정' 공동체가 만들어지는가 하는 문제는 애당초 루소에게 존재하지 않는다.

이렇게 총체적인 개인의 권리 포기를 통해 만들어지는 일반 의지는 개개인의 인격을 말살한 결과물로 비추어질 수 있다. 이제 개인은 오로지 일반 의지로 만들어진 공동체의 한 부분으로만 의미가 있는 존재이다. 개인은 자연 상태에서 가지던 어떠한 인격이나 권력도 자신을 위해 전혀 남겨두지 않은 텅 빈 존재로 남게 된다. 다만 그가 위로 삼을 수 있는 점은 이러한 공허함이 자신만이 아니라 다른 공동체 구성원 모두에게 동일하게 일어난다는 것이다. 오로지 그러한 전제 아래에서만 그는 자신을 비운 것이기 때문이다. 따라서 공동체 속에서 각자는 이제 완전히 동일한 모습을 지니게 되어 진정한 평등을 얻게 되며, 공동체 형성 이전에 개인으로서 가졌던 권력보다 훨씬 막강한 권력을 공동체를 통해 행사하게 된다. 그리고 이렇게 자신을 비웠을지라도 그는 다른 이들에게 그 어떠한 것도 주지 않은 것이나 마찬가지가 되는데, 그 이유는 그가 자신의 것을 준 대상이 다른 개개인이 아니라 자신이 불가분의 일부가 되어버린 공동체라는 제3의 인격이기 때문이다(Rousseau 1987, Book 1 Chap. 4, 148).

개인, 중간 집단과 공동체

루소가 『사회 계약론』 초반부에서 제시하고 있는 개개인의 인격과 권력의 총체적 비움과 그로 인한 공동체의 탄생 과정만 본다면, 일반적으로 이해되는 것처럼 루소의 일반 의지 이론은 개인보다 공동체를 우선하는 것처럼 보인다. 하지만 이후에 이어지는 일반 의지에 대한 설명을 보면 기존의 통념처럼 루소의 일반 의지는 집단의 이익을 강조한 나머지 개개인의 의견 차이를 말살하는 것이 아니라, 오히려 개개인의 의견 차이를 강조하는 개념임을 알 수 있다. 한편으로 일반 의지는 일반적인 이익만을 고려하는 것이며, 사적인 이익들의 단순한 합에 해당하는 모두의 의지와도 다르다. 하지만 다른 한편으로 일반 의지 역시 결국은 이렇게 서로 다른 사적인 이익들로부터 나오는 것이다. 다시 말하면, 그것은 서로 다른 사적인 이익이 좌충우돌하는 과정을 거쳐 최종적으로 남게 되는 차이점들의 합이기에 서로 다른 개개인의 사적 이익을 전제로 할 뿐만 아니라, 어떻게 보면 오히려 그것을 권장하는 개념이다.

이러한 루소의 일반 의지 설명은 일반 의지가 개인적인 인격과 권리의 총체적 양도(alienation)라는 주장과 상치된다. 이러한 모순적 설명은 루소가 주권의 한계를 논하는 장에서 공동체가 형성된 뒤에도 개인은 여전히 사적인 부분을 보유하고 있다고 주장하는 것과도 일맥상통한다. 『사회계약론』의 초반부와 달리, 이 제2권 4장에서 루소는 공동체 속에서 개인은 자신의 전부가 아니라 공동체가 공익을 위해 필요하다고 판단하는 부분만 양도한다고 정정하고 있다. 물론 이렇게 필요한 양도의 범위를 판단하는 것은 개인이 아니라 공동체이다(Rousseau 1987, Book 2 Chap. 4, 157). 우리는 루소가 앞서 말한 총체적 양도는 결국 이론적 추상화 과정에서 나온 과장에 불과하다고 보고, 이 모순은 여기서 다루지 않기로 한다.

일반 의지의 형성에서 개인이 차지하는 위상은 루소가 개인, 중간 집단 그리고 전체 공동체의 관계를 논하는 부분을 보면 더욱 분명하게 파악할 수 있다(Rousseau 1987, Book 2 Chap. 3, 155-156). 그에 따르면, 충분한 정보를 가진 대중이 심사숙고하고 서로 간에 아무런 소통을 안 한다면, 개개인 간에 차별성들이 무수히 생기게 되는데 이런 경우 일반 의지는 항상 형성된다. 그러나 그렇지 않고 공동체 내에 또 다른 소공동체나 크고 작은 규모의 중간 집단들이 생겨서 자신들의 소집단 이익을 도모하게 된다면, 공동체 내부에 여전히 서로 충돌하는 다른 이익들이 있으나 서로 다른 이해관계의 총수가 크게 줄어든다. 결과적으로 투표를 하게 된다면 공동체 구성원의 수에 해당하는 목소리가 나오는 것이 아니라 그 소집단들의 수에 해당하는 목소리만 나오게 된다. 이러한 소집단의 의지는 그 소집단 구성원한테는 일반적인 의지가 될지 모르지만, 공동체 전체의 의지에 비하면 언제나 특수 의지일 뿐이다. 이러한 여러 개의 특수 의지의 합으로는 일반 의지를 제대로 형성할 수가 없는 것이다. 특히 이러한 중간 집단의 규모가 전체 공동체 내에서 커지면 커질수록 일반 의지를 구하는 것에서 멀어지게 된다. 설령 중간 집단 구성원들의 수가 전체 공동체

성원의 과반일 정도로 다수를 형성하더라도, 이 중간 집단의 의지가 일반 의지가 될 수 없다. 비록 다수를 형성하는 이 중간 집단의 이익이나 의지가 다른 비구성원들이나 다른 소규모 중간 집단의 의지를 압도하게 된다고 하더라도 그것은 무수히 많은 차별성의 결과물로 나오는 일반 의지가 아니다. 그것은 비록 공동체를 압도하는 의지라 할지라도 여전히 하나의 사적인 의견일 뿐이다. 오히려 그 다수집단 의지는 일반 의지를 가장 심각하게 왜곡할 수 있다. 왜냐하면, 일반 의지는 무수히 많은 개개인의 차별성을 전제로 할 때만 제대로 파악될 수 있기 때문이다.

그리하여 루소의 일반 의지 이론은 칼 포퍼(Karl Popper)와 같은 일부 이론가들이 해석하는 것처럼 개인의 개성을 말살하는 전체주의적 이론이 아니다. 오히려 그것은 중간 매개체의 부재와 개인과 전체 간의 직접적인 연결을 강조하기 때문에, 개개인의 획일성이나 소집단의 정체성보다 개개인 간의 차별성을 더욱 필요로 하는 이론이다. 이렇게 보면, 일반 의지 이론은 소집단 혹은 시민 사회 집단의 존재가 오늘날 민주주의의 중추라고 믿는 공동체 이론가들이나 대의 민주주의의 핵심 기구인 정당의 중요성을 강조하는 이들한테는 치명적인 이론이다. 예를 들어, 푸트남(Robert Putnam)이 내세우는 사회적 자본론은 개인과 전체 공동체 사이에 매개 역할을 하는 다수의 소집단이 존재하는 것을 건강한 민주 사회의 지표로 삼는다(Putnam 1993). 그리하여 그는 동네 볼링클럽이 하나둘씩 사라지는 현상을 민주주의의 큰 위협으로 간주하고 있다. 또한, 대의 민주주의에서 개개인의 의견을 취합(aggregation)하기 위해서는 정당이 불가결하다고 보는 이들이 있다. 하지만 루소의 일반 의지 시각에서 보면 그러한 정당의 존재는 오히려 공동체의 일반 의지를 제대로 파악하지 못하게 하는 장애물일 뿐이다.

필수 불가결한 중간 집단인 정부: 특수 의지의 행사자

루소는 중간 집단의 필요성을 부정하지만 모든 중간 규모의 집단을 부정하지 않는다. 일반 의지의 형성을 위해서는 통상적으로 중간 매개 집단이 방해되기 때문에 없는 것이 바람직하지만, 이러한 일반 의지의 실현, 즉 집행을 위해서는 어쩔 수 없이 중간 매개 단체가 필요하다. 그런데 이 단체가 바로 정부이다. 그리고 루소의 이론에서 개인과 공동체의 중간에 놓여 있는 집단인 정부는 사실상 루소의 이론에서 유일하게 존재 이유가 있는 공동체 내의 중간 집단이다. 이렇게 이론적 근거가 있는 중간 집단인 정부도 루소의 이론상 특별히 존재 이유가 없는 다른 중간 집단과 마찬가지로 자신만의 사적 이익을 지닌다. 이렇게 여전히 사적 이익을 가지고 있는 정부라는 중간 단체가 존재하는 이유는 일반 의지의 표현인 법을 구체적인 사항에 적용해 집행해야 하기 때문이다. 다른 근대 사상가들과 마찬가지로 루소 역시 법의 집행은 언제나 전체의 일부, 혹은 소수가 해야 한다고 본다.

법은 일반 의지의 표현이고 이 법을 집행하는 것은 정부이지만, 이 법을 만드는 과정은 정부와 무관하다. 루소에게 입법과 행정은 이론적으로 엄격히 분리되어 있다. 몽테스키외처럼 개인의 자유를 더욱 잘 보장하기 위해서나 로크처럼 다수에 의한 입법 횡포를 막기 위해서 입법과 행정의 기능이 분리되어야 하는 것이 아니다. 법은 언제나 일반 의지의 발현이고 정부는 언제나 특수 의지의 행사자이기 때문에 이 둘은 논리적으로 일치될 수 없다.

법안 승인자와 법안 작성자의 구분

정부가 법을 만들지 않고 일반 의지는 대표되거나 양도될 수 없으므로, 일반 의지의 표현인 법은 언제나 공동체 전체 혹은 전체 인민의 소관 사항이다. 하지만 이것은 전체 인민이 모두 몸소 모여서 법안을 전부 고안하는 동시에 그 법안을 일일이 승인해야 한다는 것을 의미하지 않는다. 루소에 따르면, 인민은 직접 법안을 만들지 않는데 그 이유는 비록 인민이 항상 자신에게 좋은 것을 원할지라도 그것이 무엇인지 알지 못하기 때문이다. 그리하여 인민이 진정으로 원하는 것이 무엇인지 파악하도록 도와주는 이가 있어야 한다. 그의 말을 직접 인용하자면 다음과 같다.

> "공중은 좋은 것을 원하지만 그것이 무엇인지 알지 못한다. 사적인 개인이든 공중이든 길 안내자가 동등하게 필요하다. 개인의 경우에는 자신들의 의지가 이성에 부합되도록 안내해 줄 필요가 있다. 공중의 경우에는 스스로 원하는 바를 파악하도록 안내해줘야 한다. 그리하여, 공중의 계명(enlightenment)으로 인하여 사회 집단의 의지와 이해력은 하나로 통합되고 그 결과, 각 사회 부분의 완전한 협력이 나오고 최종적으로는 가장 강력한 힘이 사회 전체에 생긴다. 이런 이유로 입법가를 [별도로] 둘 필요가 있다(Rousseau 1987, Book 2 Chap. 6, 162)."

그리하여 루소는 다른 학자들과 달리 법안을 만드는 자들과 그것을 최종적으로 승인하는 자들을 구분하고 있다. 즉, 루소는 입법과 행정을 구분할 뿐만 아니라 입법안을 짜는 자들과 입법하는 자들 혹은 입법권을 가진 자들을 구분하는 유일한 사회 계약론자이다. 그는 법안을 짜는 이들을 입법가(legislators)라고 칭하며, 이들은 고도의 전문지식을 갖춘 인물이어야 한다고 본다. 이들 입법가는 이러한 전문성을 갖추기만 한다면 반드시 공동체 내부 구성원일 필요도 없다(Rousseau 1987, Book 2 Chap. 7, 163). 하지만 이들이 만든 법안은 단순히 법안일 뿐이고 이것이 실제로 법이 되려면 일반 의지를 담지한 인민이 직접 최종 승인을 해야만 한다(Rousseau

1987, Book 3 Chap. 15, 198).

인민의 법안 승인과 민주정

루소가 보기에, 일반 의지를 이렇게 법으로 전환하는 데에 필요한 인민의 승인 과정은 일반 의지만큼이나 공동체의 존재에 필수불가결하다. 일반 의지만으로는 공동체는 아무것도 할 수 없다. 추상성을 조금 더 낮춘 법이 존재해야만 한다. 여기서 문제는 어떤 것이 법이 되려면 일반인, 혹은 인민이 법률안마다 최종적으로 승인해야 하는데 이것은 매우 비현실적이라는 점이다. 일반 의지와 법률의 존재는 정치 체제의 종류와 무관하게 정치 공동체가 존재하기 위한 필수조건이기 때문에, 법률 승인 과정이 비현실적이라면 사실상 진정한 정치 공동체도 실현 가능성이 낮다.

다행히도 루소에게, 정부, 더 정확히는 행정부가 주관하는 구체적인 정책과 달리, 법률안의 승인은 항시적이지 않으며 언제나 간헐적인 이벤트이다. 따라서 일반 대중이 법안을 승인하기 위하여 항상 모여 있어야만 하는 것은 아니다. 이런 점에서 최종 법안 승인을 언제나 일반 대중이 해야 한다는 주장은 완전히 실현 불가능한 것이 아니다. 고대 그리스 아테네의 예를 들면, 실제로 민회는 항상 열리는 것이 아니었으며, 500인 집행위원회가 미리 설정한 의제 혹은 법률안에 대한 토의와 승인 역할만 수행했다.

하지만 인민에 의한 최종 승인을 통한 입법은 고대 그리스와 같은 민주정에서만 일어나는 것이 아니다. 그것은 정치 체제의 종류와 무관하게 합법적인 공동체라면 반드시 있어야 하는 과정이다. 고대 그리스 상황으로 되돌아가서 보면, 루소의 시각에서 볼 때, 민회는 민주정의 특성이 아니라 모든 정치 공동체의 존재를 위한 기본질서일 뿐이다.

나아가 루소의 민주정 정의를 더욱 철저하게 따른다면, 고대 그리스 아테네의 정치 체제는 심지어 민주정도 아니다. 그것은 500인 집행위원회가 국정을 집행하는 귀족정이다. 이것은 왜 그런가? 루소에 따르면, 민주정이냐 귀족정이냐는 누가 최종적으로 법률안 승인을 하느냐 혹은 누가 입법을 최종적으로 하느냐에 달려 있지 않고, 입법 시스템과 관계없이 인민이 언제나 최종적으로 승인한 법을 누가 집행하느냐에 달려 있기 때문이다. 그리하여 전체 인민이 승인한 법을 전체 인민이 다시 집행까지 하는 정부라면 그것은 민주정이다. 또한, 전체 인민이 아니더라도 최소한 절대 다수의 사람이 법 집행관으로서 정부를 맡아 운영한다면 그것 역시 민주정이다. 반면에 전체 인민이 만든 법을 집행하는 사람들이 인민의 과반이 안 되는 소수에 불과하다면 그것은 귀족정이며, 단 한 명이라면 그것은 군주정이다.

여기서 주의할 것은 법을 승인하는 주체가 체제와 상관없이 언제나 인민이고 이 권한은 누구에게도 양도되거나 분할될 수 없다는 점이다. 입법 기능만 본다면 어떠한 정치 체제도 오늘날 시각에서는 모두가 '민주정'이라고 할 수 있을지 모르겠다. 하지만, 루소의 경우 정치 체제의 구분을 입법이 아니라 '행정' 혹은 '법 집행'을 가지고 구분하기 때문에 '입법'을 전체 인민이 한다고 해도 민주정은 아니다.

민주정의 특이성: 모든 체제의 모태

인민이 법을 만들어도 민주정이라고 할 수 없지만, 민주정은 루소의 이론에서 특별한 위상을 지니고 있다. 그것은 민주정이 모든 정치 체제 혹은 정부의 모태라는 점이다. 정부의 형태를 정하는 것은 일반 의지와 법의 영역에 속하지만, 정부의 집행관을 구체적으로 선임하는 행위는 법이 아니라 행정의 영역에 속한다. 즉, 그것은 일반 의지에 속한 문제가 아니라 구체적이고 특수한 행위에 해당한다. 그리하여 그것은 정부의 업무이다. 그런데 태초에는 실제로 정부가 없는데 어떻게 정부의 업무가 수행될 수 있는가? 예를 들어, 군주정을 수립한다고 규정한 정부조직법이 있다고 하더라도 특정 개인을 군주로 선임해야만 비로소 특수 행위를 할 수 있는 정부인 군주정이 들어서게 된다. 하지만 정부가 없는 상태에서 특정인을 군주로 지정하는 행위를 누가 할 수 있는가? 또한 귀족정을 수립한다는 정부조직에 관한 법이 있다고 하더라도 아직 행정을 담당할 특정 귀족 집단이 선임되지 않은 상태에서 누가 행정 행위를 하여 특정 귀족 집단을 통치 집단으로 선정할 수 있는가?

이러한 딜레마는 군주정이나 귀족정은 처음부터 스스로 만들어질 수 없다는 것을 시사한다. 하지만 민주정은 이와 사정이 다르다. 애초에 인민이 모여서 입법을 하여 정치 체제를 민주정으로 하자고 법률로 정하거나 군주정으로 하자고 법률로 정하거나 귀족정으로 하자고 법률로 정할 수 있다. 이러한 법률 제정은 인민의 일반 의지 표현이다. 그다음에 만약 이들이 군주정을 하자고 정하였다면, 최초의 군주는 이들 인민의 회합체에서 지정되어야 한다. 만약 이들이 귀족정을 하자고 법률로 정하였다면, 이들 인민의 회합체에서 최초의 통치 귀족 집단이 지정되어야 한다. 그래야만 온전한 정부가 출범하여 작동하기 시작한다. 이때 최초의 군주나 최초의 귀족 집단을 정부로 선정하는 인민의 모임은 일반 의지의 담지자 자격으로 그런 행위를 하는 것이 아니다. 왜냐하면 일반 의지는 개념적으로 그러한 특수 행위를 할 수 없기 때문이다. 그때의 인민은 일시적으로 특수 행위를 하는 행정 집단의 자격으로 결정을 내리는 것뿐이다. 즉, 그것은 일시적으로 특수 의지를 발동하는 정부의 역할을 수행하는 것이다. 그런데 이 행위는 인민이 하기에 민주 정부의 행위에 해당한다. 따라서 루소의 이론에서는 군주정과 귀족정도 일시적이나마 민주 정부에서 시작한다. 다시 말하면, 특정 귀족을 통치 집단으로 선정하거나 특정 인물을 왕으로 정하는 행위는 법이 될 수 없으며 일반 의지의 표현이 될 수 없기 때문에 언제나 행정의 영역에 속한다. 따라서 입법과 행정을 동시에 할 수 있는 양면적 기능을 가진 인민의 모임에서 태초의 정부인 민주 정부가 임시로나마 가장 먼저 등장하는 것이다(Rousseau 1987, Book 3 Chap. 17, 201).

이렇게 주권체이고 일반 의지의 담지자인 인민이 일반 의지를 확인하는 회의체를 구성하는 동시에 정부로서 특수한 행위도 하는 것이 실제로 가능한가? 루소에 따르면 이것은 가능하다. 그가 예를 든 것은 영국의 의회 운영에 나오는 전원위원회이다. 전원위원회는 의회 자체와 구성이 동일하지만 이 둘은 엄연히 구분되는 기관이다. 의회 구성원 모두가 어떤 때는 입법을 하는 의회로서 기능할 수도 있고, 다른 때는 특별한 임무를 수행하는 전원위원회를 구성하여 일종의 행정위원회로서 기능할 수도 있다. 이렇게 의원 전체의 모임이 이중적 성격을 가질 수 있는 것처럼, 인민도 어떤 때에는 일반 의지의 담지자로서 법을 만들지만, 필요할 때는 특수한 행정 업무를 처리하기 위하여 마치 행정위원회처럼 처신할 수 있다. 그리고 이러한 전원위원회처럼 움직이는 인민의 회의체가 잠정적이지 않고 항구적으로 고착된 것이 바로 민주정이다. 즉, 전체 인민이 모인 회합체에서 앞으로 자신들이 입법을 할 뿐만 아니라, 집행관으로서 특수한 결정을 통상적으로 한다면 곧바로 항구적인 민주정이 수립된다.

민주정의 비현실성과 대의 민주정의 불가능성

하지만 루소에 따르면 전체 인민이 하나의 위원회처럼 모여서 특정 사안에 대해서 끊임없이 결정을 내리는 것은 이론적으로 가능할지 모르지만, 조금이라도 규모가 큰 공동체에서는 실현이 어렵다. 사실 이들이 구체적인 행정 결정을 내리기 위해서 지속적으로 모이는 것은 불가능하다. 설사 전체 인민이 아니라 그중 다수가 위원회를 구성한다고 할지라도 현실적으로 어렵기는 마찬가지다. 따라서 행정 업무의 담당자로서 민주 정부는 비현실적이다. 그러므로 실질적으로 존재하는 정부 형태는 군주정이거나 귀족정일 수밖에 없다.

어떤 이들은 인민이 통째로 모이기 어렵고 그중 다수도 모이기 어렵다면 행정 업무를 특정 소수의 사람으로 구성된 위원회나 내각에 위임하면 되고 이 역시 여전히 민주정이라고 생각할지 모른다. 이것은 대의 민주정을 진정한 민주정으로 간주한다면 맞는 말이다. 실제로 루소는 행정 업무를 법의 승인이나 일반 의지와 달리 얼마든지 대표자를 선정해 맡길 수 있다고 본다. 하지만 그는 그러한 소수의 위원회가 민주정이 아님을 분명히 하고 있다(Rousseau 1987, Book 3 Chap. 4, 180). 그런 정부는 어디까지나 귀족정일 뿐이다. 인민이 직접 국사를 돌보기 귀찮거나 능력이 안 되어서 자신들의 대표들에게 자기가 할 일을 대행하도록 위임한다면 그것은 민주정이 아니다(Rousseau 1987, Book 3 Chap. 15, 197-198).

여기서 알 수 있듯이, 루소에게는 오늘날 대의 민주주의라는 용어 자체가 성립할 수 없다. 왜냐하면 입법의 최종적 승인 행위는 위임 자체가 안 되는 인민의 고유 권한이기에 이들이 선발한 대표가 법률안을 최종적으로 통과시킨다는 것은 그에게는 처음부터 상상조차 할 수 없는 일이다. 또한 행정부를 인민의 대표에게 위임하여 맡기면 오늘날 우리는 민주정이라고 하겠지만, 이 역시 루소의 시각에서 보면 민주정이 아니다. 입법과 달리 행정 업무는 대표자를 선정하여 필요한 업무를 양도할 수 있지만, 일단 이러한 양도가 일어나는 순간 그것은 민주정이라는 명칭을 사용할 수 없게 된다. 따라서 입법의 측면이든 행정의 측면이든 대의 민주주의라는 용어는 처음부터 루소에게 말이 안 된다.

그런데도 여전히 인민이 입법을 직접 승인하지 않더라도 입법하는 자들을 인민이 최종적으로 선발한다면 이것은 민주정이 아닌가 반문할 수 있다. 왜냐하면 이런 경우 입법은 여전히 인민의 최종 통제하에 놓여 있다고 볼 수 있기 때문이다. 하지만 이러한 논리도 루소에게는 통하지 않는다. 이들 대의원이 과연 얼마나 일반 의지를 반영할지 의문스럽다. 그렇지만 이 문제를 차치하더라도, 법이 일반 의지인지 아닌지 최종적인 판단을 하는 것은 오로지 인민 자신들만이 할 수 있다. 따라서 일반 의지의 표현인 법은 언제나 인민 자신이 최종적으로 결정해야만 한다. 루소가 법안을 짜내는 입법가들이 있음에도 불구하고 굳이 인민이 그러한 법안을 최종적으로 승인해야만 한다고 말하는 이유는 이러한 입법가들이 일반 의지를 제대로 파악하는 능력이 없기 때문이 아니다. 탁월한 입법가들이 고안한 법안이 일반 의지와 결국 일치하더라도 그것을 최종적으로 일치하는지 아닌지를 확인하는 작업은 오로지 인민만이 할 수 있기 때문이다.

일반 의지의 확인 방법: 일반 의지와 다수의 의지

그렇다면 실제 이러한 일반 의지의 확인은 어떻게 하는 것인가? 일반 의지라고 함은 반드시 모든 사람이 찬성하는 것을 의미하지 않는다. 앞서 지적했듯이 일반 의지는 개인들 간에 수많은 의견이나 의지의 차별성을 전제로 한다. 이러한 견해 차이에도 불구하고 혹은 루소의 주장대로 표현하자면 그러한 의견 차이 때문에 일반 의지는 존재할 수 있는 것이다. 따라서 일반 의지의 확인은 만장일치를 전제로 하지 않는다. 만장일치는 인간공동체에서 단 한 번만 존재한다. 그것은 태초에 정치 공동체를 형성할 때 개개인들이 정치 공동체에 자신을 투탁할 것인가를 정할 때뿐이다.

일단 정치 공동체를 형성하고 나면 일반 의지의 확인은 만장일치가 아닌 방식으로 하는 수밖에 없으며, 그 방식은 다수결이다. 루소의 말을 인용하면 다음과 같다.

> "[만장일치를 요하는] 이 원초적인 계약을 차치하면, 다수의 표가 항상 다른 모든 이들에게 의무를 부과한다. 이것은 원초적 계약 그 자체의 결과이다. (중략) 어떤 법이 인민의 회합체에 제안될 때, 그들에게 묻는 것은 정확하게 그들이 찬성하느냐 반대하느냐가 아니며, 그 법이 그들의 의지인 일반 의지에 부합하느냐 하지 않느냐이다. 각자는 자신의 표를 던질 때 이 문제에 관해서 자신의 의견을 피력하는 것이고, 일반 의지의 선언은 표들을 세어봄으로써 나온다. 그래서 나의 의견과는 다른 의견이 이겼을 때, 이것은 단지 내가 틀렸고 내가 일반 의지라고 간주하였던 것이 그렇지 않았다는 것을 입증하는 것이다. (중략) 이것은 사실 일반 의지의 모든 특성이 여전히 다수에게 놓여 있음을 전제로 한다(Rousseau 1987, Book 4 Chap. 2, 206)."

즉, 일반 의지는 다수결에 의해서 판정되지만, 이 다수결을 끌어내는 개별 투표의 기준은 의안이 개개인의 이익에 얼마나 도움이 되느냐가 아니라 의안이 개개인이 생각하는 일반 의지에 얼마나 부합하느냐이어야 한다. 경제적 자유주의자들이 믿듯이 각자 자신의 이익만 생각하고 투표하면 보이지 않는 손이 공동체 전체의 이익에 부합하는 길로 인도하는 것이 아니다.

또한, 다수결로 일반 의지를 판단한다고 할 때 여기서 말하는 다수결은 상대적 다수가 아니라 항상 절대적 다수를 의미한다. 다만 의안의 중요도에 따라 초과 다수(super majority)인지 단순 절대 다수(absolute majority)인지 차이가 날 수 있다. 루소에 따르면, 상황에 따라 만장일치와 가부동수 사이에 여러 가지 종류의 절반이 넘는 다수가 존재할 수 있다.

이 중에서 어떤 다수로 할지는 정치적 단일체(body politic)의 상황과 필요에 따라서 정해진다. 예를 들어 당장 결정을 내려야 하는 문제에서는 단 한 표의 과반만으로도 충분하다.

한 가지 더 주의할 점은 앞서 언급한 것처럼 일반 의지의 확인을 위한 표결에서 투표의 단위는 개별 시민이어야 한다는 것이다. 엄밀히 말하면, 일반 의지의 확인을 위한 다수결은 공동체를 구성하는 전체 개개인의 표결에서 다수표를 얻는 것을 의미한다. 전체 공동체가 아닌 특정 집단의 다수 의지는 그 집단이 아무리 거대하더라도 단순히 특수 의지에 불과하다. 예를 들어, 1만 명으로 구성된 공동체에서 9,900명으로 이루어진 어떤 사회 집단의 과반수가 원하는 것이라고 하여 공동체의 일반 의지가 되는 것이 아니다. 또 다른 예로, 10명으로 이루어진 1,000개의 소집단이 투표하여 600표의 집단 찬성표를 얻는다고 해도 일반 의지가 되지는 않는다.

이렇게 놓고 본다면, 루소의 일반 의지와 로크의 다수의 의사를 단순히 평면적으로 비교해 이 둘 간의 차별성을 강조하는 것은 오해의 소지가 있다. 일반 의지가 분명히 다수의 의사보다 더 포괄적인 개념인 것은 맞지만, 그것을 궁극적으로 확인하는 방법에 비추어볼 때 둘 간에는 별반 차이가 없다. 로크 역시 단순 절대 다수결을 대부분 내세우고 이것이 공동체 전체의 의지라고 강조하지만, 사안이 중대한 경우에 초과 다수결도 허용한다. 또한, 이 두 명의 사상가는 일단 공동체가 형성된 이후에는 만장일치 혹은 단 1명에 의한 비토권을 인정하지 않는다는 점에서 별반 차이가 없다. 로크나 루소 둘 다 공동체의 형성 여부는 만장일치에 근거하지만, 그 이후에 공동체의 운영을 만장일치로 하자고 주장하지는 않는다. 이런 시각에서 보면 공동체의 전체 의지를 일반 의지라고 하든 다수의 의사라고 부르든 차이가 없다. 다만 루소는 모든 투표가 개인의 선택에 기반해야 하며 이러한 개개인의 투표 결과 공동체의 다수 의견으로 확인된 것만이 일반 의지라고 본다. 하지만 공동체의 다수가 속한 어떤 단체가 내는 하나의 목소리는 일반 의지가 아니다. 그것은 여전히 특수 의지일 뿐이다. 로크가 이 두 가지를 엄격히 구분하는지는 불분명하다. 하지만 그는 공동체의 원초적 의지인 다수의 의사가 양도될 수 있는 것으로 보기 때문에 이러한 다수로 구성된 단체의 목소리 역시 공동체 전체의 다수가 표명한 의사로 취급될 소지가 있다. 심지어 로크에게 공동체 구성원 다수의 의사는 다수가 소속된 집단에게만 양도 가능한 것이 아니라, 소수의 집단이나 개인에게도 양도 가능한 것이다. 이것은 단순히 법을 집행하기 위한 편의성 때문만이 아니다. 그것은 법을 제정하는 최고의 권력 자체가 다수나 소수 혹은 개인에게 얼마든지 위임되거나 양도될 수 있음을 의미한다. 물론 이 양도나 위임은 무조건적이지 않고 공동체의 이익을 도모하는 것을 전제로 한다.

국민 주권과 인민 주권의 문제

루소에 관한 논의를 마치기 전에 추가로 언급하고자 하는 문제가 있다. 우리나라 헌법학계의 통념에 따르면, 주권은 국민 주권과 인민 주권으로 구분되고 인민 주권은 루소에서 비롯되었다고 한다. 이러한 인민 주권은 대의제를 주창하는 국민 주권과 달리 직접 민주주의를 주창하기 때문에, 인민이 직접 모든 권력을 행사한다는 의미에서 권력 분립에 반한다고 본다. 또한, 인민 주권론에서는 권력 분립의 원리가 거부되고 권력 집중의 원리가 요청된다고 한다(홍원식 1998, 227-229). 하지만 이러한 헌법 교과서적인 통념은 루소의 사고와 거리가 멀다. 권력 집중이냐 분립이냐를 입법권과 집행권의 분리냐 아니냐를 기준으로 삼는다면, 루소의 인민 주권론이야말로, 이 두 가지 권력의 분리를 당연시 한다. 인민 주권은 법의 제정

(혹은 승인)에만 적용되며, 법의 집행과 무관하기 때문이다. 또한, 루소가 대의 민주정을 부인한다고 해도 곧바로 직접 민주정을 주창하는 것은 아니다. 루소의 경우 특정 정부 형태에 대한 선호도를 보이지 않는다. 그가 직접 민주정을 강조한다고 알려진 것은 아마도 그의 주장 중 입법은 언제나 인민이 직접 해야 한다는 주장을 후세의 사람들이 강조하면서 그렇게 된 것으로 보인다. 하지만 루소 자체는 이것을 민주정으로 정의하지 않았다. 그뿐만 아니라, 그는 일반적으로 가장 훌륭한 형태의 정부가 별도로 있는 것이 아니라 최선의 정부는 각국이 처한 상황에 알맞게 만들어지는 것이라고 주장한다(Rousseau 1987, Book 3 Chap. 3, 179).

결론

루소의 이론은 여러 면에서 모호하다. 특히 그의 『사회 계약론』 제1권에서 제3권까지 주로 전개되는 이론 부분과 제4권에서 다루고 있는 과거 역사 부분은 서로 상충하는 면이 있음을 부인할 수 없다. 예를 들어, 그에게 민주정은 시민 중에서 집행관으로 직접 일하는 자들의 수가 그렇지 않은 자들의 수보다 많을 때 수립된다. 이것을 엄격하게 해석할 때, 고대 아테네 민주정의 집행관은 주로 500인 위원회로 구성되어 있었기 때문에 아테네의 민주정은 루소의 민주정이 아니라 귀족정이다. 설사 인민 재판원단의 재판원으로 종사하였던 사람들의 수를 합치더라도 집행관의 수가 절대적으로 평범한 시민의 수보다 적었다. 그런데도 그는 제4권에서 집행관을 무작위로 추출한 것을 아테네 '민주정'의 특성으로 인정하고 있다. 집행관을 무작위로 뽑느냐 아니면 선출하느냐는 정부 형태를 나누는 기준이 되는 것이 아니지만, 무작위 추출을 '민주정'의 특성으로 간주하고 있는 것은 사실이다. 즉, 그는 자신의 이론을 엄격히 적용해 고대 아테네 정치 체제를 귀족정으로 규정하지 않고, 민주정으로 간주하고 있다. 물론 이와 관련해, 고대 아테네 민주정의 핵심기관은 민회이기 때문에 루소가 민회를 염두에 두고 민주정이라고 하였을 것이라고 주장하는 이가 있을지 모르겠다. 하지만 고대 아테네 민주정의 핵심기관으로 간주되는 민회는 루소의 기준으로 보면 민주정과 무관한 조직이다. 그는 입법 행위와 법률 집행 행위를 엄격히 구분하고 있는데 고대 아테네의 민회는 집행과 관련된 정부 형태와 무관하다. 마찬가지로 그가 자세히 다루고 있는 로마의 정치 기관인 의회(Comitia)는 기본적으로 입법 기관이기 때문에 정부 형태와 무관하다. 이 의회가 어떻게 운영이 되었고 누가 참여할 권한이 있었는지는 정부 형태 논의와는 상관없는 것이고 따라서 엄격히 적용하면 루소의 민주정과 무관한 논의이다.

루소의 정치 체제 이론이 가지고 있는 모호성과 모순점에도 불구하고, 그의 시각에서 살펴볼 때 다음과 같은 그에 대한 몇 가지 오해는 수정이 필요하다. 우선, 루소에 대한 첫 번째 오해는 그가 공동체의 우위를 견지하고 있다는 점에서 개인주의에 기반한 다른 사회 계약론자들과 다르다는 것이다. 이런 시각은 근대의 개인주의와 자유주의에 의해서 함몰되어 가던 공동체주의가 그에 의해서 온전히 복원된 것으로 해석한다. 하지만 루소가 공동체 혹은 *res publica*를 강조하고 있음에도 불구하고 엄밀히 보면 그의 이론에서 이러한 공익 혹은 일반 의지는 독립적인 개인의 의사 표현을 전제로 하고 있음을 명심해야 한다. 즉, 공동체의 핵심인 일반 의지는 독립적인 개인의 의사들이 있어야만 도출될 수 있는 것이다. 그리하여 자유주의자들이 강조하는 개개인 간의 다양성을 전제로 해야만 일반 의지는 생성될 수 있는 것이다. 이런 시각에서 그는 공동체를 수많은 시민집단 간의 결사체로 환원하거나 압도적인 다수로 구성된 하나의 시민 단체가 공동체를 대표하는 것에 반대한다. 그는 공동체 전체와 그 구성원 시민 개개인의 사이에 개입하여 별도의 의사나 이익을 결집하는 중간 단체의 존재가 일반 의지를 형성하는 데에 방해물이 된다고 본다. 어떻게 보면, 그의 일반 의지 이론은 극단적인 개인주의와 공동체주의의 병존을 주장하고 있다.

루소에 대한 두 번째 오해는 그가 인민 주권을 내세운 인물이고 대의제를 반대하는 직접 민주주의자라는 것이다. 루소가 인민 주권을 내세운 것은 맞지만 그렇다고 해서 그가 바로 민주주의자인 것은 아니다. 루소가 말하는 인민 주권은 정치 체제와 관계없이 정당한 정치 공동체라면 당연히 갖추고 있어야 하는 속성이다. 즉, 인민 주권은 자연 상태에서 사회로 전환하기 위한 기본조건이다. 그 이후에 어떤 정부를 구성할지는 인민 주권과 무관하다. 루소에게 인민 주권은 특히 법치 국가가 갖추어야 할 기본조건으로, 법은 오로지 주권을 가진 인민만이 최종적으로 승인할 수 있다. 왜냐하면, 법은 일반 의지의 표현이고 일반 의지는 오로지 인민만이 정할 수가 있기 때문이다. 물론 그는 입법가가 법안을 고안해야 한다고 주장하지만, 이 입법가의 역할은 법안을 최종적으로 법으로 확정하는 것이 아니라 단순히 법안을 제안하는 것에 불과하다.

따라서 루소에게 인민 주권은 입법권만을 의미하며, 실제로 통치(government)는 인민이 직접 하기보다 인민에 의해서 권한을 위임받은 집행관들이 해야 한다고 본다. 물론 그가 인민이 입법할 뿐만 아니라 통치까지 하는 경우도 인정하지만 이러한 경우는 인간 세상에 존재하기 어렵다고 하여 실현 가능성을 부인한다. 더군다나 그는 입법권과 집행권을 분리하는 것이 당연하다고 보아, 입법권을 지속적으로 행사하는 인민이 직접 통치까지 하는 것을 바람직하지 않게 여긴다. 바람직한 공동체에서는 일반 의지와 특수 의지가 분리되어야 하듯이 입법과 행정이 분리되어야 한다. 인민이 야누스의 얼굴처럼 한 번은 입법하고 다른 한 번은 행정을 하는 변신을 할 수 있음을 부인하지는 않지만, 집합체인 인민이 상시적으로 집회를 열어 수많은 개별상황에 맞추어 결정을 내리는 것은 불가능하다. 따라서 루소는 인민 주권론자인 것이 맞지만 인민 통치론자이거나 인민 정부론자가 아니다.

마지막으로 루소의 일반 의지는 다수의 의지와 무관하다는 인식이 있다. 루소가 일반 의지는 모두의 의지가 아니라고 하여 다수의 의지도 당연히 아닌 것처럼 오해하기가 쉽다. 하지만 일반 의지에 관한 그의 논의를 자세히 살펴보면, 일반 의지는 공동체 구성원 개개인의 투표에 의해 다수결로 확인되는 것임을 알 수 있다. 일반 의지는 공동체를 형성한 개인들이 표시한 의사들의 총합인데, 이 총합이 서로 다른 개별적 의사들로 이루어졌으면 결국 그것은 만장일치가 아니라 다수결로 확인할 수밖에 없다. 물론 여기서 다수결이 1 표차로 절반을 넘는 단순 절대 다수결인지, 아니면 초과 다수결인지는 사안에 따라 다를 수 있다고 본다. 이런 시각에서 보면, 다수의 의사가 곧 공동체 전체의 의사라고 본 로크의 주장과 루소의 일반 의지 이론은 크게 다를 바가 없다. 다만 루소는 자체 의지를 가진 어떤 사회 집단이 비록 공동체 다수를 구성원으로 가지고 있더라도 그 집단의 결정이 곧 공동체의 결정과 동일시될 수 없다고 본다. 공동체의 일부인 어떤 사회 집단의 의지는 아무리 구성원들이 공동체의 다수를 차지한다고 할지라도 일반 의지가 아니라 단순히 사적인 특수 의지일 뿐이다. 그리고 일반 의지는 하나의 거대집단이나 수많은 소집단의 결정으로 나올 수 없으며, 오로지 공동체 구성원 전체 개개인의 의사 표현에 기초하고 있어야만 한다. 요약하면, 루소의 일반 의지 이론에서도 로크에서처럼 공동체 구성원 다수의 의지가 중요하다. 하지만 일반 의지는 다수의 성원으로 이루어진 한 집단의 의지와 다르며 그것은 또 수많은 집단 중 다수의 집단이 천명한 의지와도 다르다. 예를 들면, 공동체 다수를 형성하고 있는 특정 단체가 존재한다고 가정할 때, 이 단체가 성명을 낸다고 하여 그것이 곧 공동체의 의지이거나 일반 의지로 치부될 수 없다. 일반 의지의 구성 요소는 어디까지나 공동체 구성원 개개인의 의지이다.

제5장

홉스, 로크와 루소의 정치 체제 형성 과정론과 분류법: 비교론적 고찰

파리 루브르 박물관 건물 외벽에 설치된 루소의 전신상.
바로 옆에 몽테스키외의 동상이 놓여 있다(출처: 저자).

놀랍게도 토마스 홉스의 전신 동상은 존재하지 않는다. 피지 위에 그린 수성페인트 초상화 작품. 약 1660년 그의 나이 72세 때 모습(출처: The Cleveland Museum of Art).

영국 런던 Royal Academy of Arts의 북쪽 건물인 Burlington Gardens 건물 벽면에 놓인 로크의 전신상. 여기에는 뉴턴(Isaac Newton)의 전신상도 놓여 있다(출처: 저자).

제5장

홉스, 로크와 루소의 정치 체제 형성 과정론과 분류법: 비교론적 고찰

서론

이 장에서는 홉스, 로크 그리고 루소의 민주 개념에 대한 비교 분석을 통해 이들 이론의 특성을 더욱 심도 있게 재검토하고자 한다. 근대 서양 정치 사상사에서 중요한 위치를 점하고 있는 이 세 명의 사상가에 관해서는 그동안 여러 가지 주제로 연구되어왔다. 이러한 기존 연구들은 주로 자연 상태와 그 내용, 특히 자연적 권리와 자연법을 기술하거나 자연 상태에서 시민 사회로의 전환과 이 과정에서 사회적 계약의 역할을 논하고 있다. 그리하여 정치학적으로 중요한 정치 체제 논의를 소홀히 하거나, 다루더라도 비교론적인 시각이 부족하고 대부분 단편적으로 개별 사상가의 논의를 검토하는 데 그치고 있다. 이러한 경향의 예외적인 논의로는 홉스와 로크를 동시에 다루고 있는 문지영(2007) 정도가 있다. 특히 이 책에서 대화체의 서술을 통해 그 두 사상가의 시각 차이를 명확히 보여 주고 있는 장은 매우 창의적이고 흥미롭다. 그렇지만 이 연구 역시 전반적으로는 이들 사회 계약론자의 시각을 비교하는 것에 초점을 두고 있지 않다. 더군다나 그것은 우리의 논의 주제인 정치 체제에 관한 비교 연구가 되기에는 한계가 있다. 이러한 기존 연구들과 달리 이 장은 사회 계약론자들의 정치 체제에 관한 비교 분석을 새로이 시도하고자 한다.

여기서 우리가 정치 체제의 비교 분석에 초점을 맞추어 논하더라도 자연 상태와 사회 계약에 관한 서술을 전혀 포함하지 않을 수 없다. 다만 이렇게 자연 상태와 사회 계약을 다루더라도 접근하는 방식이 다르다. 이 장에서 우리의 주 관심사인 정치 체제 문제는 무엇보다 정치 공동체와 정치 체제의 구분에서 출발하기 때문에, 기존의 연구 주제들, 예를 들어, 정치 공동체가 어떻게 자연 상태에서 탄생하는지, 정치 공동체를 수립하는 과정에서 자연인의 인격과 자유는 어떻게 되는지 등의 문제는 논하지 않는다. 이 문제에 대한 답을 구한다고 해서 반드시 정치 체제 문제에 대한 답을 얻을 수 있는 것도 아니다. 독립적인 개별 인격체로 구성된 자연 상태를 벗어나서 만들어지는 인간의 결사체 혹은 공동체가 반드시 정치 체제를 의미하는 것이 아니기 때문이다. 정치 체제는 정치 공동체의 형성을 전제로 하지만, 그 이상의 의미가 있다. 기존의 사회 계약론이 정치 공동체의 형성 과정 혹은 발생 과정에 초점을 맞추고 있다면, 정치 체제론은 그러한 정치 공동체의 형성 이후 제기되는 문제, 예를 들면, 누가 어떻게 통치할 것인가의 문제를 다룬다. 다른 식으로 말하면, 엄밀히 따질 때 사회 계약으로 탄생하는 것은 정치 공동체이지 정치 체제가 아니다.[43] 그리하여 일반 대중들의 인식과 달리, 정치 체제 일반과 마찬가지로 그것의 한 종류인 민주 체제는 사회적 계약의 대상이 아니다. 비록 각자 제시하는 이유는 조금씩 다르지만, 사회 계약론자들은 사회적 계약의 결과 바로

43) 정치 체제와 정치 공동체의 구분이 뚜렷하지 않은 홉스에게 이 말은 들어맞지 않는다.

민주정이 탄생한다고 생각하지 않는다.[44)]

이 장에서처럼 정치 체제와 정치 공동체를 '개념적으로' 분리해도, 이 두 가지는 '발생학적으로' 반드시 분리되지 않을 수 있다. 특히, 정치 체제가 없이는 정치 공동체가 존재할 수 없다고 가정하는 경우 더욱 그렇다. 물론 이와 달리 발생학적으로도 정치 체제는 정치 공동체 형성 이후에 등장한다고 가정할 수도 있다. 어느 가정을 택하느냐는 정치 체제를 바라보는 시각의 차이에서 비롯되는 것이고, 해당 정치 체제론의 특색을 보여준다고 할 수 있다.

이렇게 정치 공동체와 정치 체제의 개념적 구분을 전제로 하여 이 장에서는 홉스, 로크 그리고 루소가 각각 정치 체제를 어떻게 규정하고, 그것의 형성 과정을 어떻게 설명하며, 형성된 정치 체제의 종류를 어떻게 구분하는지를 비교론적인 시각에서 살펴보고자 한다. 여기서는 특히 우리의 주요 관심사인 민주정에 대한 이들의 논의에 초점을 맞추어, 정치 공동체의 형성과 민주정이 어떻게 연결되고 민주정이 다른 정치 체제와 어떻게 구분되는지를 집중적으로 살펴본다.

홉스는 정치 공동체와 정부를 구분하지 않는다: 두 가지 사회 계약론

홉스의 『리바이어던』에서는 만인 대 만인의 투쟁 상태인 자연 상태에서 자연인들은 각자 자신을 보존하고 더욱 만족스러운 삶을 살기 위해 쌍방(bilateral) 협약을 맺게 된다고 설명한다. 이 협약의 핵심은 다음과 같다. "나는 나 자신을 다스릴 나의 권리를 포기하고 그 권리를 이 사람이나 이

44) 나중에 보듯이 루소는 이 점을 명확히 하여, 정부 형태는 사회적 계약의 대상이거나 결과물이 아니라고 하였다.

사람들의 회합체(assembly)에 위임한다. 다만 하나의 조건이 있는데 그것은 너 자신도 너의 권리를 그에게 포기하고 마찬가지로 그의 모든 행위에 권위를 부여해야 한다는 것이다(Hobbes 1985, Part II Chap. 17, 227)."[45] 무수히 많은 개인이 쌍방 간 협약을 통하여 이렇게 권력을 위임한 결과 하나의 공동 권력이 만들어지는데 이러한 공동 권력이 곧 주권이고, 이러한 주권의 탄생이 곧 정치 공동체(commonwealth)의 탄생이다.

여기서 주의할 것은 개인 권력의 위임을 받는 자, 즉, 주권체는 계약의 대상이 아니라는 것이다. 계약은 주권체와 자연인 간이 아니라 자연인 개개인들 간에 일어나는 것이며, 주권체는 이러한 계약의 부산물에 불과하다. 이러한 주권체는 홉스식 표현을 빌리자면 자연인 개개인을 작자(author)로 삼고 있는 행위자 혹은 연기자(actor)이자 대표자(representative)이다. 협약의 당사자인 개개인은 협약을 준수할 의무가 있지만 협약이 반드시 준수될 것이라는 보장은 없다. 위의 언약은 그저 말일 뿐이다. 따라서 이러한 협약을 한 자들이 협약을 지키게 하는 책임과 강제력은 협약 당사자가 아닌 주권체에게 있다.

하지만 주권체의 행위는 곧 자연인 개개인의 행위로 간주된다. 왜냐하면 주권체는 자연적인 인격체(natural person)가 아니므로 자기 자신의 행위에 대한 작자가 아니며, 그 행위의 작자는 그가 권한을 위임받아 대표하는 자연인 개개인이기 때문이다. 인위적 인격체인 주권체가 무엇을 하든 그것은 그의 고유한 행위가 아니며 작자인 자연인의 행위이다. 다른 한편, 이러한 작자의 권한 위임은 항구적이며 돌이킬 수 없다는 점에서 주권체의 권한은 절대적이다.

공동의 권력인 주권체의 존재로 정치 공동체가 탄생하기 때문에 주권체의 종류에 따라서 정치 공동체의 종류가 구분된다. 주권이 정치 공동체 구성

45) 여기서 2인칭 'You(너)'는 단수이다.

원 전부에 있으면 그것은 민주적 정치 공동체가 되고, 일부에 있으면 그것은 귀족적 정치 공동체가 되며, 한 명에게 있으면 그것은 군주적 정치 공동체가 된다. 여기서 알 수 있는 것은 홉스의 경우 정치 공동체와 주권의 분리가 모호한 것처럼 정치 공동체와 정부의 구분도 모호하다는 것이다. 따라서 그에게 군주국은 군주정과 다를 바가 없다. 실제 그는 'commonwealth'와 'government'를 뒤섞어 사용한다(Hobbes 1985, Part II Chap. 19).

우리가 서론에서 전제로 하였던 정치 공동체와 정치 체제의 개념적 분리가 홉스에게는 사실상 존재하지 않는다. 홉스의 논의에서 자연인 개개인은 계약할 때, 일반 주권체가 아닌 특정 형태의 주권체를 지정하여 상호계약을 맺는다. 그리하여 특정 형태의 주권체 혹은 정치 체제의 탄생이 바로 정치 공동체의 탄생이 된다. 이 결과 특정 형태의 정치 체제와 정치 공동체 일반은 분리될 수 없다. 이 경우 문제는 자연인 개개인들이 무수히 많은 쌍방 계약을 통해 어떻게 특정 형태의 주권체에게 권력을 위임하도록 의견을 수렴하는지 알 수가 없다는 것이다. 즉, 주권체가 1인이냐 일부냐 전체냐의 문제만이 아니라, 전체가 아닌 경우 구체적으로 어떠한 특정 1인으로 혹은 어떠한 특정 일부로 최종 결정되는지 알 수 없다. 그리하여 홉스의 이 사회적 협약 자체에는 최종적으로 누가 통치할 것인가 혹은 누가 주권자가 될 것인가에 대한 구체적인 계약이 부재하다. 그저 자신이 아닌 특정 제삼자가 통치하도록 하자고 서로 약조한 것일 뿐이고, 이 제삼자가 구체적으로 누구이어야 하는가에 관한 내용이 빠져 있다.

논리적으로 보면, 홉스의 협약에서처럼 개개인들이 1대1로 서로 약정하면 도저히 그가 주장하는 주권체가 나올 수 없다. 무수히 많은 1대1의 합의만으로는 단일한 특정 주권체로 의견수렴이 불가능하다. 따라서 이들에게는 1대1의 모임이 아닌 전원 회의와 같은 태초의 전체 회합이 필요하다. 홉스의 논리대로라면, 이 회합 자체는 아직 정치 공동체가 아닌 그전 단계의 어떤 것이다. 왜냐하면 아직은 주권체가 존재하지 않기 때문이다. 이 태초의 회합에서 첫 의안은 당연히 의사 결정 규칙을 정하는 것이다. 이러한 의사 결정 규칙을 정하는 것조차 일정한 사전 조율 과정(coordination)이 필요하지만, 홉스의 경우 이에 대한 설명이 전무하다. 그는 다만 이 모임에서 다수의 결정이 전체의 결정으로 구속력을 갖는다고 가정하고 있을 뿐이다.

더 정확하게 이야기하면, 홉스는 이 단계에서 앞의 계약론과 다른 계약론을 제시한다. 앞에서 말한 일대일 계약과 달리 이 새로운 형태의 계약은 한 무리의 사람들(a multitude of men)이 모여서 다수(the major part)의 의결로 결정한다는 것을 전제로 한다(Hobbes 1985, Part II Chap. 18). 즉, 자연 상태의 개개인은 자연 상태를 벗어나기 위하여 다 같이 모여서 어떤 것을 결정하는데 이때 결정의 원칙은 다수결이라는 것이다. 다수결이 의미하는 바는 어떤 이들이 특정 사안에 반대하더라도 통과된다면 그 결정은 이들에게도 구속력을 갖는다는 것이다. 이렇게 다수결을 통해 결정을 내리는 이 모임 역시 하늘에서 갑자기 떨어지는 모임이 아니다. 그것은 개개인들이 각자 다른 개개인들과 협약을 맺어 앞으로 우리가 모이면 다수결로 결정할 것이라고 약조하는 식으로 이루어진다. 즉, 이 두 번째 협약은 불확실한 혹은 구체적으로 정해지지 않은 미래의 모임과 그 모임의 결정 규칙에 대한 약속이다. 다수에 의한 소수의 구속에 반대하는 사람이라면 누구든 처음부터 집단적 상호계약에 참여하지 않고 앞으로 만들어질 정치 공동체의 외부에 자연인으로 여전히 남아 있으면 된다. 그러나 이렇게 다수가 구속력을 갖는 정치 공동체를 전제로 하는 개개인 간의 계약이 일단 성립되면, 그는 그런 계약을 존중하는 한 다수에 의한 어떤 결정에도 복종할 의무가 생긴다.

이 두 번째 홉스의 계약은 앞의 첫 번째 약속이 전체 사람들의 모임과 모임의 결정 규칙에 대해서 침묵하고 있거나 무수히 많은 쌍방 결정의 우연한 일치에 맡기고 있는 것과 다르다. 그런데 이 두 번째 가상의 모임에서도 아직 주권체가 없다. 그런데도 홉스는 이것을 정치 공동체(commonwealth)가 설립되는 방식이라고 규정하고 있다. 이것은 주권체가 선험적으로 없는데도 불구하고 정치 공동체의 설립 가능성을 인정하고 있기 때문에, 첫 번째 계약과 달리 정치 공동체와 주권체를 구분하고 있다. 물론 여기서 이 가상 모임의 다수를 주권체로 설정하면 된다고 주장하는 이들이 있을지 모른다. 하지만 이런 경우 이 태초의 모임은 바로 주권체가 있는 정치 공동체가 되며, 이 정치 공동체는 곧바로 다수정이 된다. 이렇게 되면 정치 공동체와 특정 정치 체제가 동시에 탄생하게 된다. 그리고 나머지 정치 체제는, 예를 들어, 일인정 혹은 군주정이나 소수정은 어떤 식으로 다수정 이후에 탄생하는 것이다. 이런 경우 모든 정치 체제의 원형은 다수정이 되기 때문에 홉스는 그 외 다른 정치 체제의 탄생을 설명하는 또 다른 이론이 필요하다. 즉, 왜 다수정에서 일인정이나 소수정으로 이행이 일어나는지를 설명하는 이론이 필요하다. 이것은 각 체제의 장단점을 열거하는 것만으로 부족하다.

하지만, 홉스의 두 번째 계약론에 나오는 이 다수(the major part of a multitude of men)는 막강한 권한을 갖는 항구적인 권력체인 주권체와 다르다. 그것은 어디까지나 주권체를 정하는 모임에서의 지배적인 목소리일 뿐이다. 또한 그것은 일시적이며 잠정적인 목소리일 뿐이다. 만약에 이 태초의 모임에서 다수가 주권적 권한을 이미 갖는다고 가정한다면 그것은 홉스가 아니라 아래서 보는 바와 같이 로크의 주장에 가깝다.[46] 정치 공

46) 이 잠정적인 다수의 권력은 루소가 태초의 정부는 비록 임시 정부이지만 민주정이라고 말하는 부분에서 다시 등장한다.

동체 탄생을 위한 홉스의 두 번째 협약에 등장하는 다수는 주권체로의 이행단계에 놓여 있는 과도기적인 사회적 존재로 규정해야 한다.

로크는 정치 공동체와 정부를 서로 다른 실체로 구분한다: 다수의 의지와 위임

로크는 홉스와 달리 정치 공동체와 정부를 좀 더 잘 구분한다. 로크는 우리 말의 정치 공동체를 칭하기 위하여 다양한 영어 단어를 사용한다. 그것에는 'political societies,' 'civil society,' 'society,' 'commonwealth' 등이 포함된다. 또한, 그는 때때로 'government'를 'community'나 'commonwealth'와 혼동하여 사용하기도 한다. 그런데도 그는 개념적으로 홉스에 비해 우리가 여기서 말하는 정치 공동체와 정치 체제를 더 잘 구분하고 있다.

그는 자유롭고 평등하며 독립적인 개인들이 자연 상태의 문제점들을 극복하기 위하여 공동체를 형성하게 된다고 본다. 정치 공동체를 구성하기 위한 최소한의 약속은 합의에 의해 형성된 공동체에서 다수가 나머지 소수를 구속할 권리를 갖는다는 것이다. 독립된 개개인이 하나의 통일된 공동체를 만들어 한 몸으로 움직일 때 정치 공동체가 형성되는데, 로크는 이렇게 여러 명으로 구성된 단체가 하나의 몸처럼 움직이는 것은 이 단체 구성원 다수의 의지가 단체 전체의 의지와 동일시될 때만 가능하다고 본다. 그리고 이 다수가 곧 인민을 대표하며 또한 실질적으로 인민이다. 이러한 로크의 정치 공동체 탄생 시나리오는 홉스가 제시한 두 가지 사회 계약 모형 중 후자에 가깝다.

홉스의 두 번째 계약이론과 차이가 나는 점은 이 다수가 주권체가 탄생하기 직전에 잠정적이고 일시적으로 존재하는 권력이 아니라 궁극적인 권력이자 최종 권력이라는 사실이다. 하나의 목소리를 내는 이 다수의 존재가 정치 공동체의 존재를 확인하는 도구이고 이 다수를 통해 정부(입법부)가 만들어진다. 로크의 용어로는 이 다수가 직접 법을 만드는 경우 민주정이며, 소수(a few select men)에게 입법 권한을 위임하면 과두정이며, 1인(one man)에게 입법 권한을 위임하면 그것은 군주정이다.

하지만 홉스의 주권 개념과 달리, 이러한 위임은 철회 불가한 양도가 아니기에 다수는 여전히 최종적인 권한을 보유하게 된다. 그러므로 정부가 이 다수의 복리에 반하는 행위를 하는 경우, 공동체의 붕괴를 일으키지 않으면서 권한을 회수할 수도 있고 회수한 권한을 다른 이나 집단에 다시 위임할 수도 있다. 이 다수의 권력은 정치 공동체 구성을 넘어 정부를 수립한 다음에도 정치 공동체가 생존하는 한 정치 공동체의 핵심 권력으로 영구히 남는다(Locke 1988, Book 2 Section 149, 367).

로크가 홉스와 차이가 나는 또 다른 점은 그는 양도 불가능하고 분할 불가능한 주권 개념을 가지고 있지 않다는 것이다. 따라서 홉스는 주권, 이 중에서 가장 중요한 권한인 입법권을 주권체의 변경 없이는 위임할 수 없다고 보지만 로크는 모든 권력 중에서 가장 중요한 권한인 입법권조차도 양도 혹은 위임할 수 있다고 본다. 또한, 이렇게 양도된 최고의 권력인 입법 권한은 양도받은 정부(입법부)가 권한을 위임한 원래 목적에 어긋나지 않게 소임을 다하는 한 다수가 다시 뺏어 올 수가 없다. 물론 그들이 그러한 목적에 어긋나는 행위를 하는 경우 언제든지 권한을 몰취할 수 있다.

그런데도 홉스의 주권과 달리 로크의 위임받은 최고의 권력(supreme power)인 입법권은 절대적이지 않다. 홉스는 주권체가 자신이 만든 법에 구속되지 않는 절대적 권한을 가졌다고 보지만 로크는 입법권을 가진 주체도 역시 법의 지배로부터 자유롭지 않다고 본다. 로크의 입장에서는 어떠한 권력도 절대적이지 않다. 따라서 절대 군주라는 말은 어불성설이다. 이 말이 해당 군주가 어떠한 법적 구속도 당하지 않고 자기 마음대로 권한을 행사한다는 것을 의미한다면, 그는 이미 사회인이 아니라 자연인에 불과하다. 자연인이 자신의 권력을 포기하고 사회(혹은 다수)에 양도하기로 하여 사회가 만들어진 이상 사회인인 군주도 예외가 될 수 없다. 군주를 포함하여 입법하는 기관이나 개인도 이미 다수가 지배하기로 약속이 된 사회의 일부인 이상, 그러한 다수가 직접 만들거나 위임해서 만든 법의 적용 대상이 된다(Locke 1985, Book 2 Section 90, 326). 이렇게 '절대' 군주가 입법자라고 하더라도 만약에 법을 지키지 않는다면, 그는 애초의 사회적 계약, 즉, 다수의 지배 자체를 거부한 것이 되고 그 결과 사회인이 아니라 자연인 상태로 전락하게 된다. 이런 경우 그는 다른 자연인이나 사회로부터 자신을 홀로 방어해야 하며 그로부터 공격의 대상이 되어 마땅하다.

절대 권력에 대한 이러한 부인은 일인정의 지배자만이 아니라 다수정나 소수정의 지배자들에게도 통용된다. "[폭정이] 단지 군주정에만 일어난다고 생각한다면 실수이다. 다른 형태들의 정부도 폭정에 휘말릴 수 있다. 왜냐하면 인민의 통치와 그들의 고유한 자산들을 보존하기 위하여 누구의 수중에 권력을 두든 그 권력이 다른 목적에 원용되거나 권력자들의 자의적이고 불규칙한 명령에 복종하게 만들거나 인민을 괴롭히거나 빈곤에 빠뜨리기 위하여 사용되는 어떤 상황에서도 그것은 곧바로 폭정이 되기 때문이다. 권력을 행사하는 이들이 '1인이든 다수이든' 상관없다(Locke 1985, Book 2 Section 201, 400, 강조 추가)." 그리하여 다수가 직접 법을 만들 때도 이들은 스스로 만든 법을 지켜야만 한다. 이들 중 개별 구성원은 말할 것도 없고 다수집단 자체도 법에서 벗어날 수 없다. 왜냐하면 이 법이 없다면 자연 상태로 '종국에는' 회귀하는 것이나 마찬가지이기 때문이다.

하지만 로크의 개념 틀을 엄격히 적용하면, 법이 없다는 것이 '바로'

자연 상태로의 회귀를 의미하는 것은 아니다. 그것은 다만 정부가 없다는 것을 의미하며, 그 자체가 정치 공동체 붕괴를 의미하지 않는다. 그리하여 로크는 정부의 해체와 사회의 해체를 엄격히 구분한다. "정부의 해체를 어떤 식으로든 분명히 논하고자 하는 자는 우선 사회의 해체와 정부의 해체를 구분해야만 한다(Locke 1985, Book 2 Section 211, 406)." 로크의 경우 정부의 해체가 곧 사회의 해체를 의미하는 것은 아니지만, 사회의 해체는 곧 정부의 해체를 의미한다. 정부의 해체로 무정부 상태가 일시적으로 유지될 수 있지만, 그렇다고 해도 개념적으로 다수 혹은 인민이 공동체를 유지하고자 하는 의지가 있는 이상 여전히 정치 공동체 자체의 와해, 즉 자연 상태로의 온전한 회귀는 일어나지 않는다. 따라서 위에서 절대 군주가 법을 무시하고 멋대로 행동한다면 그는 '홀로' 자연 상태에 있는 것이나 마찬가지지만, 그렇다고 해서 그가 통치하던 정치 공동체 자체가 해체된 것은 아니다.

이렇게 다수의 권력 혹은 인민의 권력이 정부 권력의 바탕이며 그에 선행하는 것이라고 하더라도, 정부가 해체되고 다수가 다시 권력을 행사한다고 하여도 이것이 개개인이 자연인으로서 사회 이전에 가졌던 권력을 회복하는 것을 의미하지는 않는다. 이 회복된 권력은 어디까지나 집단적 권력이며 사회에 연동된 권력이다. 정부가 해체되더라도, "모든 개개인이 사회에 편입될 때 그가 사회에 준 권력은 사회가 지속되는 한 개인들에게 절대 다시 돌아갈 수 없고 공동체에 항상 남아 있게 될 것이다(Locke 1985, Book 2 Section 243, 427-428)."

로크는 이렇게 자연 상태, 정치 공동체 그리고 정부를 실체적으로 구분함으로써 어떤 정당한 정부도 오로지 인민 혹은 다수의 동의에 의해서만 수립될 수 있다는 점을 역설할 수 있었다. 이것은 군주정도 과두정도 마찬가지이다. 다시 말하면, 정부 형태와 관계없이 어떤 정부이든 그것은 다수 혹은 인민이 가진 최고의 권력이 구현된 형태일 뿐이다. 이러한 인민의 최고 권력설은 민주정에만 적용되는 것이 아니다. 이것은 홉스의 주장과 상치된다. 왜냐하면 홉스는 비록 모든 형태의 주권은 자연인 개개인 간의 계약으로부터 나오는 것이며 이 계약에 다수의 합의가 포함될 수도 있지만, 인민의 회합체에 주권이 있는 체제는 오로지 민주정뿐이라고 주장하기 때문이다. 홉스가 설정하고 있는 나머지 두 정치 체제에서는 주권이 인민의 회합체가 아니라 인민의 일부로 구성된 회합체나 1인에게 있다.

루소는 정치 공동체와 정치 체제를 철학적으로 구분한다: 일반 의지와 특수 의지

홉스가 정치 공동체와 정치 체제 혹은 정부를 구분하지 않는 경향이 있는 반면에 로크는 정치 공동체와 정치 체제 혹은 정부를 더욱 명확히 구분하여 정치 체제를 설명하고 있다. 루소는 로크에서 한 걸음 더 나아가 정치 공동체와 정치 체제를 보다 일관성 있게 구분하고 그러한 구분에 대하여 개념적 근거를 제시하고 있다. 그에게 정치 공동체와 정치 체제는 서로 다른 실체로 구분될 뿐만 아니라 철학적 개념에 기반하여 구분되는 존재이다. 구체적으로 루소는 일반과 특수 개념을 가지고 정치 공동체와 정부 혹은 여기서 말하는 정치 체제를 구분하고 있다. 그리하여 그는 일반 의지를 정치 공동체에 연결하고 특수 의지를 정부에 연결한다.

홉스와 로크처럼 루소 역시 태초에는 개개인들 간에 만장일치를 통해서나 적어도 공동체 참여 예정자의 동의를 통해서만 정치 공동체가 수립될 수 있다고 본다. 즉, 예외 없는 합의에 의해서만 정치 공동체가 출범할 수 있다. 홉스의 두 번째 사회 계약과 로크의 사회 계약에서는 다수의 의지를 공동체의 의지로 수용하는 것이 개개인들 간의 계약 자체에 포함된다. 루소의 경우, 이들과 마찬가지로 사회 계약을 공동체 형성의 출발점으로 강조하지만, 다수의 의지가 사회 계약의 원안에 직접 들어가지 않는다. 그의 사회 계약은 홉스의 첫 번째 사회 계약과 유사한 형태를 보인다. 구체적으로 개개인은 자연 상태에서 단독으로 극복할 수 없는 난관을 만나서 힘을 합쳐 이를 극복하고자 자신이 가진 것을 전부 공동체에 내놓기로 한다. 여기서 중요한 것은 나만 하는 것이 아니라 다른 사람들 역시 동일한 조치를 취한다는 것이다. 루소가 홉스의 경우와 차이가 난다면, 홉스는 자신을 투탁하는 존재가 하나로 통일되어 있지 않고 1인일 수도, 여럿이 모인 회합체일 수도 있다는 점에서 열려 있지만, 루소의 경우 투탁의 대상은 공동체 혹은 일반 의지라는 하나의 존재로 고정되어 있다. 그 대상은 개인이나 소수 혹은 다수가 될 수 없고 언제나 공동체 전체이다.

사회 계약을 통해 공동체에 참여하려는 모든 이들의 총체적 양도를 통해 전체가 만들어지며, 이 전체가 바로 일반 의지이다. 이러한 일반 의지를 가진 정치 공동체는 주권체 그 자체이다. 이렇게 루소가 정치 공동체와 주권을 동일선상에 놓는 것은 홉스와 동일하다. 그리고 이 일반 의지의 속성인 불가분성이나 양도 불가성 등도 홉스의 기존 주권론과 크게 다르지 않다.

하지만 홉스와 차이가 나는 결정적인 부분은 루소가 이러한 일반 의지를 정치 공동체에 연결하여 결부시키는 반면에 정치 체제 혹은 정부는 이것과 뚜렷하게 구분하여 정의한다는 점이다. 홉스의 경우 정치 공동체는 주권에 의해서 탄생하며, 이러한 주권의 구체적 존재 양태가 바로 정치 체제인 것에 불과하다. 그런데 루소의 경우 일반 의지는 정치 공동체의 핵심이지만 이것은 정치 체제나 정부의 형태와 전혀 관련이 없다. 정부 형태는 일반 의지인 정치 공동체의 존재 양태가 아니다. 일반 의지는 법률과 연결되므로 입법 기능이 곧 정치 공동체의 핵심이 된다. 법은 일반 의지의 표현이며 일반 의지가 아닌 것은 법이 될 수가 없다. 어떠한 특수한 대상이나 특수한 목적을 염두에 두고 있는 것은 일반성을 상실하게 되어 법이 될 수 없다. 일반 의지에 비해, 특수한 의지나 개별적인 것을 대상으로 한 권력은 행정의 영역에 속하며 이것은 입법과 무관하다. 그리고 이 행정을 담당하는 것이 바로 정부이며 이 정부의 다양한 형태가 곧 우리가 여기서 말하는 정치 체제이다. 다시 말하면, 특정한 정부 형태는 일반 의지의 특수한 형태가 아니라 정부라는 또 다른 일반적 개념의 구체적 발현에 불과하다.

다른 시각에서 보면, 루소의 경우 사회적 계약에서 주권체의 종류를 선택하는 문제가 발생하지 않는다. 홉스의 경우 개개인 상호 간의 계약으로 어떻게 주권체의 종류가 선택되는지, 즉, 어떻게 민주 정치 공동체, 귀족 정치 공동체 그리고 군주적 정치 공동체가 선택되어 나오는지 충분히 해명되지 않아서 문제가 되지만, 루소에게 이런 문제는 처음부터 존재하지 않는다. 왜냐하면 일반과 특수(혹은 개별)라는 개념적 분리로 인해 사회적 계약에서 주권체의 종류를 선택하는 문제가 발생하지 않기 때문이다. 심지어, 루소에게는 주권체의 종류라는 것 자체가 없다. 그저 하나로 통일된 주권체만 존재한다. 다른 식으로 말하면, 홉스의 경우 주권체 일반과 주권체 종류에 해당하는 주권체 특수가 구분 없이 뒤섞여 있다고 한다면, 루소의 경우 주권체 개별 혹은 주권체 종류라는 문제는 원천적으로 제거되어 존재하지 않는다. 루소에게 오로지 차별적으로 존재하는 것은 주권(혹은 일반 의지)의 종류가 아니라, 특수한 권력에 해당하는 행정권의 종류일 뿐이다.

이러한 일반 의지와 특수 의지의 명확한 개념적 구분 때문에 루소의 정부 개념은 로크의 것과 판이하게 전개된다. 앞서 홉스와 비교하면서 지적하였듯이 루소가 정부라고 하면 그것은 으레 행정부를 의미하며, 일반 의지의 구현인 법률을 구체적이고 개별적인 사안에 적용하는 권력 기관이다. 즉, 루소의 정부 개념은 공동체를 만드는 일반 의지와 개념적 연속성이 전혀 없다. 그런데 로크의 경우 정부라고 하면 우선 그것은 입법권을 행사하는 기관을 의미하며 이 기관은 공동체 다수에게서 권력을 위임받아 법을 제정한다. 즉, 로크가 말하는 정부는 다수의 의사가 지배하는 정치 공동체와 분리되지만, 여전히 직접적으로나 간접적으로 다수의 의사를 법률화하는 권력 기관을 의미한다는 점에서 다수의 의사와 연속선상에 놓여 있다. 다른 식으로 말하면, 로크의 경우 정치 공동체는 다수의 의사로 운영되고 이 다수의 위임을 받아, 누가 법을 제정하느냐 혹은 누가 입법부를 차지하느냐에 따라 정부 형태 혹은 정치 체제가 나눠진다. 반면에 루소의 경우에는 일반 의지로 정치 공동체가 만들어지고, 누구든지 이 일반 의지를 반영하여 공동체의 규칙을 만들게 되면 그것이 바로 법이다. 이런 입법 행위는 그것을 하는 주체의 특수성이 전혀 중요하지 않은 보편적 행위이다. 따라서 로크처럼 입법이라는 보편 행위의 주체가 누구냐에 따라 정부 형태나 정치 체제가 구분되지 않는다. 루소의 경우 법 제정은 정부와 무관해서 법을 만들어 놓고도 개념적으로 정부가 존재하지 않을 수 있는 반면에, 로크의 경우는 법을 만드는 것이 정부의 핵심 역할이기 때문에 정부 없이는 법이 만들어질 수 없다.

루소에 따르면, 여러 가지 정부의 구분은 오로지 보편 행위가 아닌 특수 행위의 주체에 따라 이루어져야 한다. 다시 말하면, 정부 형태는 행정의 주체, 즉 일반 의지인 법을 특정 개체에 적용해 판단하는 행위의 주체에 따라 구분되어야 한다. 구체적으로 말하면, 공동체의 한 부분으로서 스스로 고유한 이익이나 의지를 갖는 특수 이익 단체인 행정 관료 집단의 구성원들이 일반 시민의 수에 비해 얼마나 많은지에 따라 정부 형태가 달라진다.

루소에게 입법과 행정의 문제는 철저하게 일반 의지와 특수 의지라는 개념적 분리에 기초하고 있는 서로 다른 차원의 문제이다. 여러 가지로 나눌 수 있는 특수 의지와 달리, 일반 의지와 그것의 정치적 표현인 주권은 나뉠 수가 없다. 루소는 비록 여러 기관이 같이 '행정 업무'를 보는 혼합 정부가 존재할 수 있다고 보지만 '주권'의 분할이나 공유를 전제로 하는 혼합 정부를 인정하지 않는다. 따라서 그는 오늘날 우리가 통상적으로 생각하듯이 단순히 기능적 측면에서 주권이 양분된 권력인 입법권과 행정권이 대등한 위상에서 상호 견제할 수 있다고 보지 않는다. 이런 면에서 그는 홉스와 닮았지만, 로크와 상당히 차이 난다. 로크는 이 두 명과 달리 별개의 조직이 입법권과 행정권을 분담해 서로 견제해야 인민의 복리가 증진된다고 본다. 그는 그렇게 해야만 입법자가 자신의 입맛에 맞는 법을 만들고 그것을 스스로 집행하는 횡포를 막을 수 있다고 생각한다. 하지만 루소의 시각에서 보면, 입법자 자신만을 위한 '법'은 일반 의지를 반영한 것이 아니기에 그 자체가 법이 아니며, 이런 식으로 입법과 행정은 기능적으로 분리되어 상호 견제할 수 있는 성질의 권력이 아니다. 입법과 행정의 분리는 기능적 분리라기보다는 철저하게 개념적인 분리이다. 하나는 오로지 보편성과 일반성만을 염두에 두고 공공선을 추구하며 전체 인민을 대상으로 하는 행위이다. 다른 하나는 이미 그 자체가 전체의 부분에 불과한 행정 관료 집단이 개별 시민이나 공동체 일부를 대상으로 하는 행위이다. 즉, 입법은 전체에 의해서 전체를 대상으로 하는 행위이며, 행정은 부분에 의해서 부분을 대상으로 행위이다. 그리하여 입법 기관과 행정 기관은 통합될 수 없으며 당연히 개념적으로 분리되는 것이다. 그리고 이러한 개념적 분리는 로크의 기능적 분리처럼 전체의 이익을 위해서 권력 간 상호 견제 시스템을 구축하기 위한 것이 아니다.

홉스의 민주: 주권(입법권력)이 모두에게 개방된 정치 공동체이자 정부

앞서 지적한 바와 같이 홉스는 정치 공동체와 정치 체제(혹은 정부 형태)를 별도로 구분하지 않는다. 이 결과 그는 정치 공동체의 종류를 구분하면서 실제로 정치 체제의 종류도 구분하고 있다. 따라서 그에게 'democracy'는 정치 체제의 종류인 동시에 정치 공동체의 종류로서 다른 종류인 'monarchy'나 'aristocracy'와 구분된다. 정확하게 이야기하면 그것은 설립에 의한 정치 공동체의 한 종류로서 자연인 개개인이 정치 공동체를 만들기로 합의해 자신의 권력을 위임할 때, 권력의 위임 대상을 전체 구성원의 회합체로 지정할 때 나오는 체제이자 공동체이다. 그렇지 않고 이 위임의 결과 권력의 총체를 담지하는 주체가 전체의 일부분만 모이는 회합체인 경우에는 'aristocracy'이고 1인인 경우에는 'monarchy'이다.[47)]

홉스의 주권은 나누어질 수 없고 특히 양도나 재위임될 수 없는 권력이기 때문에, 혼합 정부나 대의 정부는 존재할 수 없다. 또한, 주권의 핵심이 입법권이기 때문에 사실상 'democracy,' 'aristocracy,' 'monarchy'는 입법권을 행사하는 권력 기관을 의미한다. 홉스의 경우 행정권은 주권체가 직접 행사하지 않아도 되는 권력으로, 얼마든지 주권체가 아닌 자들에게 재위임할 수 있다. 하지만 이 경우에도 재위임 대상자들을 선정하는 권한은 여전히 주권체에 속한다. 그리하여 주권은 입법을 직접 하는 권력인 동시에 행정을 대리하는 자를 선정하는 권력을 의미하고 'democracy'는 전체 인민의 회합체가 이 권력들을 행사하는 것을 의미한다. 물론 이 회합체는 시간과 공간의 제한을 받는 구체적인 모임이기 때문에 모든 인민이 참가해야만 하는 것이 아니며 그럴 수도 없다. 홉스가 말하는 전체

47) 논리적으로 볼 때, 위임 대상이 구성원 다수인 경우도 'democracy'가 아니라 'aristocracy'이다.

인민의 회합체란 그 모임에 누구나 원한다면 참가가 가능하다는 의미이며, 어떤 자격이나 기준을 두고 참가를 제한하지 않는다는 의미이다. 즉, 참가할 수 있는 자격이 전체 인민에게 개방되어 있다는 것뿐이다.

로크의 민주: 다수가 입법권력을 행사하는 정부

로크의 경우, 이미 지적한 바와 같이 정치 공동체와 정치 체제(혹은 정부 형태)는 발생학적으로 두 단계를 거쳐서 구분된다. 우선 정치 공동체는 독립적인 개개인이 다수의 의사로 공동체를 운영하기로 전원 합의할 때 만들어진다. 그다음에 이 다수가 법률을 어떻게 제정하느냐에 따라서 서로 다른 정치 체제가 만들어진다. 만약에 이 다수가 공동체의 전권을 행사하여 법률을 직접 만든다면 정치 체제는 'democracy'가 된다. 하지만 이 다수가 스스로 법률을 만드는 것이 아니라 선택된 어떤 소수에게 그 권한을 위임한다면 정치 체제는 'oligarchy'가 되고 어떤 1인에게 위임한다면 정치 체제는 'monarchy'가 된다. 즉, 'democracy,' 'oligarchy' 그리고 'monarchy'는 모두 정치 공동체의 종류가 아니라 정부 형태, 즉 정치 체제의 종류이다. 정치 공동체가 어떠한 정치 체제로 운영되든 모두 근본적으로는 다수의 지배 하에 놓이게 된다.

여기서 알 수 있듯이, 로크는 누가 법률을 만드느냐에 따라 정치 체제를 구분한다. 그는 그만큼 입법권이 다른 권력보다 우위에 있는 최고의 권력이라고 보고 있다. 하지만 홉스의 '주권' 개념의 핵심인 입법권은 위임이나 양도가 불가했던 것과 달리, 로크의 '최고의 권력'인 입법권은 위임이 가능할 뿐만 아니라 분리도 가능하다. 이러한 위임의 결과 탄생한 것이 'oligarchy'와 'monarchy'이다. 또한, 최고의 권력인 입법권은 홉스의 주권과 달리 분할될 수도 있으므로 로크에게 정부 형태는 세 가지만 존재하는 것이 아니다. 예를 들어, 입법권이 1인에게 위임되는 동시에 소수의 선택된 집단에게도 위임될 수 있다. 이런 경우 정치 체제는 'monarchy'와 'oligarchy'의 혼합형태(compound and mixed form)가 된다.

또한, 로크에게 정치 체제를 구분하는 기준이 입법권이기 때문에 행정권은 홉스와 유사하게 부차적인 권력으로 남는다. 최종적으로는 행정권 역시 다수의 의사에 기반하고 있지만, 그것은 직접적으로는 입법권으로부터 나온다. 즉, 그것은 최고의 권력인 입법부에 종속되는 권력일 뿐만 아니라 그로부터 도출되는 권력이다(Locke 1985, Book 2 Section 150, 367-368).

다른 한편, 로크는 질서 정연한 정치 공동체(well-ordered commonwealth)를 만들기 위해서 행정과 입법이 분리되어 입법권력의 부패와 횡포가 견제되어야 한다고 본다. 그런데 그는 'democracy'를 정의하기를, 공동체의 다수가 입법권을 직접 행사하고 이 법의 집행은 이들이 선발한 관료들(officers)이 대행하도록 위임하는 체제라고 한다. 이 결과 'democracy'는 다른 정치 체제들과 달리 필연적으로 입법과 행정의 주체가 분리되어 질서 정연한 정치 공동체에 속하게 된다. 반면에 'oligarchy'나 'monarchy'는 입법과 행정이 분리될 수도 있고 아닐 수도 있다. 이 두 체제는 질서 정연한 공동체가 되려면 추가적인 제도화를 통해 입법의 주체와 행정의 주체가 분리되어야 한다.

루소의 민주: 절대 다수 이상의 시민이 법률 집행권을 행사하는 정부

다른 두 명의 계약론자와 달리, 루소는 정치 체제가 철저하게 발생학적으로나 개념적으로 정치 공동체와 분리되어 있다고 본다. 우선, 그에게 정부나 정부 형태는 정치 공동체의 발생 과정과 무관하며 그러한 과정의 연장선에 있는 것도 아니다. 자연 상태에서 개개인이 각자 자신의 인격과 모든 힘을 남김없이 정치 공동체에 넘겨줘 일반 의지의 통솔을 따르게 되면 정치 공동체가 탄생하게 된다. 그런데 이러한 정치 공동체의 탄생 자체는 정치 체제나 정부 형태에 관해서 아무것도 말해주지 않는다. 이것은 홉스에게 정치 공동체의 탄생이 곧 정치 체제나 정부 형태의 탄생이었던 것과 대조적이다.

또한, 이러한 루소의 설명은 로크의 것과도 다르다. 로크의 경우 정치 공동체의 형성 과정에서 나온 다수의 의사의 연장선상에 정부 형태가 놓여있다. 즉, 다수가 법을 제정하는 방식에 따라서 특정 정부 형태가 도출된다. 하지만 루소의 경우 공동체 형성 과정에서 나온 일반 의지는 법률의 제정 방식과 무관하다. 루소 역시 공동체의 의지인 일반 의지의 표현으로 법을 규정함으로써 일반 의지로부터 법을 도출해내지만, 실제로 이 법률안의 제정은 일반 의지가 하지 않는다. 로크의 경우 공동체 그 자체로 간주되는 다수가 하나의 권력체로서 실제로 법을 직접 제정하거나 위임하여 제정하지만, 루소의 경우 일반 의지를 가진 공동체는 직접 법률안을 제정하지 않고 별도로 존재하는 이른바 입법가(legislator)가 만든 법률안을 최종적으로 승인만 할 뿐이다. 그리하여 일반 의지는 법안이 법이 되느냐를 결정하는 최종 준거 기준이고 이러한 일반 의지를 가진 공동체는 법률안 제정과정을 주도하지 않는다. 법조문 작성과 관련해서, 실제로 루소는 일반 의지를 잘 파악할 수 있는 전문적 능력을 구비한 자라면 누가 하든 상관이 없다고 본다. 이 결과 루소에게 법률 제정 과정은 특별한 권력이라기보다는 전문적인 기술에 가깝다. 따라서 루소는 실제로 법률안(혹은 법률)을 제정하는 주체에 따라 정부를 구분한 로크의 사상을 받아들이기 어렵다. 누가 법안을 만들든 법은 언제나 인민이 직접 최종 승인을 해야 하며 예외 없이 일반 의지의 반영이어야만 한다.

루소의 정부는 발생학적으로 공동체의 근원인 일반 의지와도 독립적일 뿐만 아니라, 철학적으로도 일반과 특수라는 개념적 분리에 철저하게 기반하고 있다. 즉, 일반적인 것은 모두 공동체의 영역에 속하며, 특수한 것이나 구체적인 것만 정부의 영역에 속한다. 일반과 전체를 상징하는 공동체와 달리, 정부는 그 자체가 전체가 아닌 부분으로 특수한 사적 이익을 갖고 있다. 정부는 개별과 특수만 다루며 일반이나 보편을 다룰 수가 없기에 일반 의지에 해당하는 법을 제정하거나 최종 승인하는 것은 정부가 할 수 없다. 정부는 개별적이고 구체적인 사항에 대해 일반 의지를 적용하는 업무, 즉 행정 업무를 담당하는 공동체의 일부일 뿐이다. 따라서 루소에게 법의 제정과 법의 집행은 정부 형태와 무관하게 언제나 분리되어 있다. 하지만 로크에게 이 두 기능의 분리는 'democracy'를 제외하면 질서 정연한 공동체를 위해 별도의 제도화 과정을 거쳐야만 가능하다.

개별과 특수의 영역인 행정 업무를 담당하는 특수한 부분 집단인 정부의 형태를 분류하는 방식도 일반 의지나 법률 제정 방식과 무관하다. 루소에게 있어 법과 관련된 일반 의지는 항상 전체 시민의 문제이자 보편의 문제이므로, 이를 다루는 주체는 언제나 동일하며, 그 종류나 규모에 있어 차이가 날 수 없다. 그래서 일반 의지나 입법을 기준으로 '정부'를 여러 개로 나누거나 분류할 수 없다. 심지어 '입법 정부'라는 정부 개념은 루소에게 아예 존재할 수조차 없다. 그에게 정부 형태는 오로지 법률을 집행하는 방식과 관련이 있을 뿐이다. 구체적으로 그것은 법률 집행관 역할을 하는 시민의 총수가 정치 공동체를 형성하고 있는 사적인 일반 시민의 수에 비하여 얼마나 많은가에 따라 구분된다. 가장 극단적인 경우, 전체 시민이 모두 집행관이 될 수 있다. 이런 경우 가장 온전한 형태의 'democracy'가 만들어진다. 하지만 법 집행관인 시민의 수가 전체 인민의 절반보다 한 명이라도 많은 경우에도 완벽하지는 않지만 여전히 'democracy'이다.

반대로, 법 집행관인 시민의 수가 일반 사적인 시민의 수보다 한 명이라도 적은 경우에 정부는 'aristocracy'가 된다. 또한, 극단적으로 전체 정부를 오로지 한 명의 집행관에게 맡기고 다른 모든 집행권은 그에게서 나오는 경우 정부는 'monarchy'이다.

여기서 알 수 있듯이 1인 집행관 체제인 'monarchy'와 전원 집행관 체제인 극단적 'democracy' 사이에 조금 더 민주적이거나 조금 더 귀족적인 정부 형태들이 연속선에 무수히 많이 존재할 수 있다. 따라서 루소의 정부 분류법은 다른 사상가들의 분류법과 달리 질적인 분류가 아니라 양적인 분류에 불과하다. 또한, 특수적인 것을 다루는 정부 기능은 일반 의지와 달리 분할될 수 있다. 예를 들면, 어떤 정부의 기능은 'monarchy' 식으로 운영되는 한편, 다른 정부의 기능은 'democracy'나 'aristocracy' 식으로 운영될 수 있다. 이런 경우 그것은 혼합 정부 형태를 갖추게 된다.

비교론적으로 볼 때, 홉스는 혼합 정부를 전혀 인정하지 않는다. 로크는 입법권을 기준으로 혼합 정부를 인정하며, 루소는 정부를 언제나 행정부로 간주하기 때문에 행정권을 기준으로 혼합 정부를 인정한다. 많은 이들이 혼합 정부를 권력의 분리, 예를 들면 입법권과 행정권의 분리가 제도화된 정부로 이해할지 모르지만, 세 명의 사상가 어느 누구도 이런 식으로 혼합 정부를 이해하지 않는다. 홉스는 입법권을 가진 주권체가 행정을 직접 수행하지 않고 얼마든지 다른 사람이나 집단에 이 기능을 위임할 수 있다고 보지만, 혼합 정부라는 개념 자체를 인정하지 않는다. 로크는 최고의 권력인 입법 기관이 다른 이들에게 행정권을 위임하는 상황을 논의하지만, 그는 이것을 혼합 정부라고 칭하지 않고 질서 정연한 공동체라고 부른다. 그에게 혼합 정부란 여러 개의 기관이 입법권을 분할 행사하는 정부이다. 루소의 경우 입법과 행정은 일반과 특수라는 개념적 분리 문제이며, 정부는 그중 전적으로 특수의 영역에 속하기 때문에 입법과 행정의 분리는 혼합 정부의 문제와 무관하다.

결론

우선 'democracy'가 정치 체제 혹은 정부의 형태이냐 아니면 정치 공동체 혹은 국가의 한 종류냐는 문제를 두고 홉스, 로크 그리고 루소의 생각을 비교하면, 홉스에게 'democracy'는 정치 공동체이자 정부이다. 따라서 그것은 민주국이면서 동시에 민주정이다. 그것은 오로지 'aristocracy'와 'monarchy'와 구분될 뿐이며 혼합정 혹은 혼합국과 구분될 수 없다. 홉스에게 혼합정 혹은 혼합국 개념은 존재하지 않는다. 이에 비해 로크에게 'democracy'는 정치 공동체의 종류가 아니라 정부 형태의 한 종류이다. 따라서 그것은 민주국이 될 수 없으며 언제나 민주정이다. 그것은 'oligarchy'와 'monarchy'와 구분되는 정부이며 또한 혼합정과도 구분되는 정부이다. 루소에게도 역시 'democracy'는 정치 공동체의 종류가 아니며 정부 형태의 한 종류일 뿐이다. 따라서 그것은 민주국이 아니라 민주정으로 불러야 한다. 그것과 다른 정부는 'aristocracy,' 'monarchy' 그리고 혼합정이 존재한다.

둘째로 'democracy'가 정부라고 할 때, 정확히 어떤 정부를 'democracy'라고 하는가를 기준으로 세 명을 비교하여 보면, 홉스의 경우 그것은 주권을, 핵심적으로는 입법권을 행사하는 인위적인 인격체를 의미한다. 더욱 정확하게 그것은 인민이라면 누구나 참여할 자격이 있는 집회에서 주권, 혹은 입법권력이 행사되는 정부를 의미한다. 입법권이 아닌 행정권은 'democracy'의 속성을 유지한 채 얼마든지 다른 소수의 사람에게 위임될 수 있다. 로크의 'democracy'는 공동체의 다수가 단순히 입법 과정에 참여하는 자격을 갖출 뿐만이 아니라 직접 입법권을 행사하는 정부를 의미한다. 하지만 홉스의 경우처럼, 여기서도 행정권은 다수가 아니라 이들이 선발한 자들이 얼마든지 대신 행사할 수 있다. 마지막으로 루소의 'democracy'는 공동체의 절대 다수 이상의 구성원들이 전체 인민의 의지로 만들어진 법률을 집행하는 행정부를 의미한다. 그것은 절대 다수를 대표하는 자들이 법을 집행하는 정부가 아니다. 이런 대의 정부는 민주정이 아니라 귀족정으로 전락하게 된다. 입법권, 정확히는 법률안 승인권은 언제나 전체 인민이 최종적으로 행사해야만 한다. 하지만 이런 승인 결정은 얼마든지 다수결에 의해서 행해질 수 있다.

'democracy'에 대한 이 세 명의 정의를 종합하여 보면, 전체 구성원이 참가자격을 갖춘 집회에서 주권, 핵심적으로 입법권이 행사되는 홉스의 'democracy'나 공동체의 다수가 직접 모여서 입법을 하는 로크의 'democracy'나 절대 다수가 모여서 행정 업무를 보는 루소의 'democracy'는 모두 다 현실적으로 실현되기 어렵다. 그중에서 루소의 'democracy'가 제일 실현되기 어렵다. 왜냐하면, 그것은 절대 다수 이상의 시민이 자신의 권한을 위임하지 않고 상시적으로 모여서 행정적 결정을 내려야 한다는 것을 의미하기 때문이다. 이에 반해, 홉스나 로크가 말하는 'democracy'에서는 단지 간헐적 결정이 필요한 입법권의 행사에 전체 인민이 참가할 자격이 있거나 실제로 다수가 참여하면 되기 때문에 루소의 'democracy' 만큼 실현하기 어려운 것은 아니다. 그렇지만 이 역시 집회에 필요한 물리적 공간이나 참석자의 절대적인 수의 문제 등을 고려할 때 실제로 구현하기 쉽지 않다.

마지막으로 홉스, 로크 그리고 루소가 여러 정치 체제의 발생학적 우선순위를 어떻게 설정하는지 비교하면, 홉스의 사회 계약론에서는 주권체가 만들어질 때 'democracy,' 'aristocracy' 그리고 'monarchy' 중 어느 것도 시간상 먼저 수립되지 않는다. 개개인들은 쌍방 간 합의를 통해 임의로 자신들이 선호하는 것을 선택하고 이러한 선택의 우연한 일치가 특정 정치 체제로 등장할 뿐이다. 그런데도 홉스는 자연인들이 어떤 결정을 내리기 위해 집회를 연다면 최초의 의사 결정 방식은 다수결임을 부인하지 않는다. 그렇다고 이 다수가 그가 말하는 민주정이라는 주권체가 되지는 않지만, 그의 논의는 만약에 자연인들이 한곳에 모여 주권체를 정한다면 그것은 다수결로 정해짐을 시사한다. 로크의 경우 다수의 권력을 단순히 공동체의 시원적 권력으로 이해하는 한 'democracy,' 'aristocracy' 그리고 'monarchy' 사이에는 시간적 우선순위가 존재하지 않는다. 이 공동체의 시원적 권력이 자신을 입법 기관으로 선언하는 순간 비로소 민주정이 만들어지며 그렇지 않고 다른 개인이나 단체를 입법 기관으로 지정하면 군주정이나 과두정이 나오지만, 그전까지는 무정부 상태가 지속된다. 루소는 언뜻 보기에 인민의 권력과 다수의 권력을 구분하는 것 같지만, 인민의 권력인 일반 의지에 대한 해석을 다수결로 한다는 점에서 실제로는 다수의 목소리를 중시하고 있다. 또한, 그는 다른 어떤 사상가들보다 명시적으로 'democracy,' 'aristocracy' 그리고 'monarchy' 중 최초의 정부가 임시적으로나마 'democracy'라고 말하고 있다. 비록 인민이 법으로 최초의 정부를 'aristocracy'나 'monarchy'로 하기로 정하였다고 하더라도, 누가 군주가 되고 누가 지배하는 귀족 집단의 성원이 될 것인가를 확정하기까지는 정부가 만들어진 것이 아니다. 그런데 루소에 따르면, 이 확정은 일반적 행위가 아니라 특정인을 지정하는 특수 행위이기 때문에 반드시 정부가 해야만 한다. 이렇게 되면 아직 정부가 없는데 정부가 해야 하는 일이 존재하는 상황이 벌어진다. 루소는 이러한 딜레마를 해결하기 위해 인민 전체의 회합을 일반 의지와 특수 의지가 동시에 발동될 수 있는 유일한 모임으로 설정한다. 즉, 태초에는 인민이 전원 회의를 통해서 특수한 행위를 할 수 있는데 이 회의에서 특정인이나 특정 집단을 군주나 귀족 집단으로 지정할 수 있다. 그리고 이러한 지정 자체는 특수 행위인 정부의 행위이기 때문에 이미 그로써 정부가 만들어진 것이나 마찬가지이고, 이 정부는 정의상 민주정이 된다. 그리하여 루소에게 모든 정부의 조상은 임시적으로나마 민주정이다.

제6장

대의 개념의 변천과 경쟁 개념의 도입: 현대 민주 개념의 완성

1919년 새롭게 수립된 오스트리아 공화국의 재무장관으로 임명된 30대 중반 슘페터의 사진(출처: Silke Kobald).

66세의 칸트. 칸트 초상화(출처: Wikimedia Commons).

1791년경 프랑스 혁명기 파리에서의 페인 초상화. 그는 영국 태생이지만 미국 시민권을 취득하고 프랑스 명예 시민권을 부여받았다 (출처: 미국 국립 초상화 미술관 / Wikimedia Commons).

대통령 재임시기 65세의 매디슨 초상화 (출처: 백악관 미술 컬렉션 / Wikimedia Commons).

영국 국립초상화박물관에 전시된 존 스튜어트 밀의 사진. 사후인 1890년대에 인쇄된 것이다(출처: 저자).

제 6 장

대의 개념의 변천과 경쟁 개념의 도입: 현대 민주 개념의 완성

서론

이 장은 지금까지와 달리 한 사상가의 민주 이론에 초점을 맞추기보다 현대 민주주의의 핵심 개념 두 가지를 중심으로 논의를 진행한다. 이를 통해 근대의 민주 개념이 고대와 분절되는 과정에서 중요한 역할을 했던 대의 개념이 그 후 어떻게 변질되어 왔는지 분석하여 보고, 근대와 현대 민주 개념의 분절에서 중추적 역할을 하는 선거에서의 경쟁 개념 도입에 관해 살펴보고자 한다. 이를 위해 지금까지 다룬 홉스부터 몽테스키외의 저술을 재검토할 뿐 아니라 새로이 임마누엘 칸트(Immanuel Kant)의 『영구평화』, 제임스 매디슨(James Madison)의 『연방주의자 서신』 논고들, 토마스 페인(Thomas Paine)의 『인간의 권리』와 『정부의 제일 원칙들에 관한 논고』, 존 스튜어트 밀(John Stuart Mill)의 『대의 정부에 관한 고찰』 그리고 조셉 슘페터(Joseph Schumpeter)의 『자본주의, 사회주의 그리고 민주주의』를 분석해 본다.

홉스: 대의 개념의 근대 정치학 도입

서양 민주 개념 통사의 고대 시기와 근대 시기를 가르는 가장 중요한 개념은 대의 개념이다. 그리고 이 대의 개념을 근대에 와서 처음으로 가장 잘 체계화한 인물이 홉스이다. 그래서 이 『서양 민주 개념 통사: 근현대편』은 홉스의 민주 개념을 살펴보는 것에서 시작하였다. 물론 이 대의 개념이 홉스에서 비롯된 것은 아니다. 이 개념은 중세 시대에도 존재하였다. 교황이 신을 대리한다는 사고는 홉스가 태어나기 한참 이전에 존재하였다. 심지어 중세 이전에도 대의 개념을 찾아볼 수 있는데, 그것은 로마의 황제가 인민을 대의한다는 사고이다(Dunning 1902, 240). 그럼에도 불구하고 대의 개념을 현대적인 의미에서 정치 영역에 체계적으로 적용하는 작업은 홉스에 와서 비로소 이루어졌다. 홉스에게 대의는 자연적 인격체인 개인이 자신의 권위를 이전함으로써 새로운 인위적인 인격체를 만드는 과정이다. 이렇게 만들어진 인격체는 권위를 양도해 준 자연적 인격체와 별개로 존재하는 독립적 인격체이며, 이 인위적 인격체는 개개인 권위의 총합의 결과물로 얻은 자신의 권위를 자기 정체성을 잃지 않고는 다른 인격체에 전부 재양도할 수 없다. 이러한 양도 불가한 정치적 권위의 최종 종착지가 바로 주권체이고, 이 주권체 일반의 특정한 형태가 바로 특정 정치 체제 혹은 정부이다.

여기서 대의는 어디까지나 개개인이 인위적 주권체에 자신의 권위를 위임하는 행위이기에 이 권위를 받은 주권체는 자연인 개개인을 모두 대의한다. 따라서 정부는 집합 개념인 인민 혹은 국민을 대의한다는 오늘날의 사고와 다르다. 또한 하나의 온전한 인격체로서 인민은 언제나 특정 정부에만 존재하는 것이며 다른 정부에는 존재하지 않는다. 다시 말하자면, 주권체가 된 인민이 존재하면 그것은 이미 민중 정부 혹은 민주정이다. 나머지 정부, 즉 귀족정이나 군주정에는 주권체로서 인민은 존재하지 않으며 오로지 피지배자 혹은 백성으로서 군중만 존재한다. 다시 말하면, 민주정이 아닌 정치 체제에서는 자신의 권위를 양도한 수많은 자연적 인격체의 군집(crowd)만 존재한다. 이 집단의 구성원들은 자신의 권위를 양도한 이후에 정치적으로 어디까지나 피동적 존재로만 남게 된다. 이들은 오늘날 인민 혹은 주권체 집단으로서 국민이 될 수 없다.

권위를 적극적으로 행사하는 단일 인격체로서 인민 혹은 국민은 오로지 민주정에서만 존재하는 것이다. 이러한 인민은 권위를 직접 행사할 수 있을 뿐이고 그 권위를 다시 누군가에게 위임할 수 없다. 그리하여 오늘날 통상적으로 생각하는 것처럼 인민 혹은 집합 개념인 국민이 권위를 정부에 위임하여 정부가 자기를 대의하도록 한다는 사고는 민주정이든 아니든 불가능하다. 왜냐하면 홉스에게 주권체로서 인민은 자신의 권위를 더 이상 누군가에 위임할 수 없는 최종 권위자이기 때문이다. 홉스의 주권 개념에 따르면, 이론적으로 불가능하지만 설사 인민이 권위를 양도할 수 있다고 가정하더라도, 주권을 위임한 인민은 더 이상 인민이 아니게 된다. 그런 경우 인민이 아닌 새로운 인격체가 주권체로 바뀌게 된다. 따라서 오늘날 통념과 같이 국회가 인민을 대의한다거나 정부가 인민을 대의하여 통치한다는 간접 민주정 개념은 논리적으로 불가능하다. 요약하면, 홉스에게 있어 모든 정부는 자연인 개개인의 대의 정부이지만 어떤 정부도 '인민'의 대의 정부가 아니다.

로크: 다수의 의사는 대의 가능

홉스의 경우, 주권체가 자신의 권한 전부가 아닌 일부를 다른 인격체한 명에게나 인격체 집단에 위임하는 것은 불가능한 것이 아니다. 오늘날 우리가 행정이라고 부르는 업무는 얼마든지 재위임이 가능하다. 하지만 주권의 핵심인 입법 기능은 누구에게도 위임할 수 없다. 그런데 이러한 입법권력의 위임 불가능성은 로크에 오면 승계되지 않는다. 로크는 홉스와 달리, 입법권력조차 위임 가능하다고 볼 뿐만 아니라 심지어 입법권력은 분할될 수도 있다고 본다. 즉, 로크에 오면, 홉스 주권 개념의 핵심인 입법권력의 양도 불가능성과 분리 불가능성이 사라지게 된다.48) 또한 로크에게도 여전히 자연인 개개인이 권한을 위임하는 과정이 있지만, 홉스와 달리 이러한 원초적인 위임만으로 정부가 바로 수립되는 것은 아니다. 일차적으로 자연인 개개인은 앞으로 만들어질 공동체의 구성원 다수에게 자신의 권력을 위임하고, 이차적으로 그 구성원 다수는 그렇게 위임받은 권력을 결합하여 비로소 정부를 구성하게 된다. 따라서 일차적으로 자연인으로부터 권력을 위임받은 다수는 홉스와 달리 그 자체로 정부가 되는 것이 아니다. 홉스의 경우 그런 다수는 바로 주권체이자 정부가 된다.

로크의 이론에서 정부의 구성과 관련된 위임은 자연인 개개인이 하는 것이 아니라 그들로부터 권한을 위임받은 다수가 하는 행위이다. 따라서 로크에게서 정부를 형성하는 주체, 즉 정치 권력을 위임하는 주체는 더 이상 개인이 아니라 사회를 구성하기로 한 자연인 집단의 다수이다. 결과적으로 보면, 공동체를 형성한 인민의 다수는 정치 체제와 관계없이 행동하는 독립적인 인격체이며 민주정이든 아니든 모든 정치 체제의 근원이 되는 권력체이다. 이런 의미에서 그것은 시원적 권력이다. 그리고 이

48) 편의상 여기서는 위임과 양도를 구분하지 않고 사용한다. 엄밀하게 보면, 위임은 양도의 한 유형이다. 홉스는 권력의 위임 이후 철회나 회수 가능성을 인정하지 않기 때문에 그에게 위임은 곧 완전한 양도와 마찬가지다. 하지만 로크의 경우 위임은 부분적인 양도일 뿐이다. 양도한 조건이 위반되면 위임한 권한은 회수나 철회가 가능하다.

다수가 바로 인민 그 자체이다. 이 공동체의 근원적 권력체인 인민의 다수가 입법권을 직접 행사하는 경우에만 민주정이 수립되며, 나머지 정치 체제는 다수가 이러한 입법권을 타자에게 재위임한다. 따라서 홉스의 경우 민주정을 포함한 모든 정부가 대의 정부이지만 로크의 경우에는 민주정을 제외한 모든 정부가 대의 정부이다.

마지막으로 로크에 와서 처음으로 등장하는 개념은 권력 간 견제 개념이다. 그는 홉스처럼 입법권을 가진 주권체가 행정권을 제3자에게 단순히 위임할 수 있다고 말하는 것으로 그치지 않고, 입법권을 견제하기 위해서 행정권이 아예 분리되어야 한다고 주장한다. 그럼에도 불구하고 행정권은 여전히 최고의 권력인 입법권으로부터 나온 파생 권력에 불과하므로 이 둘 간에는 대등한 힘의 관계가 성립되지 않는다. 입법권 자체는 시원적 권력인 다수의 권력으로부터 위임될 수도 있고 아니면 그 자체가 다수의 권력과 동일할 수 있지만, 행정권은 입법권과 별개로 존재하는 시원적 권력으로부터 권력을 직접 위임받을 수 없으며 오로지 입법권으로부터 파생되어 나온다. 이런 시각에서 보면, 입법권은 행정권에 대해 항상 우월한 지위를 가지고 있기 때문에, 입법권에 대한 행정권의 실질적인 견제가 이루어지기 어렵다. 엄격하게 보면, 우열이 존재하는 두 권력 간에 일방적 위임 관계만 있을 뿐이다.[49]

---

49) 또한 로크는 행정은 언제나 다수가 할 수 없는 것으로 가정하고 있다. 그에 따르면 입법은 다수가 직접 할 수 있지만, 행정은 다수가 직접 할 수가 없어 언제나 1인 아니면 소수가 하는 것이다. 민주정의 경우 시원적 권력인 다수가 입법권을 직접 행사하고 이 다수가 선발한 소수가 행정권을 행사하기 때문에 입법권이든 행정권이든 다수에게서 비롯된다고 볼 수도 있다. 하지만 행정권을 가진 소수를 선발하는 주체가 시원적 권력을 가진 다수라기보다는 입법권을 가진 다수로 보는 것이 개념적 혼란을 줄이는 데 도움이 된다. 시원적 다수가 직접 소수의 행정관을 선발하였다고 보는 경우, 행정관이 변경될 때마다 이 시원적 다수라는 권력이 소환되어야 하는데, 로크의 경우 이 시원적 다수라는 권력은 정부(입법부)가 해산될 때만 소환될 수 있다. 그 이전에는 시민 사회에서의 모든 권력은 최고의 권력인 입법권에서 나와야 한다.

몽테스키외: 입법권, 즉 주권의 분리 가능

몽테스키외의 『법의 정신』은 출간 1년 반 만에 21판을 인쇄할 정도로 당시 수많은 지식인들 사이에 인기가 있었음에도 불구하고, 이론적으로 보면 상당히 모호하거나 허술한 편이다. 그 역시 홉스나 로크처럼 주권 개념을 사용하거나 입법권력을 최고의 권력으로 본다. 그는 속성에 따른 정부 분류에서 주권 개념을 사용하고 있으며, 민주정의 경우 최종적 입법권은 인민에게 놓여 있다고 본다. 또한 통치 원칙의 부패에 관한 장에서, 민주정에서도 최종적 입법권을 제외하고 나머지 심의, 행정 그리고 재판 기능은 주권체인 인민이 아니라 다른 이들이 얼마든지 위임받아 행사할 수 있다고 한다(Montesquieu 1989, Book 8 Chap. 1, 112). 즉, 이러한 위임이 일어나도 민주정이 다른 정치 체제로 변하는 것이 아니다.

그런데 자유로운 정부에 관한 유명한 장(Montesquieu 1989, Book 11 Chap. 6)에서는 권력과 권력 간의 우열 관계나 위임 과정이 보이지 않는다. 그는 로크처럼 입법권과 입법권이 아닌 권력 사이의 분리 가능성을 인정하고 있다. 또한 그는 로크처럼 입법권 자체의 분리 가능성도 인정할 뿐만 아니라, 한발 나아가 그러한 분리의 필요성도 강조하고 있다. 하지만 이렇게 분리된 입법권은 하나의 원천적 권력 혹은 추상화된 권력에서 서로 분파된 것이 아니라, 처음부터 두 개의 사회 집단에 따로 부여되는 독립적인 권력이다. 즉, 그에 따르면 인민도 입법권을 가질 정당한 권리가 있고 인민과 별개로 존재하는 사회 집단인 귀족 역시 독립적인 입법권을 정당하게 가질 권리가 있다. 귀족의 입법권은 로크의 혼합 정부론에서처럼 공동체 다수가 가진 원초적 권력으로부터 위임받은 권력이 아니다. 그것은 소수 집단인 귀족이 다수 집단인 인민의 횡포에서 벗어나기 위해 지녀야 하는 당연한 권리로 규정된다. 다시 말하면, 몽테스키외의 자유로운 정부 이론은 먼저 추상적인 정치 권력을 설정한 후에 어떤 위임 과정을 통해 이 권력을 여러 기관에 나누는 것이 아니라 각 사회 집단에 별도의 정치 권력을 부여하여 상호 견제하도록 한다. 따라서 여기서는 정치 권력의 위임 개념이나 공동체를 구성하는 인민에 의한 대의 개념이 중요하지 않다. 이것은 오늘날 상상하는 것처럼 인민의 권력을 세 개의 대의 기관에 나누어줘 상호 견제하게 함으로써 인민의 자유를 보장한다는 사고와 다르다.

루소: 입법권의 대의 불가와 행정권의 대의 가능

모든 권력의 원천으로서 인민 개념은 루소에 와서 비로소 확실히 정립된다. 그의 사회 계약론에 따르면, 홉스의 이론과 마찬가지로 자연인 개개인이 자신의 권력을 공동체에 투탁함으로써 정치 공동체가 만들어지고 이 공동체의 권력이 바로 주권이 된다. 그리고 이 정치 공동체의 구성원 총원이 하나의 통합된 집단적 인격체로서 권력을 주체적으로 행사할 때 이들을 인민이라고 부르며, 이 인격체의 개별적인 구성원들은 시민이라고 부른다. 여기서 보면 오늘날 우리말에 국민은 개인일 수도 있고 집합 개념일 수도 있지만 루소는 이 두 가지를 분명하게 구분한다. 또한 개개인은 권력 행사의 대상이 될 때 백성 혹은 피지배자라고 부른다. 따라서 인민, 백성 그리고 시민은 모든 정치 공동체에 정부 형태와 무관하게 존재한다. 다시 말하면, 루소는 홉스와 달리 민주정이든 아니든 인민이 존재한다고 본다.

이렇게 공동체의 주권을 행사하는 인민은 이 주권을 분할하거나 양도 혹은 위임할 수 없다. 루소의 경우 주권은 분할해 나누어줄 수 없지만, 그렇다고 모든 권력이 분할될 수 없거나 위임될 수 없지는 않다. 그는 홉스 이론을 더욱 명확히 하여 양도와 분할이 불가능한 주권을 입법권으로 제한하고 집행권은 주권에서 분리되어 분할되거나 위임될 수 있다고 주장한다. 언제나 인민이 최종적으로 입법을 승인해야 하므로 대의 '입법' 기관이란 것은 존재할 수 없으며 대의 기관은 언제나 '행정' 기관이다. 따라서 루소의 시각에서는 오늘날 입법 기관인 미국 하원의 명칭인 "House of Representatives(of the People)"는 어불성설이다. 하지만 집행권은 얼마든지 타자에게 위임할 수 있다. 실제로 인민이 직접 집행권을 행사하는 것은 인간 세상에서 불가능하기 때문에 어떻게 보면 이 권력은 언제나 위임되어야 한다. 그리하여 집행권에 초점을 맞춘다면, 인민이 입법과 집행을 동시에 하는 전체 인민의 민주정을 제외하면 루소에게 정부는 언제나 대의 정부이다. 비록 정부의 의미가 다르지만, 민주정을 제외한 모든 정부가 대의 정부라고 보는 것은 로크와 동일하다.

칸트: 공화는 입법과 행정의 분리제와 대의제를 통칭한다

대의와 권력 분리를 가능하다고 보느냐 아니냐의 문제와 이러한 대의와 권력 분리 체제에 새로운 이름을 부여하는 것은 별개의 문제이다. 그런데 이러한 대의와 권력 분리를 특징으로 하는 정치 체제에 "republican government" 혹은 "republic"이라는 이름을 새롭게 붙인 인물이 있다. 그가 바로 칸트이다. 칸트는 그의 『영구평화(Toward Perpetual Peace)』에서 공화 정부를 입법권과 행정권이 분리된 정부라고 규정한다. 이 정부는 이 두 개의 권력을 동시에 행사하는 정부인 전제 정부 혹은 독재 정부(despotism)와 상반된다. 그리고 이러한 공화 정부는 오로지 대의 체제에서만 가능하다고 본다.

'republic'에 대한 이러한 정의는 그 이전의 'republic' 혹은 공화 개념에 대한 이해와 완전히 다르다. 루소까지만 하더라도 'republic'은 정치 공동체 일반 혹은 영어의 'commonwealth'와 동일한 의미로 사용되었다. 이런 식의 용법에는 대의 개념이나 입법권의 분리 개념이 포함되지 않는다. 이 용어가 비록 정치 공동체 일반을 칭하지 않고 보다 좁은 의미로 사용될 때도 그것은 1인 지배정의 반대 개념으로 사용되었다. 예를 들면, 그것은 마키아벨리의 『군주론』에서처럼 1인 지배정을 의미하는 군주정을 제외한 모든 정치 체제를 통괄하는 개념으로 사용되거나, 몽테스키외의 『법의 정신』에서처럼 군주정과 독재정을 묶은 1인 지배정의 대척 개념으로 사용되었다. 그리하여 'republic'은 칸트 이전에는 정치 공동체를 총괄하는 개념이거나 정치 체제나 정부 중에 1인 지배를 배척하는 정부를 칭하는 것으로 사용되었다.

그런데 칸트에게 오면 'republic' 혹은 공화 개념은 이들 중 어느 것도 아니게 된다. 이제 그것은 주권이나 지배 권력을 행사하는 자의 수와 관계가 없고 공익을 도모하기 위해서 모인 정치 공동체 일반도 아니다. 그것은 오로지 통치하는 방식과 관련 있다. 특히 그것은 권력을 입법권과 행정권으로 나누어 통치하느냐, 아니면 이 두 가지 권력을 나누지 않고 통합하여 통치하냐의 문제와 관련이 있다(Kant 2006, 76; 칸트 전집 학술원판 VIII, "Toward Perpetual Peace," 352).[50] 로크와 같이 칸트에게도 입법권이 사실상 주권이기 때문에[51] 결국 이러한 분리는 주권체나 주권체를 직접 대표하는 기관이 행정권을 동시에 행사하지 않는 것을 의미한다.

---

50) 칸트 저술을 표기하는 방식이 다르고 번역이 달라서 원저를 보고자 하는 이를 위해 칸트전집 학술원판 쪽수도 병기한다.

51) 칸트에 따르면, 모든 국가는 세 가지 권력을 가지고 있는데 이 권력은 통합된 일반 의지가 세 가지 다른 형태의 인격체로 존재하는 것이다. 이 중 주권은 입법자의 인격에 있는 것이고 집행권은 통치자의 인격에 있고, 재판하는 권력은 판사의 인격에 있다고 하여, 입법권이 곧 주권임을 분명히 하고 있다(Kant 2006, 112-113; 칸트 전집 학술원판 VI, "Metaphysics of Morals, Doctrine of Right," 313).

그보다 앞서 보댕은 주권의 소재에 따라 국가 혹은 정치 공동체를 구분하고 주권의 행사 방식에 따라 정부를 구분하고 있는데, 이러한 정부의 구분에는 합법적인 통치 방식, 독재적인 통치 방식, 폭정의 방식이 있다고 한다. 앞의 두 개는 법에 따른 통치이고 폭정만 법치가 무시된다. 사실 몽테스키외의 정부 구분론은 이러한 보댕의 방식을 재분류한 것이나 마찬가지다. 다만 그는 법치가 없는 정부를 폭정(tyranny)이라고 하지 않고 독재정(despotism, 혹은 전제정)이라고 칭하고 있을 뿐이다.

칸트 역시 보댕처럼 국가 주권의 소재와 정부의 운영 방식을 구분하지만, 정부의 운영 방식과 관련하여 그에게 중요한 것은 법치 여부가 아니라 제정된 법률의 집행 기관이 입법 기관과 분리되어 있느냐이다.[52] 사실 이것은 언뜻 보기에 보댕이나 몽테스키외의 분류와 완전히 다른 문제같아 보이지만, 자세히 보면 같은 문제를 다르게 이야기하고 있을 뿐이다. 통치를 법의 테두리 안에서 하느냐 아니냐로 보면, 보댕의 폭정이나 몽테스키외의 독재정은 그런 제한 없이 멋대로 통치하는 것이고, 칸트의 독재정 역시 비록 명목상 법은 있으나, 법의 제정을 자기 마음대로 해 사실상 법에 구애받지 않고 통치하는 것이다. 보댕이나 몽테스키외와 달리, 칸트는 독재정이 안 되려면, 법을 제정하는 권력을 별도로 둬야 한다는 것을 명확히 하고 있을 뿐이다.[53] 그리하여 예를 들면, 왕이 법을 제정한 후 그 법을 변경하지 않고 지켜서 통치한다고 해도 칸트에게 별로 의미가 없다. 그의 시각에서 보면 결국 이것 역시 법 제정자와 법 집행자가 동일한 이상 법을 임의의 상태로 두는 것과 마찬가지이기 때문이다. 극단적으로 보면 이것도 무법 상태나 다름없다. 왜냐하면 법의 집행자가 자신의 사적인

52) 칸트의 경우 특히 권력에 대한 복종을 강조하고 저항이나 폭동을 정당화할 수 없다고 보기 때문에 이 문제는 더욱 심각한 것이다.
53) 몽테스키외의 경우 자유의 문제를 다루는 장에서 독재정을 명확히 권력 분리 문제와 연결해 논하고 있다.

의지나 이익에 법이라는 허울을 씌워서 통치하면, 이러한 사적 이익을 제도화하여 지킨다고 할지라도 그것은 이미 법이 아니기 때문이다. 칸트에게 중요한 것은 법이 있고 이 법을 통치자가 준수하느냐 아니냐가 아니라, 통치자가 아예 법을 만들지 못하게 하고 그가 주어진 법에 따라서 통치하도록 하는 것이다. 이때 당연히 전제되는 것은 법이란 통치자의 사적 이익이 아니라 인민 전체의 이익 혹은 의지를 반영한 것이라는 점이다. 이렇게 통치자가 통치하되, 타자가 자신에게 준 법에 따라서 통치하는 것이 바로 칸트가 말하는 공화정이다. 그렇지 않은 것은 독재정이다. 어쩌면 우리말의 어원적 의미를 보면 보다 정확한 표현은 전제정일 것이다. 물론 이런 공화정에서도 법이 반드시 준수된다는 보장은 없다. 통치자가 타인이 만든 법을 무시할 때 그것을 누가 어떻게 강제할 것인가는 논의의 문제로 남는다. 단순히 제도적 장치만으로는 권력의 횡포를 완전히 막을 수 없다.[54]

칸트의 공화 정부는 행정체계를 염두에 두고 한 말인데 이것은 또한 대의 체제와 직결된다. 그의 대의 체제는 입법과 행정의 분리를 전제로 하기 때문에 엄격히 말하면 행정부의 대의 체제에 국한된다. 칸트는 입법 기능 자체가 대의될 수 있음을 부인하지 않지만, 이러한 입법의 대의 체제는 대의 체제로서의 공화정의 핵심이 될 수는 없다(Kant 2006, 50; 칸트전집 학술원판 VIII, “On the Common Saying: This May Be True in Theory but It Does Not Hold in Practice,” 296). 그의 공화 정부는 입법과 분리된 행정의 대의 체제를 염두에 둔 것이다. 그에 따르면 이러한 공화적인 행정은 오로지 전체 인민이 행정을 하지 않는 대의 체제에서만 가능하다. 민주정에서처럼 모든 이가 법도 만들고 집행도 맡으려 한다면, 즉, 주인(master)이 되려고 한다면 대의 체제는 불가능하고 결과적으로 공화 정부는 불가능해진다(Kant 2006, 77; 칸트전집 학술원판 VIII, “Toward Perpetual

54) 그러므로 매디슨이 추가로 구상하고 있는 것처럼 사회 세력 간의 상호 견제 시스템이 필요하다.

Peace," 353). 따라서 그는 주권이 인민에게 있는 민주정은 본질적으로 공화정이 될 수 없고 언제나 전제적(despotic)이라고 규정한다.

오늘날 기준으로 보면 이상하지만, 그는 인민에게 주권이 있는 민주정이라면 언제나 인민이 법을 제정할 뿐만 아니라 통치, 즉 행정도 항상 직접 한다고 가정하고 있기 때문에 주권을 가진 인민이 직접 통치하지 않고 대의 체제를 통해 행정을 하는 경우는 상상하지 않았다. 이것은 매우 이상한데, 왜냐하면 칸트처럼 주권이 인민에게 있을 때 주권의 대의 가능성을 인정하면 당연히 주권의 핵심인 입법권만이 아니라 부차적인 행정권 역시 대의가 가능하기 때문이다. 심지어 주권, 즉 입법권의 대의를 부인하였던 홉스조차 행정은 얼마든지 대의가 가능하다고 보았다. 또한 입법권의 대의 가능성을 부인하였던 루소도 행정권은 대의가 가능하다고 하였다. 하물며 주권, 즉 인민의 입법권이 대의될 수 있다고 보는 칸트가 민주정에서 인민의 행정권이 대의될 가능성을 부인한 것은 아이러니다.

반면에 주권이 인민이 아닌 귀족에게 있는 귀족 국가나 1인에게 있는 1인 독재 국가(autocracy)는 항상 인민을 대의하는 정부가 되는 것이 아니지만, 적어도 그럴 가능성은 열려있다(Kant 2006, 76; 칸트전집 학술원판 VIII, "Toward Perpetual Peace," 352). 왜냐하면 칸트의 사고 틀에서는 행정을 입법과 별도로 분리하기 위해서는 우선 인민 모두가 행정을 하지 않아야 한다는 전제조건이 충족되어야 하기 때문이다. 이럴 때만 주권체 이외에 다른 이나 기관이 행정을 할 수 있는 여건이 성립한다. 그에 따르면, "행정을 하는 통치자의 수가 적을수록 인민을 대의하는 것이 더 현실적이게 되고 이럴수록 공화 정부에 더 가까워진다(Kant 2006, 77; 칸트 전집 VIII, "Toward Perpetual Peace," 353)." 이런 전제조건을 충족하는 국가는 귀족 국가와 1인 지배 국가만 있다.

그러나 주권이 민주국과 달리 인민에게 있지 않고 1인이나 소수에게 있을 때 구체적으로 어떻게 통치자가 주권체 자체의 의지나 이익이 아니라 인민을 대의해 실제로 통치할 수 있는지 여전히 의문으로 남는다. 이런 경우 인민은 이제 주권체가 아님에도 불구하고 통치자는 인민의 의지나 이익을 살펴야 하는 상황이 된다. 다시 말하면 귀족 국가나 1인 지배국가에서 칸트의 공화정이 수립되려면, 논리적으로 볼 때 인민, 주권체 그리고 통치자는 각각 별개로 분리되어야 한다. 법이 법다워지려면 인민의 의지, 혹은 일반 의지를 반영해야 하고, 이것은 주권체의 정의에 따라 인민이 아닌 주권체에 의해 제정되어야 하며, 통치자는 이러한 주권체가 제정해준 법을 단순히 집행만 해야 한다. 칸트는 이렇게 주권의 소재와 무관하게 인민의 의지를 대의할 수 있다고 생각한다. 이런 경우 인민에 의한 위임 행위 없이도 공동체 전체의 이익을 대변하기만 하면 대의가 이루어지는 것으로 이해되어 버린다. 또한 주권도 여기서는 인민의 의지 총합이 아니라 단순히 법을 제정할 수 있는 권력으로 좁게 이해되어 버린다. 이때 물론 법은 정의상 인민의 통합 의지를 염두에 두고 제정되어야만 한다.

이렇게 군주 국가나 귀족 국가에서처럼, 인민의 의지가 주권의 소재지와 별도로 있는 상태에서 주권체인 군주나 귀족 집단이 그러한 인민의 의지를 염두에 두고 주권인 입법권을 행사하는 과정이 상정되고, 이 주권체의 위임에 의하여 행정을 하는 통치자가 존재할 수 있게 된다. 이러한 칸트의 대의에 의한 통치는 주권체에 의한 권위의 위임 행위를 수반하지만 인민에 의한 권위의 위임이라는 과정은 필요 없게 된다.

칸트가 그 이전 사회 계약론자들인 근대 사상가들과 단절되는 결정적인 면은 이렇게 대의와 인민의 위임을 분리한 것이다. 대의 통치자는 인민으로부터 권한을 위임받지 않고도 (주권체로부터의) 대의 권한을 내세울 수가 있게 된다. 또한 입법권자인 주권체 역시 명시적으로 인민으로부터 권력을 위임받는 과정이 생략되어 있다.[55] 따라서 주권체인 입법권자가 인민의 의지를 스스로 파악해 법을 만들 수 있지만, 명확히 인민의 의지로부터 권한을 위임받아 법을 만드는 것은 아니다. 여기서 인민의 의지 내지 일반 의지를 대의하냐 아니하냐를 결정하는 요소는 실제로 위임이 이루어졌느냐 아니냐가 아니라, 대의되는 자들의 이해관계(interest)나 의지를 대의하는 자들이 잘 표현하느냐 하지 않느냐의 문제로 변질된다. 홉스 이전에 존재했던 대의 개념, 즉 위임 행위가 없는 상징 내지 표현으로서의 대의 개념으로 복귀되는 것이다.

이러한 대의 개념의 변질은 보다 근본적으로 칸트가 인민의 의지를 이해하는 방식과 연관이 있다. 그에게 인민의 의지는 사회 계약론자들처럼 태초의 상황에서 자연인 개개인이 계약을 통해 합심하여 만들어내는 것이 아니라 단순히 가상적으로 존재하는 상상의 결과물에 불과하다. 그리하여 인민의 의지 내지 일반 의지는 그것을 만들어내는 역사적 과정이 필요하지 않은 관념적 구성의 결과물로서만 존재한다.[56] 그런데 이러한 의지가 실행되기 위해서는 그것을 구현한다고 주장하는 실체가 존재해야만 한다. 그 실체가 바로 현실 속의 주권체이고, 이 주권체는 1인, 소수, 혹은 전체이다. 논리적으로 먼저 개념화되어 있는 인민의 의지는 주권체의 종류와 무관하게 있는 것으로 각기 다른 주권체는 자신의 의지와 별개로 존재하는 인민의 의지를 구현하는 것뿐이다. 칸트에게서 인민의 의지

---

55) 칸트는 이러한 위임을 하는 근원적 계약 과정이 역사적으로 실재하지 않는다고 주장한다(Kant 2006, 51; 칸트 전집 학술원판 VIII, “On the Common Saying,” 297).

56) 칸트에 따르면 관념으로서의 인민의 의지는 스스로 어떠한 행위를 실제로 할 수 없는데 위임 역시 일종의 행위에 속한다. 따라서 인민의 의지는 자신을 스스로 위임할 수 없다. 루소의 일반 의지와 정부의 관계도 마찬가지의 딜레마를 가지고 있다. 일반 의지는 그 자체로 위임이 될 수 없다. 그렇지만 정부는 위임받아 만들어진다. 일반 의지가 어떻게 특수 의지로 전환되는지를 설명하기 위하여 루소는 인민의 회합체에 위임 불가능한 일반 의지와 위임 가능한 특수 의지가 동시에 동전의 양면처럼 존재한다고 가정한다.

와 주권체의 관계는 매우 모호하다. 하지만 분명한 것은 인민이 실제로 모여서 하는 위임 행위에 의해 주권체가 만들어지는 것이 아니라, 현실 속 주권체의 행위를 통해서만 인민의 의지가 어디에 있는지 확인이 가능하다는 것이다. 다른 식으로 말하면, 주권체인 1인이나 소수나 전체는 자신의 의지가 아니라 인민의 의지를 구현하는 행위자들이다. 인민의 의지는 주권체가 정해지기 전에 이미 존재하는 것으로 이 주권체의 의지가 아니다. 이렇게 놓고 보면 어떤 주권체가 존재하든 동일한 인민의 의지를 구현하는 것으로 이해되고, 주권체의 종류는 이러한 인민의 의지를 파악하고 그것을 법으로 전환하는 주체의 차이일 뿐이다. 그리하여 인민의 의지와 입법권력(혹은 주권체)의 종류가 분리된다.

반면에 홉스의 경우 주권체의 의지가 전부이다. 특정 주권체와 분리된 인민의 의지라는 것은 존재하지 않는다. 따라서 귀족국에서는 인민의 의지란 존재하지 않으며 오로지 귀족의 의지만 존재한다. 군주국에서는 마찬가지로 인민의 의지 대신에 주권체인 군주의 의지만 존재한다. 오로지 민주국에서만 주권체인 인민의 의지가 주권체와 한 몸으로 존재한다. 로크의 경우 인민의 의지는 곧 다수의 의지로서 이 의지대로 주권 혹은 최고의 권력이 존재하는 것이다. 이 최고의 권력은 자신이 행사할 수도 있고 아니면 소수나 1인에게 위임할 수도 있다. 루소의 경우, 인민의 의지는 칸트처럼 선험적으로 존재한다. 또한 칸트처럼 그것은 위임될 수 없는 것이다. 칸트와 다른 점이 있다면 그는 위임불가능을 명시적으로 주장하고 있다는 점이다. 칸트와 또 다른 점은 루소에게 주권체는 언제나 인민 전체라는 것이다. 인민의 의지와 주권체는 분리 불가능하다. 인민의 의지를 실행하는 주체가 1인, 소수, 혹은 전체이냐의 문제는 인민의 의지 자체를 위임하는 문제도 아니고 주권체의 문제도 아니다. 그것은 다만 주권체의 의지를 어떻게 현실 속에서 구체적으로 실행할 것인가의 문제 혹은 일반 의지의 표현인 법을 어떻게 현실 속에서 집행할 것인가의 문제, 즉, 행정의 문제이다. 칸트와 달리, 루소는 일반 의지의 표현인 입법권과 주권체는 일반성만 가지는 존재로 특수한 형태로 모양을 달리하여 존재할 수 없다고 본다.

요약하면, 칸트는 사실 정치 이론을 체계적으로 제시한 적이 없다. 가장 일관성이 있는 정치학 저작이라고는 『영구평화(1795)』 정도이지만 이 역시 이론적으로 보면 허점투성이다. 그의 논리는 추가적인 설명이 필요한 부분이 많고 이 부분은 읽는 사람들이 채워야 한다. 위에서 논한 칸트 이야기도 그의 저술에서 명확히 찾아볼 수 있는 것이 아니라, 저자가 그의 여러 논고를 종합한 끝에 빈 공간을 채워서 재구성한 것이다. 그럼에도 불구하고 그는 민주주의 이론사에서 그 이전 학자들과 큰 단절을 보여준다. 그는 공화 개념을 민주 개념과 분리하고, 공화 개념에 두 가지 서로 다른 개념, 즉 입법권과 행정권의 분리 개념과 대의라는 개념 둘 다 포함시키고 있다. 또한 그는 사회 계약론자들이 그렇게 중요하게 설정한 정치 행위자들의 위임에 의한 대의 개념을 모호하게 만들고 로마 시대의 상징 혹은 표현으로서의 대의 개념을 부활시키고 있다.

매디슨: 민중 정부는 민주정과 공화정으로 양분된다

매디슨 역시 민주와 공화 개념을 분리하고 공화를 대의 개념으로 정의한다는 점에서 칸트식 사고의 연장선에 있다.57) 하지만 구체적인 내용에 들어가 보면 이 둘은 상당히 다르다. 매디슨이 오늘날 민주주의 개념에 더 근접해 있다. 매디슨도 칸트와 동일하게 민주정을 모든 이들이 직

57) 매디슨은 "연방주의자 서신" 10번(1787)에서 공화정을 아예 대의제가 마련되어 있는 정부라고 정의한다.

접 통치하는 정치 체제로 이해한다. 모든 이들이 통치하다 보니 당연히 대의는 여기서 불가능하고 필요하지도 않다. 이런 민주정은 다만 소규모의 공동체에서만 구현이 가능하다. 대의 체제를 구현하기 위해서는 보다 큰 영토가 필요하고, 이를 위해서는 미국이 거대한 연방으로 나가야 한다는 것이 그의 논리이다. 하지만 매디슨의 대의는 엄밀하게 말하면 입법부의 대의 체제를 의미하는 반면에 칸트가 강조한 대의 체제는 『영구평화』에서 보듯이 행정부의 대의 체제이다.

매디슨이 스스로 민주정으로 규정한 고대 그리스의 정치 체제를 어떻게 이해하는지를 살펴보면 매디슨의 대의 체제를 정확하게 파악할 수 있다. 그에 따르면 그리스의 민주 체제는 인민이 직접 입법 행위를 한 체제라는 측면에서 대의 체제가 아니다. 하지만 이러한 그리스의 민주정에서도 행정은 별도로 선발된 집행위원회가 수행하였는데 그는 이 기관을 인민의 대의 기관으로 간주한다(*"The Federalist"* No. 63). 그리하여 그가 그리스의 직접 민주정을 대의 체제인 공화정이 아니라고 할 때 진정으로 의미한 것은 입법 기능이 대의 기관에 의해 수행되지 않았다는 말이다. 반면에 칸트의 공화정으로서 대의정은 행정 기능이 주권체인 입법 기관과 분리된 별도의 대의 기관에 의해서 수행되는 것을 의미한다. 매디슨이 보기에는 이러한 행정 기능은 언제나 소수에 의해서 수행되어야 하기 때문에 칸트가 말하는 대의 정부는 당연한 이야기에 불과하다. 즉, 매디슨은 칸트와 달리 행정은 고대나 그의 시대나 모든 이들이 직접 할 수 없는 정부 기능으로 본다.[58] 따라서 고대 아테네와 같은 소규모의 정치 공동체에서도 행정권은 언제나 소수에 의한 대의제에 기반하고 있었다.[59]

---

58) 이러한 사고는 매디슨만이 아니다. 홉스, 로크, 루소 그리고 몽테스키외도 공감하는 내용이다.

59) 이것은 모든 정부에서 행정이 대의제에 기반하고 있다는 것을 의미하지 않는다. 그가 의미한 바는 항시적 문제를 다루는 행정은 인민 모두가 처리할 수 없다는 것뿐이다.

칸트와 매디슨은 이렇게 비단 대의 체제를 규정하는 방식이 다를 뿐만 아니라 민주정과 공화정을 구분하는 방식도 다르다. 칸트의 경우 민주정은 주권의 소재에 관한 것이고 공화정은 국가 원수(head of the state)가 인민을 통치하는 방식에 관한 것이다. 반면에 매디슨의 경우 민주정이든 공화정이든 둘 다 동일하게 민중 정부(popular government)에 속한다(*"The Federalist"* No. 14). 다시 말하면 민주정이든 공화정이든 동일하게 인민에게 주권이 있다. 그런 의미에서 둘 다 인민 주권 정부이고 민중 정부이다. 다만 민주정은 인민이 직접 입법권을 행사하는 반면에 공화정은 인민이 직접 행사하지 않고 대의원을 선출하여 주권, 정확하게는 입법권을 행사하는 체제이다. 칸트의 경우 민주 국가에서 인민은 입법과 행정을 도맡아서 하고 공화정은 행정권을 입법권과 분리된 대의 기관이 행사하는 것인데, 민주 국가는 언제나 행정 기관이 입법 기능을 동시에 하는 전제 정부이기에 그가 말하는 공화정이 될 수가 없다.

매디슨은 민중 정부와 민주정을 구분함으로써 끝까지 대의 체제를 민주정으로 간주하지 않았는데 이것은 민주정에 대한 그의 부정적 태도를 보여주는 것이다. 민주정에 대한 이러한 부정적 시각은 역사적으로 그의 시대까지도 풍미했던 민주정에 대한 부정적 사조를 반영한 것으로 보인다. 그의 사고에 따르면, 뛰어난 능력을 소지한 대의원들이 인민의 회합체보다 인민의 이익을 더 정확하게 파악한다. 다른 식으로 말하면, 대의를 하는 이유는 모든 이들이 참여하기에 땅이 너무 넓어 어쩔 수 없기 때문만이 아니라 인민의 집단 지성이 대의원들의 집단 지성보다 열등하기 때문이다. 루소가 인민은 입법 과정에서 입법가에 의해서 지도받아야 한다고 주장한 것과 유사하게, 매디슨은 입법권인 주권을 가진 인민은 자신의 의지를 제대로 표현하지 못하거나 알지 못하기 때문에 통찰력 있는 소수의 지도자들이 사실상 주권을 대신해서 행사해야 한다고 주장한다. 그리하여 그에게 오면, 인민의 주권 혹은 입법권은 루소나 홉스와 달리 대의될 수 있다고 볼 뿐만 아니라 대의될 때 오히려 더 바람직한 것이 된다.

민주정에 대한 부정적인 시각은 대의 민주정이라는 용어를 처음으로 사용한 알렉산더 해밀턴(Alexander Hamilton)의 사고에서도 엿볼 수 있다. 그는 1777년 친구인 모리스(Gouverneur Morris)에게 보내는 서신에서 선거로 인민에 의해서 실질적으로 선택된 소수의 사람에게 행정권, 입법권 그리고 사법권이 부여되어 있는 체제를 대의 민주정(representative democracy)이라고 칭하였다(https://founders.archives.gov/documents/Hamilton/01-01-02-0162).[60] 그럼에도 불구하고 그는 민주정 자체에 대해 그렇게 낙관적이지 않았다. 그래서 그는 이른바 민중 정부(popular government)의 단점을 보완하는 장치로서 대의제를 제안하였다.

페인: 세습이 아닌 선거를 통한 대의

매디슨에게서 보이는 공화와 민주의 구분은 용어상의 차이는 있지만 비슷한 시기의 토마스 페인(Thomas Paine)에서도 찾아볼 수 있다. 비록 우리나라 정치학계에는 널리 알려지지 않은 인물이지만 그는 근대 미국 대의제 시스템의 아버지로 불릴 정도의 인물이다. 그는 매디슨이 공화정(republic)이라고 부르는 것을 칭하기 위해 대의 체계(system of representation)라는 용어를 사용하고 있다. 그 대신 'republic'이라는 용어는 특정 정부 형태가 아니라 공적인 어떤 것으로서 제대로 된 모든 정부가 추구하는 목표에 해당한다고 본다. 그는 엄청난 인기몰이를 하였던 출간물인 *Rights of Man*(Part II, 1792)에서 정부 형태(forms of government)가 오로지 네 가지로 구분된

60) 이런 대의 민주정은 권력의 분리와 직접적으로 상관이 없다. 권력 분리를 강력히 옹호하였던 매디슨도, 비록 명확하지는 않지만, 대의 개념에 권력 분리 개념을 포함시키지 않고 있다.

다고 했는데, 그것은 군주정, 귀족정, 민주정 그리고 대의정이다(Paine 1995, 230). 그에 따르면 이 중에서 앞의 세 가지는 오랜 전통을 가진 것이고 대의정은 근대에 와서 비로소 등장한 것이다. 특히 그는 대의정과 민주정이 기본적으로 인간의 권리(rights of man)에 기반했다는 점에서 동일하나 하나는 면적이 넓고 인구가 많은 곳에, 다른 하나는 그렇지 않은 곳에 적합다고 하였다.

그는 몇 년 뒤 출간한 또 다른 논고, “Dissertation on First Principles of Government(1795)”에서 정치 체제를 크게 선거와 대의에 의한 정부와 세습에 의한 정부로 나누었다. 여기서 대의 체제는 인간의 권리에 기반한 것이고 세습 체제는 그 형식과 무관하게 인간의 권리를 무시하는 것으로 존재 이유가 없는 체제이다. 후자에는 이름은 다를지라도 귀족정, 왕정(royalty), 군주정(monarchy)이 포함된다(Paine 1995, 388). 그의 구분에 따르면 민주정과 대의 정부만이 세습이 아닌 정부로 정당한 정부이다. 그는 대의 정부를 주창함으로써 그동안 왕정이든 귀족정이든 세습으로 정권을 정당화한 것을 공격하고자 하였다. 다만 그는 대의 정부를 민주정이라고 규정하지 않는다. 그에게 정치 체제는 형식(form)인데, 대의정과 민주정은 두 개의 서로 다른 형식이지만 이 둘은 동일한 원리(principle)에 기반하고 있다. 그의 표현에 따르면 그러한 원리의 확대판이 대의정이고 축소판이 민주정이다. 그는 대의정을 옹호하면서 그리스 역시 대의정이 도입되었다면 쉽게 망하지 않았을 것으로 보았고 민주정보다 대의정을 더 우월한 정치 체제로 간주하였다. 또한 그 당시 미국 정부를 민주정에 이식된 대의정으로 규정하였다.[61]

61) 그는 매디슨과 달리 민중 정부를 대의 정부와 민주정을 통칭하는 용어로 사용하지 않는다.

페인에게 주권자의 수는 정치 체제를 구분하는 가장 중요한 척도가 아니다. 몽테스키외에 이르기까지 모호하게 남아있었던 체제 구분 척도로서 수의 중요성이 그에게 와서는 거의 사라지게 된다. 그에게 오로지 중요한 것은 권력을 잡는 방식이 세습이냐 아니면 선거냐의 문제이다. 이러한 세습과 선거의 구분은 수를 중시하던 고전적인 전통과 또 다른 단절을 보여준다. 왜냐하면 이러한 구분은 그 이전과 달리 선거를 추첨이 아닌 세습과 대조함으로써 인간의 권리를 온전히 표현할 수 있는 방식으로 재정립하고 있기 때문이다. 고대 그리스 학자들이나 몽테스키외의 경우 선거를 추첨과 대비하여 귀족정의 속성으로 규정하였다. 고전적 전통에서 보면 선거는 기본적으로 능력에 따르는 것이기 때문에 능력과 관계없이 누구나 평등하게 정치를 할 수 있는 인간의 권리를 인정하지 않는 것이다. 하지만 페인은 선거에 의한 대의제야말로 광대한 나라에서 능력에 의한 통치를 가능하게 하는 유일한 대안이고, 능력과 무관하게 단순히 누군가의 자식이라는 이유로 권력을 잡는 귀족정이나 군주정은 그야말로 예측 불가능한 권력자에 의한 통치 체제로 정의롭지 않다고 보았다. 그에 따르면, 세습제에서는 심지어 바보천치가 권력을 잡지 않을 것이라는 보장이 없다. 이는 매우 위험천만한 일이다. 이러한 세습 체제야말로 인간의 권리를 짓밟는 것이다. 이에 반해 대의제는 더욱 능력이 있는 사람을 선출하는 체제이다. 다시 말하면, 고전적인 사고에서는 선거를 능력에 따른 공직 진출 방식으로 귀족정의 특성으로 규정하였는데, 페인을 비롯한 근대 대의제 정부 주창자들은 발상의 전환을 통해 이러한 능력을 위주로 하는 선거의 특성을 귀족정에서 떼어내 대의정이라는 새로운 정부 형태의 근간으로 삼고 있다. 그런데 아이러니하게도 선거는 페인이 그토록 비난했던 세습 체제의 일종인 귀족정의 유산이다.

밀: 진정한 민주정은 곧 전부를 대의하는 정부이다

매디슨과 페인에게 보이는 바람직한 대의 정부라는 사고는 70여 년이 지나 존 스튜어트 밀(John Stuart Mill)에 와서 완전히 뿌리를 내리게 된다. 『대의 정부론(1861)』에서 밀은 매디슨이 제시한 민중 정부와 민주정의 구분을 버리고, 민중 정부가 곧 민주정이고 민중 정부의 한 종류가 대의정이라고 주장한다. 그리하여 밀에게 오면 우리는 대의 민주정이라는 표현이 자연스럽게 받아들여지는 것을 알 수 있다. 또한 지금까지 논의한 사상가들과 달리 그는 민주정을 긍정적으로 평가하기를 주저하지 않는다.

대의 민주정이라는 표현은 그의 아버지 제임스 밀(James Mill)의 글인 『정부론(Government)(1825)』에도 나오지 않는다. 제임스 밀의 주장에 따르면, 단순한(혹은 순수한) 정치 체제는 군주정, 귀족정, 민주정 이렇게 세 가지만 존재하는데, 이 중 어느 체제도 좋은 정부를 위한 안전장치를 제공하지 못한다. 또한 그가 실질적으로 존재하기 어렵다고 보지만 그 당시 영국에서 이상적이라고 간주되었던 혼합정, 그의 용어로는 세 개의 단순한 정부를 통합한 것(the union of three simple forms of government) 혹은 헌정의 균형(the constitutional balance)도 두 개의 권력 간 야합으로 나머지 하나를 집어삼킬 수 있어 좋은 정부를 위한 제도적 장치가 될 수 없다. 이에 반해 근대의 위대한 발명품인 대의 체계(system of representation)는 그러한 제도적 장치가 될 수 있다. 그가 말하는 대의 정부는 인민이 대의원을 선발하여 권력을 견제하도록 하되, 이들의 임기를 제한하도록 하는 것이다. 이렇게 되면 그는 이들이 인민의 이익을 대변하면서도 자신의 이익을 추구하지 않을 것이라고 보았다.

존 스튜어트 밀은 아버지보다 한 걸음 더 나아가 '대의 민주정'이라는 표현을 명시적으로 사용하고 있다. 그의 아버지처럼 단순한 형태의 정부인 민주정보다 나은 정부가 대의 정부라고 보는 것이 아니라, 대의 정부가 진정한 민주정이 될 수 있다고 본다. 실제로 그의 논의를 보면 대의제와 민주정을 동일시하고 있는 듯한 느낌을 준다. 『대의 정부론』의 제6장에서 '대의 정부'의 단점 두 가지를 이야기한 후 제7장에서 그것을 정리하면서 '대의 민주정'의 단점이라고 하였다.

당시 영국 정치 체제를 비판하는 동시에 찬양하는 『대의 정부론』에서 그는 어떻게 민주정의 장점을 유지하면서 대의제의 단점을 제거하여 진정한 민주정을 구현할 것인가를 탐구하고 있다. 그에 따르면 인간이 인간다운 가능성을 실현하고 자유로운 사회에서 번영을 구가하기 위해서는 전체 인민이 가능한 모든 곳에서 공적 업무에 가장 많이 참여하는 것이 좋고 모두가 국가의 주권 행사에 한몫해야 한다. 즉, 자치(self-rule)와 자립(self-dependence)이 인간에게 최고의 미덕이다. 그렇기 때문에 민중 정부가 필요하고, 아무리 선량한 군주가 다스린다고 하더라도 최고의 정치 체제가 될 수 없다.

그는 전체 인민에 의한 전체 인민의 통치가 진정한 민주정이라고 보지만, 아주 작은 마을 규모의 공동체가 아니라면 사소한 공무를 제외하고는 모두가 개인적으로 몸소 통치에 참여하기란 불가능하다고 주장하면서 대의제만이 완벽한 정부의 이상형이라고 한다. 하지만 대의제가 진정한 민주정이 되기 위해서는 이 대의제가 전체 인민을 대의하는 대의제여야만 한다. 즉, 실질적으로 전체 인민이 대의되는 방식으로 간접적이나마 통치에 참여하는 전체 인민의 정부가 진정한 민주정이라고 보았다. 이에 반하여 전체가 아닌 다수의 인민만이 대의되어 통치를 하는 전체 인민의 정부는 가짜 민주정이라고 주장한다.

이렇게 밀은 진짜 민주정 혹은 순수한 민주정과 가짜 민주정을 구분하고 있는데, 이것은 우리가 쉽게 오해할 수 있는 것처럼 직접 민주정과 간접 민주정의 구분을 의미하지 않는다. 밀의 진짜와 가짜의 구분은 대의 민주정에서 대의되는 방식의 차이에 관한 것뿐이다. 그리하여 대의 민주정에서 대의가 단순히 다수의 의지만을 대의한다면 그것은 가짜 민주정이고, 다수만이 아니라 소수도 대의되어 결과적으로 다수와 소수 전체가 대의될 수 있다면 이것이야말로 진정한 민주정이다. 결과적으로, 밀에게 오면 민주정이 진짜인가 가짜인가의 문제는 실질적으로 어떻게 입법 기관이 인민을 대의하도록 하느냐의 문제로 전락하게 된다. 구체적으로 밀은 의회 선거에서 선거구의 다수가 의석을 독점하고 소수는 대표되지 못하는 영국식 선거 제도에 대해 상당히 부정적이다. 그리하여 자신이 진정한 민주정이라고 말하는 정부를 구현하기 위해 그는 참정권을 확대하고 비례대표를 통해 소수세력이 의회에 온전히 대표되어야 한다고 역설한다.

하지만 고대 그리스 철학자들이 공직 담당을 정치 참여로 규정하고 개개인의 공직 수행 기회를 보장하기 위하여 추첨제를 동원한 것과 달리, 그는 선거가 아니라 임명이나 시험 등으로 사법부와 행정부 집행관들(functionaries)을 전체 선거권자 중 일부로 채우는 것을 고전적 참여의 원칙과 모순된다고 보지 않는다. 그리하여 밀은 하위 행정관들만이 아니라 심지어 고위 행정관들도 진정한 민주정을 위해서 굳이 인민이 직접이나 간접적으로 선출하지 않아도 된다고 본다. 그의 말을 직접 인용하면, "민중 헌정(popular constitution)에서 좋은 정부의 가장 중요한 원칙 중 하나는 어떠한 행정부 집행관들(executive functionaries)도 인민이 직접 투표하거나 그들 대의원의 투표에 의해 민선으로 임명되어서는 안 된다는 것이다(Mill 1991, 398)." 밀은 또한 모든 공무원 중에서 특히 사법부 공무원들의 임용에 인민의 참정권이 개입되어서는 안 된다고 본다. 그가 보기에, 대중의 판단력은 이들 공무원에게 필요한 전문성과 업무적인 자질을 따라갈 수 없다. 그뿐만 아니라 사법부가 절대적인 공정성을 확보하고 정치인들과 엮이지 않도록 하기 위해서라도 대중이 선거를 통해 사법부 업무에 개입해서는 안 된다.

밀이 다수에 의한 통치와 명확히 구분하여 모두에 의한 민주정(democracy by all) 개념을 제시하였음에도 불구하고, 이것이 왜 대의제와 아무런 충돌 없이 양립 가능하다고 보았는지 의문으로 남는다. 그는 오로지 규모에 따른 차이에 기반하여 민주정과 대의정을 구분한 페인의 기본적인 인식을 계승하고 있지만, 그와 달리 대의제를 잘 제도화한다면 그것은 진정한 민주정이 될 수 있다고 보았다. 하지만 이것은 루소나 다른 사상가들이 규모가 큰 정치 체제에서 소수의 사람들에게 권력을 위임하는 경우 즉시 민주정이 아니라 다른 정치 체제로 변질된다고 본 것과 상치된다. 페인은 선거를 통한 대의 정부를 옹호하기 위해 세습과 비세습 체제를 구분하고 세습 군주의 예측 불가능한 무능력을 문제 삼았지만, 밀의 경우는 대의제를 변호하기 위해 1인 독재정인 군주정에서 군주를 제외한 다른 사람들의 정치 참여가 배제되는 것을 문제 삼고 있다. 하지만 밀의 이러한 군주정의 비판 논리를 받아들인다고 하더라도 우리는 여전히 왜 대의정을 수용해야 하는지 의문이 들지 않을 수 없다. 왜냐하면 그는 광대한 인구를 대상으로 하는 대의정이 왜 소규모 인구를 대상으로 하는 민중 정부가 누리는 인민의 정치 참여 미덕을 계승하는지를 자세히 설명하지 않기 때문이다. 가장 이상적인 정부에 관한 논의를 보면 인민의 참여와 자치를 기본으로 하는 민중 정부에 대한 옹호 논리만 존재하며, 대의정이 가장 이상적이라고 보는 근거로 그가 제시한 것은 인구의 규모 이외에 어떤 것도 없다. 그리하여 그는 민주정의 핵심인 개개인의 정치 참여와 대의제가 어떻게 병존 가능한지 설명하지 않고 있다.

극단적으로 볼 때 한 명이 대의하는 체제라고 할 수 있는 군주정을 논외로 한다면, 아마도 이것은 대의에서 중요한 문제가 누가 대의하느냐보다 누구를 대의하느냐의 문제라고 보았기 때문일 수 있다. 그리하여 그는 소수가 대의하는 것이 어쩌면 당연한 것이고 다만 누구를 대의하느냐에 따라서 완벽한 정부가 될 수도 있고 아닐 수도 있다고 보는 것 같다. 그의 기준으로 보면, 소수의 대의원이 전체 시민 중 소수를 대의하면 아예 민주정이 아니며 이들이 전체 시민 중 다수를 대의하면 가짜 민주정이고 이들이 전체를 대의할 때만 진정한 민주정이다. 하지만 대의할 때 다수만이 아니라 소수도 같이 대의한다고 하여 대의 자체가 갖는 문제가 해결되는 것은 아니다. 여전히 시민 대다수는 밀이 그토록 중요하다고 본 정치 참여로 인한 자기 발전의 기회를 누리지 못한다.

슘페터: 경쟁적인 권력 투쟁이 곧 민주정

민주 개념의 근대사는 홉스의 대의 개념의 탄생으로 시작되어 밀의 사상, 제대로 제도화된 대의제가 진정한 민주정이라는 사고로 마무리된다. 하지만 이러한 근대적인 민주 개념도 여전히 오늘날 민주 개념과 완전히 일치하지 않는다. 근대적인 민주 개념이 가진 문제점을 가장 예리하게 지적하고 오늘날 민주 개념의 새로운 초석을 놓은 인물이 바로 조셉 슘페터(Joseph Schumpeter)이다. 그의 문제의식은 마르크스주의 혹은 사회주의 비판에서 시작된다. 마르크스주의자들은 기존의 민주주의를 부르주아 민주주의라고 비난하고 자신들이 추구하는 민주주의가 진정한 민주주의라고 주장한다. 이 마르크스 민주주의의 핵심이 생산수단에 대한 자본가들의 독점을 타도하는 프롤레타리아 독재인데 여기서 독재와 민주주의가 아이러니하게도 같이 가게 된다. 이러한 민주주의 인식은 소수 부르주아 이익이 아니라 다수의 노동계급 이익을 대변하는 것이 진정한 민주주의라고 본다면 충분히 이해할 만하다. 이러한 사회주의자들의 주장에 대해서 슘페터는 사회주의의 비민주성을 들어 비판하고 있다. 우선 그는 사회주의

자들은 체제 이행기에 자신들의 이념을 실현하기 위해서 비민주적 폭력 행사를 기꺼이 용인한다고 비판한다. 또한 그는 현실적으로 존재하는 사회주의 체제인 구소련의 볼셰비키 일당 독점 체제가 비민주적으로 운영된다고 비판한다(Schumpeter 1975, 235-240).

이러한 사회주의의 비민주성에 대한 비판은 민주정에 대한 슘페터의 새로운 정의를 전제로 하고 있다. 그의 민주정에 대한 정의는 폭력적 수단으로라도 다수 계급의 이익을 관철하려는 좌파들보다 대의 민주주의 이론을 펴는 우파들의 비판에서 더욱 선명하게 드러난다. 그가 비판의 주요 대상으로 삼았던 우파 이론은 인민이 자신들의 대표를 선출해 원하는 바를 실행하도록 함으로써 결국 공공선이 실현된다는 18세기 민주주의 정치철학이다(Schumpeter 1975, 250). 이러한 우파 사상의 한 예가 공공선을 최대 다수의 최대 행복으로 해석하는 밀의 공리주의이다. 슘페터는 이러한 18세기 민주주의 사상의 핵심 개념으로 대의와 공공선(혹은 인민의 의지)을 꼽고 있다. 우선 공공선 개념과 관련해, 그는 공공선, 일반 의지 혹은 인민의 의지라는 것이 존재하지 않으며, 따라서 이것을 대의하는 것이 불가능하다는 논지를 편다. 그에 따르면, 인민의 의지라는 것은 다수의 노동계급 이익이든 최대 다수의 최대 이익이든 언제나 분파적 이익에 불과하며 전체 인민의 의지가 될 수 없다. 또한, 비록 인민이 원하는 바가 있다고 하더라도 그것은 역사적으로 민주정이 아니라 다른 정치 체제에서 더 잘 실현되어왔다고 주장한다. 따라서 민주정은 공공선의 실현을 목적으로 삼지 않으며 그것을 실현하는 적절한 도구도 아니다. 결과적으로 민주정을 정의하기 위해 인민의 복지 구현 혹은 공공선의 실현이라는 문구는 필요하지 않다.

다음으로 대의 혹은 대표 개념과 관련하여, 그는 인민이 스스로 원하는 것이 분명히 먼저 있고 자신이 선발한 대표자들을 통해 이것을 나중에 실현한다고 생각하면 대표자들의 정치적 역할이 너무 피동적으로만 묘사된다고 비판한다. 즉, 그런 사고 틀 속에서 대표자들은 단순히 인민이 원하는 바를 정책으로 옮기는 역할만 수행하게 된다. 이 결과 18세기 고전적 민주주의 이론에서는 정치 지도자의 주도권을 인정하는 리더십 개념을 찾아볼 수 없다고 비판한다.

간단히 말하면, 슘페터는 인민의 의지가 존재하지 않으며 정치 지도자들이 이렇게 존재하지도 않는 것을 파악하여 대변한다는 주장이 허구에 불과하다고 비판한다. 이 결과 그는 18세기 민주주의 정의에서 일반 의지의 실현이라는 정치적 목표를 제거하는 대신에, 민주정을 정치적 결정을 내리는 수단으로 재정의한다. 이 과정에서 그는 민주정이란 정치 지도자들이 인민의 표를 두고 경쟁함으로써 최종적인 결정권을 누가 행사할 것인가를 정하는 방법이라고 정의한다. 따라서 민주정은 근원적 권력인 주권이 1인, 소수, 혹은 전체에 있느냐의 문제가 아니며, 그 주권을 실현하는 방식의 문제도 아니다. 그것은 정치적 이슈와 관련하여 최종적인 결정을 실제로 내리는 자들을 선발하는 방식을 규정하는 것이다. 민주정은 인민이 주권체로서 대의원을 통해 궁극적 결정을 내리는 것이 아니라, 최종적인 정치 결정을 내리는 사람들을 인민이 직접적으로나 간접적으로 선발하는 방식이다(Schumpeter 1975, 269).

슘페터의 새로운 민주정 정의에는 크게 네 가지 특징이 있다. 첫째, 이 정의에서는 인민이 대의원을 통해서 결정을 내린다는 대의 민주주의의 개념과 다르게, 결정을 내리는 자가 인민이 아니라 선발된 자들이라는 것을 분명히 하고 있다. 둘째, 여기서 선발의 기준은 인민의 표이다. 누가 인민을 잘 대의하느냐가 중요한 것이 아니라 누가 인민의 표를 많이 가져가느냐가 중요하다. 다른 식으로 말하면, 권력자가 인민을 대의한다고 주장하는 것이 중요한 것이 아니라 그것이 대의이든 아니든 표를 통해 권력을 잡는 것이 중요하다. 셋째, 이러한 정의에서는 인민의 표를 단순히 많이 가져가는 것이 아니라 경쟁을 통해 가져가야 한다. 마지막으로, 이 민주정에서 인민의 역할은 표를 통한 경쟁이 종료되면 사라진다. 경쟁에서 이긴 지도자가 어떻게 정치를 하든 선거 이후 인민이 정치에 간섭할 공간은 존재하지 않는다. 이것은 인민의 의지가 선거 이후에도 끊임없이 정치 지도자들의 행동지침 역할을 한다고 보는 기존의 대의 개념과 상반된다.

이러한 슘페터의 재정의에서 가장 돋보이는 것은 경쟁 개념의 도입이다. 경제학자답게 그는 그동안 어느 누구도 정치 체제를 정의할 때 사용하지 않았던 자본주의의 경쟁 개념을 정치 체제의 정의에 사용하고 있다. 그는 정치 지도자들이 인민의 표를 두고 경쟁하는 시스템이 바로 민주정이라고 말한다. 권력에 접근하는 방법은 여러 가지가 있다. 그중에 쿠데타나 사회주의 혁명 방식을 통해 권력을 장악한다면 민주정이 아니다. 민주정은 인민의 표를 두고 경쟁하는 비폭력적인 행위에 기반해야 한다. 그리고 만약에 경쟁을 하더라도 선거에서 인민의 표를 두고 경쟁을 하는 것이어야만 민주정이다. 그렇지 않고, 1인 독재자의 뒤를 이어 권력을 승계하려는 자들이 그의 내심을 두고 경쟁한다면 이것은 민주정이 아니다. 또한, 투표를 통해 지도자를 선발하더라도, 정치 지도자들이 볼셰비키 정당체제처럼 한 명의 후보를 내세우고 경쟁 없이 선거를 치른다면 이 역시 민주정이 아니다. 그리하여 슘페터는 민주정을 정의할 때 경쟁 개념을 최초로 도입함으로써, 무엇보다 대의 민주정 개념으로는 그동안 비판하기 어려웠던 공산당 독재체제를 민주정의 범주에서 제외할 수 있는 이론적 기초를 놓았다.

또한, 그는 이 경쟁 개념을 통해 18세기 우파 민주주의 개념이 지니고 있던 기본 전제를 비판할 수 있었다. 민주정이 되기 위해서 한 명이 아니라 여러 명의 지도자가 경쟁할 필요가 있다는 것은 대의해야 하는 인민의 의지가 단일하지 않다는 것, 즉 다양하다는 것을 전제로 한다. 인민의 의지가 단 하나 있다면 그를 두고 정치 지도자들이 후보 단일화가 도저히 불가할 정도로 이질적으로 갈라서서 다툴 이유가 없다. 오로지 하나밖에 없는 인민의 의지를 누가 얼마나 효율적으로 대변하느냐의 문제에 불과하기 때문이다. 실질적 경쟁이 존재한다는 것은 정치가 단일한 인민의 의지를 얼마나 효율적으로 대변하느냐의 문제가 아니라는 것을 시사한다. 즉, 정치적 지도자들이 서로 근원적으로 합의할 수 없을 정도로 이질적으로 인민의 의지를 해석한다는 것을 전제로 한다.

심지어 이 경쟁 개념은 인민이 뭔가를 원해서 정치 지도자에게 그것을 행하도록 지시한다고 가정하지 않아도 된다. 경쟁하는 지도자들은 인민 스스로가 뭘 원하는지 몰라도 그들이 잠재적으로 원할 수 있는 바를 정치적 이슈로 조목화해(articulate) 정치 영역으로 끌어들일 수도 있다. 이것은 정치 지도자가 기존에 이미 저 어딘가에 명백히 존재하는 인민의 의사를 대변한다고 가정하는 것과 차원이 다르다. 이러한 조목화 작업에는 정치적 지도자 자신의 창의적인 해석과 이것을 정치 이슈화하는 지도력이 추가로 필요하다.

마지막으로 혹자는 인민의 표를 두고 경쟁하는 것이 인민의 의지를 대변하는 노력이 아닌가, 혹은 인민이 원하는 것을 대변해 주고 표를 받는 행위 자체가 바로 대의 행위가 아닌가 반문할 수 있다. 그리하여 슘페터의 민주주의 이론도 대의 민주주의 이론과 별반 다를 바가 없다고 볼지 모른다. 하지만 인민의 의지를 대의하는 것과 지도자들이 인민의 표를 얻으려고 하는 것은 같은 것이 아니다. 이 둘은 중첩되는 면이 없지 않지만 동일한 것이 아니다. 표를 얻는 행위는 인민 전체가 원하는 것이 이미 단일하게 있다는 것을 전제로 하지 않는다. '최대 다수의 표'가 곧 '최대 다수의 최대 행복'이거나 '인민의 의지'와 일치하지 않을 수 있다. 즉, 최대 다수의 최대 행복이 반드시 최대 다수의 투표자 개개인이 원하는 것과 같지 않을 수 있다. 또한 득표 행위는 인민을 구성하는 개개인들이 스스로 뭘 원하는지 분명히 안다는 것을 전제로 하지 않는다. 앞서 강조했듯이, 인민의 표를 얻기 위해 정치 지도자는 여론을 새롭게 조성할 수도 있고 조작할 수도 있다. 이렇다고 해서 슘페터가 정의한 민주정이 안 되는 것은 아니다. 그의 민주정에서 중요한 것은 인민 집단이나 인민 개개인이 무엇을 원하는지, 원하는 것이 있는지 없는지, 혹은 그것을 제대로 반영하는지가 아니라, 표를 얻는 행위 그 자체이다.

결론

지금까지 서양 근대 민주주의 개념의 핵심을 이루는 대의와 경쟁 개념을 살펴보았다. 그 이전과 다른 근대적 민주 개념은 정치 체제의 정의에 대의 개념이 새로이 편입되면서 등장한다. 이러한 작업을 한 인물이 바로 홉스이다. 그래서 우리는 『서양 민주 개념 통사: 근현대편』의 시작을 홉스에서 출발하였다. 홉스는 자연인 개개인이 자신의 권력을 위임하는 과정을 통해 정치 공동체와 동시에 구체적인 형태의 정부도 탄생한다고 주장한다. 이러한 위임의 철회는 곧 정치 공동체의 해체를 의미하기 때문에 자연 상태로의 회귀를 전제로 하지 않는 이상 불가능하다. 그리고 이러한 정부가, 혹은 권력의 위임으로 탄생한 인위적인 인격체가 자연인을 대표하기 때문에 모든 정부는 대의 정부이다. 그리고 이러한 대의 정부의 한 종류가 민주정 혹은 민주 공동체일 뿐이다. 민주정을 포함한 모든 정부는 결과적으로 자연인 개개인을 대표하는 것이며 자연인 집단 전체를 대표하지 않는다. 민주정은 자연인 전부가 주권을 행사하는 회합체에 참여할 권리를 가지고 있는 정치 체제이고 이 회합체가 곧 인민의 회합체이다. 다시 말하면, 피지배자 혹은 백성(subject)은 모든 정부에 존재하지만, 하나의 인격체로서의 인민(people)은 민주정에서만 존재하는 것이다. 그리고 이들 회합체의 의사 결정은 다른 다수의 집합체처럼 하나의 인격체로 행동하는 이상 다수결(the great part)로 결정한다.

홉스에 이어서 대의 개념을 더욱 발전시킨 로크는 자연인 개개인이 권한의 위임을 통해 만드는 것은 정치 공동체일 뿐이고 정부가 아니라고 본다. 로크에게도 정부는 대의 정부이지만, 그는 이 정부에게 권한을 위임한 자가 자연인 개개인이 아니라, 정치 공동체의 다수라고 주장한다. 그리하여 그는 이른바 2단계 위임론 혹은 대의론을 제시하고 있다. 첫 단계에서는 정치 공동체를 만들기 위해서 자연인 개개인이 앞으로 공동체를 구성할 다수에게 권한을 위임한다. 이 결과 이 다수가 공동체 전체를 대의하여 행동하게 되는데, 이들이 곧 인민이다. 두 번째 단계에서는 공동체의 전권을 위임받은 이 다수가 직접 통치하는 경우, 즉 입법을 스스로 하는 경우 민주정이 만들어지고, 이 다수가 통치 행위를 소수에게 위임한다면 과두정이 수립되며, 1인에게 위임한다면 군주정이 탄생된다. 이러한 위임을 뒤섞어서 한다면 혼합 정부가 나온다. 이 두 번째 단계에서 민주정을 제외한 모든 정부는 다수의 위임을 받은 대의 정부이다. 오로지 민주정만이 다수가 직접 통치하는 체제이다. 그 결과 정치 공동체와 정부는 분리되기 때문에 정부의 붕괴가 곧 정치 공동체의 붕괴는 아니다. 그리하여 인민은 자신이 위임한 권한을 철회하더라도 여전히 자연 상태로 바로 회귀하지 않는다. 다시 말하면 로크에게 인민은 파생적인 인격체인 정부 이전에 존재하는 인위적인 인격체이다.

다른 사상가들과 달리 몽테스키외는 자신만의 대의 이론을 지니고 있지 않다. 그는 민주정 내에서 인민이 입법권을 제외한 다른 권한을 위임할 수 있다고 보지만 이것은 그에게 정치 체제의 변화를 가져오는 문제가 아니다. 또한 그는 자유로운 정부 이론에서 권력의 분리와 상호 견제를 논하지만, 이렇게 분리된 권력 간에는 권력의 위임이 보이지 않는다. 이미 별도로 존재하는 사회 세력 간 권력의 분배만 존재할 뿐이다. 몽테스키외의 경우, 추상적인 권력체에 의한 권한의 위임을 통해 새로운 파생 권력이 나오는 것이 아니다.

루소는 지금까지 사상가 중에 인민, 주권, 정치 공동체, 국가, 정부 등의 관계를 가장 분명히 정리한 인물이다. 그는 우선 자연인 개개인이 자신의 권한을 양도하여 일반 의지 혹은 주권을 가진 정치 공동체를 만들고 이렇게 탄생한 인민이 정치 공동체의 법을 만들며, 이러한 입법 권한은 위임될 수 있는 권한이 아니라고 주장한다. 이것이 로크와 가장 크게 차이가 나는 부분이다. 로크와 달리 그는 인민이 입법 권한을 위임하지 않고도 정부가 만들어질 수 있다고 하는데, 이것은 그가 입법과 행정을 개념적으로 완벽히 분리하였기 때문에 가능하다. 즉, 그는 로크와 달리 입법권은 어떤 정부에서든 일반 의지의 반영이고 언제나 전체 인민이 행사해야 하므로 위임이 안 된다고 주장한다. 하지만 제정된 법을 구체적인 상황에 적용하여 실행하는 권한인 행정권 혹은 집행권은 얼마든지 위임이 된다. 그리고 바로 이러한 인민에 의한 행정권의 위임을 통해 비로소 정부가 만들어지는 것이다. 그리하여 루소에게는 모든 정부가 인민의 위임에 의해서 탄생한 대의 정부이다. 민주정조차도 전체 인민의 위임을 받아서 전체 인민의 절반 이상이 집행권을 행사하도록 하는 일종의 대의 정부이다. 따라서 그에게는 전체 인민이 입법과 행정을 동시에 하는 극단적이고 비현실적인 종류의 민주정을 제외하고 다른 종류의 민주정을 포함하여 모든 정부가 대의 정부이다. 그리고 루소의 정부는 입법을 최종 승인하거나 법안을 작성할 권한이 없다. 그의 이러한 생각은 로크가 정부의 기본적인 기능을 입법이라고 본 것과 차이가 난다.

행정과 입법의 엄격한 분리 개념과 대의 개념을 하나의 용어로 통합한 인물이 바로 칸트이다. 그는 지금까지 공화라는 개념을 정치 공동체 일반을 가리키는 말로 사용하던 관례를 깨고 특정 형태의 통치 방식으로 규정한다. 이러한 공화는 입법권을 가진 자가 행정까지 도맡아서 하는 통치 방식인 전제주의 혹은 독재주의(despotism)에 반하는 개념이다. 이렇게 칸트에 의하여 주권 행사의 주체인 민주 개념과 주권의 행사 방식인 공화 개념이 분리되기 시작하고 오늘날 민주와 공화 간 개념적 혼란의 씨앗이 뿌려지게 된다. 또한, 공화 개념을 대의제도와 연결하여 이해하는 방식의 단초도 칸트가 제공한다. 칸트에 와서, 어떤 정치 체제든 담을 수 있었던 공화 개념이 특정 형태의 정치 체제만 담을 수 있는 공화 개념으로 변질되고, 이 공화 개념에 인민을 대의하는 행정부의 의미가 추가된다. 물론 그 이전에 몽테스키외 역시 민주와 공화를 분리하여 다른 의미로 사용하고 있지만, 이 분리는 완전한 분리가 아니었다. 왜냐하면 몽테스키외의 민주는 공화의 일부로 여전히 남아있었기 때문이다.

칸트에 이어서 매디슨 역시 민주와 공화를 구분하여 사용하고 있고 공화 개념에 대의를 내포하는 식으로 규정하고 있다. 하지만 그의 공화 개념은 입법부와 행정부의 분리보다는 대의 개념에 더 많은 비중을 두고 있다. 행정부의 대의 체제를 강조하는 칸트와 달리 그가 말하는 공화정은 입법부의 대의 체제를 의미한다. 그에 따르면, 행정 시스템은 작은 공동체에 적합한 민주정에서조차 언제나 대의 체제일 수밖에 없다. 따라서 당연히 큰 공동체에서는 행정이 대의 체제를 이룰 수밖에 없다. 다만 공화정이 민주정과 다른 점은 입법조차 인민이 직접 하는 것이 아니라 대의 체제로 이루어진다는 것이다. 그리고 이러한 민주정과 공화정은 둘 다 이른바 민중 정부의 한 종류이다. 이러한 구분은, 입법부에 국한해서 볼 때, 오늘날 말하는 간접 민주정과 직접 민주정의 구분과 일치한다. 즉, 오늘날의 용어로 말하면, 매디슨의 민주정은 직접 민주정을, 공화정은 간접 민주정을, 민중 정부는 단순히 민주정을 가리키는 것이다.

매디슨과 비슷한 시기에 활동한 페인은 외국인이지만 초창기 미국의 정치과정에 많은 영향력을 미친 인물이다. 그 역시 대의 체제를 강조하고 있다. 그에 따르면, 정부에는 인간의 권리에 기반한 정부와 그렇지 않은 정부가 있는데 모든 세습 정부는 인간의 권리에 기반한 정부가 아니다. 왕정과 귀족정은 이런 범주에 속한다. 반면에 고대 그리스 민주정과 근대에 와서 새롭게 등장한 대의 정부는 인간의 권리에 기반한 정부이다. 그 중 인간의 권리에 기반한 이 근대적 정부는 세습 체제가 아니라 선거를 통한 대의 체제이다. 결과적으로 대의는 이제 선거와 분리 불가분의 관계에 놓이게 된다. 고대 그리스에서 선거는 뛰어난 엘리트에 의한 정치를 의미하는 귀족정과 밀접하게 연관되었는데 페인에 와서는 선거가 귀족정과 분리된다. 이 결과 귀족정이냐 왕정이냐 민주정이냐를 따지는 고대의 분류법이 폐기되고, 선거를 통한 대의 정부 개념이 세습 정부의 반대 개념으로 정착하게 된다. 여기서 민주정은 고대에 존재한 정부 형태로, 권리가 없는 무능력한 사람들이 태생만으로 정권을 잡는 정치 체제와 반대되는 정부로 규정된다.

민주정은 2차 세계대전 이후 슘페터에 와서 고대의 규정이나 그때까지의 근대적인 규정에서 찾아볼 수 없는 완전히 새로운 개념을 내포하게 되는데, 그것은 경쟁 개념이다. 그에 의해 민주정은 기본적으로 정치 엘리트 간의 내부적 경쟁을 통한 권력 장악 방식으로 규정된다. 이러한 새로운 규정은 주권의 주체나 주권의 행사 방식과도 무관하며, 대의 개념과도 사실상 별반 관계가 없다. 또한, 민주정 여부를 판별하기 위해 인민의 의사나 일반 의지를 운운할 필요도 없다. 이렇게 완전히 새로운 규정을 통해 민주정은 이제 좌파의 프롤레타리아 독재 개념과도 무관하게 되고, 우파가 제시한 인민의 대의 정부 개념과도 단절되어 버린다. 정치 체제를 민주정으로 규정하는 데에 오로지 필요한 것은 인민의 표를 두고 경쟁하는 권력 투쟁이다. 그리하여 단일 정당 체제나 군사 독재 정부나 세습 정부나 엘리트 내부의 호선 제도 등은 전부 다 민주정이 아니게 된다. 따라서 당연히 세습 왕정이나 귀족정은 민주정이 아니다. 노동 대중을 대의한다는 레닌식 공산주의 정당 체제도 민주정과 거리가 멀다. 다시 말하면, 이 경쟁 개념 하나로 전근대적인 정부나 근대적인 대의 정부 개념 그리고 현대의 명목상 선거를 통한 레닌식 공산주의 정당체제를 민주정에서 일거에 퇴출시켜 버린 것이다. 궁극적으로 슘페터의 경쟁 개념은 오늘날 비교정치론에서 선거에서의 다당제를 민주정의 핵심 요소로 정의하는 데 중요한 이론적 초석이 되었다.

제7장

서양 고전으로 본 오늘날 한국 정치 체제: 결론에 대신하여

제 7 장

서양 고전으로 본 오늘날 한국 정치 체제: 결론에 대신하여

서론

지금까지 『서양 민주 개념 통사』의 고대편과 근현대편 두 권의 저술을 통해, 헤로도토스의 『역사』에서 출발하여 슘페터의 『자본주의, 사회주의 그리고 민주주의』에 이르기까지 서양 고전에 등장하는 민주 개념을 살펴보았다. 이 장에서는 이러한 민주 개념들을 가지고 오늘날 대한민국의 정치 체제에 대한 평가를 시도해 보고자 한다. 이렇게 서양 사상가들의 눈을 통해 오늘날 대한민국 정치 체제를 평가함으로써, 우리는 이들의 민주 개념을 보다 실감나게 이해하는 동시에, 오늘날 우리 정치 체제를 새로운 시각으로 조망할 수 있을 것이다.

모든 개념은 역사적이다. 즉, 그 어떤 단어도 통시적으로 동일한 의미로 사용되기 어렵다. 당장 서양 문물이 들어오기 이전 동양에서는 민주라는 단어 자체가 민의 주인인 군주를 의미하였다(최정욱 2009). 그런데 지금은 동일한 단어가 정반대로 민이 주인이라는 의미로 통용된다. 마찬가지로 서양의 'democracy' 단어 역시 1차 세계대전 이전까지는 대체로 매우 부정적인 의미로 통용되었고 기피 대상으로 치부되었다. 그런데 지금은 반민주주의자라는 딱지가 오명이 아닌가? 또한 헤로도토스의 『역사』에서 보듯이 다수정을 칭하는 태초의 이름은 데모크라티아가 아니라 이소노미아, 즉 평등이었다(최정욱 2024, 6). 이것이 추후 데모크라티아라는 명칭으로 변경되었다. 그 이후에는 추가로 명칭이 변경되지 않았지만, 그 단어가 의미하는 바는 세월의 흐름에 따라 변해왔다.

'democracy' 개념의 역사성을 전제로 하여 이 장은 6.25 전쟁 이전 서양 정치 사상가들의 눈을 통해 오늘날 대한민국의 정치 체제가 과연 민주주의인지 검토해 보고자 한다. 지금 대한민국의 정치 체제가 민주주의가 아니라고 주장한다면 모두 의아해할 것이다. 하지만 우리가 알고 있는 대다수의 서양 사상가들이 사용한 그 의미 그대로 현재의 대한민국을 평가할 때 우리나라 정치 체제는 결코 'democracy'가 아닌 것으로 결판난다. 이것은 인류 최초의 'democracy'가 꽃피었다고 하는 고대 그리스 정치를 논한 아리스토텔레스나 우리가 근대 서양 민주주의 사상가라고 칭송하는 존 로크의 눈으로 보아도 마찬가지다. 이 장은 서양을 대표하는 몇몇 고대와 근현대 정치 사상가들의 시각을 빌려서 우리가 얼마나 현대판 동굴의 우상 속에 갇혀 있는가를 한번 반추해 보고자 한다.

우선 우리가 최소한 전제로 삼고 시작하고자 하는 것은 'democracy'가 이념이 아니라 단지 정치를 하는 한 가지 방식에 불과하다는 점이다. 이것이 의미하는 바는 'democracy'를 이데올로기로 정의하거나 자유와 평등과 같은 어떤 가치와 결부시키지 않는다는 의미이다. 이러한 가치 체계로서의 'democracy'에 대한 인식은 역사적 뿌리가 매우 깊다. 플라톤은 'democracy'가 자유 방임과 철저한 평등 체제라고 비난하였고 페리클레스의 장례식 송사도 'democracy'

의 특성으로 자유와 평등을 꼽고 있다. 하지만 이러한 글들은 정치 체제로서의 'democracy'에 대한 체계적인 분류에서 출발한 것이 아니라 민주주의 사회가 보여주고 있는 특성을 좋은 쪽이든 나쁜 쪽이든, 때로는 과장하거나 때로는 있는 그대로 열거하고 있을 뿐이다. 우리가 이 장에서 논의하고자 하는 'democracy'는 이념이나 정치 지향점이 아니라 정치를 하는 하나의 틀에 불과하다. 이런 면에서 그것은 정치 체제 개념으로 이해할 수 있다. 정치 체제를 규정하는 데 가장 중요한 것은 권력의 행사 주체와 행사 방식 및 권력의 행사 범위에 관한 규정이다. 그리하여 정치 체제로서 'democracy'를 정의하기 위해서는 누가 무엇을 어떻게 하는 것이 'democracy'인지 규정되어야 한다. 이것을 전제로 하여 이제부터 『서양 민주 개념 통사』 두 권의 저서에서 다루었던 몇몇 사상가들의 민주 개념을 간단히 재정리하고 이것에 비추어 오늘날 우리나라 정치 체제를 평가하고자 한다. 구체적으로 여기서 다룰 사상가는 아리스토텔레스, 존 로크, 몽테스키외, 루소, 제임스 매디슨, 토마스 페인, 존 스튜어트 밀과 슘페터이다.

아리스토텔레스(기원전 384-322): 대한민국 정부는 민주정이 아니다

우선 아리스토텔레스의 민주정 개념을 이해하기 위해서는 먼저 몇 가지 개념 구분이 필요하다. 어떤 정치 공동체(polis)의 통치 형태를 정치 체제(politeia, polity)라고 하는데, 이것은 시민 주권체(peliteuma, civic body)와 동일하다. 아리스토텔레스는 정치 체제를 규정하기 위해서 누가 시민 주권체에 들어가느냐, 즉 누가 시민인가를 파악하는 것이 중요하다고 본다. 그런데 여기서 그가 말하는 시민이란 공직을 맡은 자를 의미한다. 그에 따르면, 이러한 시민 주권체가 1인으로 구성될 수도 있고 소수로 구성될 수도 있고 다수로 구성될 수도 있다. 즉, 정치 체제의 시민이 1인일 수도 있고 소수일 수도 있고 다수일 수도 있다. 여기서 주의할 점은 어떤 체제도 모두(all)가 시민인 경우가 없다는 것이다.

민주정은 주권을 행사하는 시민이 다수인 정치 체제의 한 종류이다. 이렇게 민주정이 다수가 시민이 되는 정치 체제의 한 종류라고 하는 이유는 다수가 시민이 되는 정치 체제가 하나 더 존재하기 때문이다. 이 또 다른 다수정은 특정한 이름이 없이 그냥 정치 체제(politeia, 폴리테이아)로 불린다. 이 두 가지를 구분하는 기준은 다수가 자신들의 이익을 위해서 통치하느냐, 아니면 다수가 정치 공동체 구성원 전부의 이익(common good)을 위해서 통치하느냐이다. 이것은 아리스토텔레스의 목적론적인 세계관을 반영한 것이다. 그에게 민주정은 시민을 구성하고 있는 다수인 빈민이 자신들의 이익만을 추구하는 나쁜 체제이고 폴리테이아는 시민을 구성하는 다수가 빈민만이 아니라 공동체 구성원 전부의 이익을 위해서 통치하는 좋은 체제이다.

아리스토텔레스의 이러한 민주정 논의에 따르면, 첫째 민주정은 공동체 성원 전부가 시민이 되는 체제가 아니라, 다수가, 특히 빈민이 시민이 되는 체제이다. 또한 이 체제는 이러한 다수가 부자와 빈민을 모두 아우르는 공동체의 이익이 아니라 오로지 빈민의 이익만 추구하는 체제이다. 아리스토텔레스의 체제 구분론에서는 논리적으로 모두가 주권체 시민이 되어 모두의 이익을 위해서 통치하는 체제란 존재하지 않는다.

둘째로 민주정은 좋은 체제가 아니라 나쁜 체제에 속한다. 이것은 다수의 이익이 곧 공익이 아니라는 것을 전제로 한다. 아무리 수가 많다고 하더라도 이 많은 수가 공익을 형성하지 않는다. 다른 식으로 이야기하면 아무리 큰 부분이라고 하더라도 그것이 전체가 되는 것은 아니다.

셋째로 그에게 시민의 개념은 타고나는 것이 아니라 임기 여부와 관계없이 공직을 일시적으로나마 담당하는 사람을 의미한다. 민주정에서는 다수가 이런 의미의 시민이다. 이에 반해 좋은 1인 정치 체제인 왕정은 오로지 왕만이 시민이며 주권체 성원이다. 소수의 사람들이 공직을 맡아 공익을 바라보고 통치하는 귀족정에서는 이 소수만이 시민이다. 군주 1인만의 이익을 도모하는 폭군정과 소수의 집권세력만의 이익을 도모하는 과두정은 각각 군주정과 귀족정에 비해 통치의 목적만 다를 뿐 시민 주권체는 동일하다.

마지막으로, 아리스토텔레스는 처음에 과두정과 민주정을 단순히 통치자의 수와 통치의 목표를 가지고 구분하지만, 나중에 또 다른 체제 구분법을 내놓고 있다. 그것은 단순히 수만이 아니라 빈부의 차이도 동시에 보아야 한다는 것인데, 주권체가 소수이면서 부자인 사람들로 구성된 것이 과두정이고, 시민이 다수이면서 자유인이자 빈민으로 구성된 것이 민주정이라고 재정의하고 있다.

요약하면 아리스토텔레스의 경우 민주정은 다수의 사람이 공직을 맡는 시민이 되어 다수인 빈민의 이익을 위해 주권을 행사하는 정치 체제이다. 이러한 규정에 따라서 오늘날 우리나라를 볼 때, 공직을 맡거나 실질적으로 맡을 기회를 가지고 있는 사람들이 다수가 아니라 소수이고 이들이 적어도 명분상으로는 자신들의 이익이 아니라 공익을 위해서 통치한다고 하니, 대한민국은 귀족정이다. 물론 대한민국에서 주권이 국민 혹은 다수에게 있으니 민주정이라고 할지 모르지만, 아리스토텔레스의 기준으로 보면 대부분 국민은 공직을 담보할 수 없거나, 담보하려고 하지도 않는 단순한 통치 대상에 불과하다. 실질적으로 오늘날 대부분 '시민'은 평생 단 하루도 재판관, 행정관, 또는 의회 구성원이 될 수 없다. 고대 그리스 당시에는 추첨을 통해 시민 중 누구나 일정한 자격만 갖추면 공직을 맡을 수 있었지만, 지금은 추첨이 아니라 귀족정의 기준, 즉 업무 수행 능력(merit)에 따라 공직 담당자를 대부분 선발한다. 이러한 능력에 의한 공직 담임제도는 민주정의 기본 원칙, 즉 시민은 누구나 공직에 참여할 기회를 누려야 한다는 원칙에 반한다. 따라서 현재의 대한민국 정치 체제는 아리스토텔레스의 눈으로 보았을 때 선거나 시험으로 선발된 소수의 시민이 공익을 위해서 혹은 공익을 대변하여 통치한다고 주장하는 체제, 즉 귀족정이거나 귀족정을 지향하는 체제이다.

아리스토텔레스의 기준으로 볼 때, 공직에 참여하지 않는 사람들은 시민이라고 보기 어렵다. 오늘날 많은 사람이 스스로가 시민이라고 생각하지만, 이러한 생각이 정당화되기 위해서는 시민의 의미를 새로이 규정해야만 한다. 이렇게 새롭게 규정된 의미의 시민은 공직에 참여하는 자가 아니라 공직을 누가 맡을 것인지를 두고 규칙을 정하거나 실제로 공직을 맡을 사람을 선정하는 절차에 참여하는 자들이다. 그런데 과연 이러한 기능을 수행하는 자들을 아리스토텔레스가 시민으로 보았을지에 대해 회의적이지 않을 수 없다. 혹자는 비록 공직을 담당하지 않더라도 최종 결정권을 일반 대중이 담보하고 있다면 이들이 시민 주권체라고 주장할지 모른다. 이런 기준으로 본다면, 민주주의에서 누가 공직을 담임하느냐가 중요한 것이 아니다. 대중은 공직을 담임하지 않고도 얼마든지 주권체로서 기능할 수 있다. 일례로 우리는 광화문 광장의 촛불시위를 대중의 주권 행사라고 생각할지 모른다. 하지만 이런 일반적인 관념과는 달리 아리스토텔레스의 경우 시민의 개념은 엄연히 공직 담임을 전제로 한다. 광화문 광장의 대중은 아무리 많더라도 그것은 무리에 불과하며 아리스토텔레스의 시각에서 보면 공직을 수행하고 있는 시민이 아니다.

존 로크(1632-1704): 대한민국 정부는 민주정이 아니다

흔히 근대 민주주의의 발원지라고 부르는 영국에서 활동한 존 로크 역시 오늘날 우리나라에 타임머신을 타고 온다면 왜 이런 나라의 정치 체제를 민주주의라고 부르는지 이해하지 못할 것이다. 로크의 경우 태초에 정치 공동체를 구성하지 않고 개별적으로 자유를 온전히 누리며 살아가던 자연인은 자발적으로 자연적 자유를 포기하고 시민 사회의 굴레에 얽매이기로 하고, 다른 사람들과 힘을 합하여 공동체를 구성하기로 한다. 3인 이상 어떤 수의 사람들도 이러한 공동체, 즉 하나의 정치적 단일체(body politic)를 구성할 수 있고, 이렇게 구성된 정치적 단일체에서는 다수의 목소리가 모든 것을 결정할 권리를 가진다고 한다. 어떤 공동체가 하나의 단체로서 존재하고 그런 단체로서 움직이려면 다수의 의지와 결단이 중요하다. 그는 오로지 이 다수의 의지가 전체의 의지이며 전체를 구속해야 한다고 본다. 그렇지 않다면 태초의 계약은 무산되는 것이며 아예 그러한 사회적 계약 자체가 없는 것이나 마찬가지가 된다. 예외적으로 단순 과반이 아니라 그 이상의 다수결로 결정해야 한다고 명시한 경우가 아니라면, 자연 상태를 벗어나서 하나의 공동체를 만드는 사람들은 사회를 구성하는 목표를 달성하는 데 필요한 모든 권력을 공동체의 다수에게 이전해야만 한다. 그리하여 실제로 정치적 사회를 구성한다는 것은 다수를 형성할 수 있는 어떤 수의 자유인들이 만장일치로 다수가 곧 공동체 전체라고 합의하는 것이다.

자유인들이 모두 다수의 의지대로 움직이기로 합의해 정치적 사회를 구성한 후, 공동체 전체의 권한을 가진 다수가 직접 그 권한을 사용해 법을 만들고 법의 집행은 자신들이 임명한 관료들이 하도록 위임하는 경우, 완벽한 민주정이 수립된다. 그렇지 않고 다수가 법을 만드는 권한을 소수의 선택된 사람들이나 그들의 상속자들이나 계승자들에게 위임한다면 과두정이 만들어진다. 또 다르게 다수가 법을 만드는 권한을 한 명에게 위임한다면 군주정이 수립된다. 마지막으로 이런 방식들을 섞어 입법한다면 혼합 정부가 생기게 된다.

이러한 로크의 주장은 다음과 같이 네 가지로 정리될 수 있다. 첫째, 어떠한 정치 공동체이든 기본적으로 다수의 의견이 지배한다. 일단 자유인이 자연 상태를 포기하고 하나의 사회를 만든다고 할 때, 그것은 다수의 의지를 따르기로 합의하는 것이다. 따라서 다수의 의사는 정치 체제 종류와 무관하게 모든 인간 공동체에 보편적으로 적용되는 지배 원리이다. 다만 이러한 다수가 스스로 법을 만든다고 나선다면 그것은 민주정이고, 이들이 선발한 소수가 다수의 의사를 대신하여 법을 만든다면 그것은 과두정이다. 아리스토텔레스와 마찬가지로 로크 역시 다수를 민주정과 연결하지만, 그와 달리 로크는 이 다수를 정치 체제 구분의 기준이 아니라 체제 이전에 존재하는 공동체 자체의 구성과 결부시키고 있다. 다수의 의사를 인정하지 않는 개인이 존재한다면 그는 이미 하나의 공동체 구성원임을 포기한 것이나 마찬가지다. 민주정이냐 아니냐를 분간하는 일은 공동체를 형성한 이후에 생기는 문제이다. 또한 로크는 아리스토텔레스와 달리 사익과 공익의 추구를 체제 구분의 기준으로 사용하지 않는다. 왜냐하면, 로크에게는 다수의 이익과 구분되는 전체의 이익이나 공공선이란 개념은 의미가 없기 때문이다.

둘째, 법을 누가 만드는지가 민주정을 판별하는 중요한 기준이 된다. 입법을 다수가 직접 하느냐, 소수에게 맡기느냐, 아니면 한 명에게 위임하느냐에 따라서 정치 체제가 나누어진다. 아리스토텔레스와 달리 로크는 공직을 누가 맡는지가 아니라 법을 누가 만드는지를 가지고 체제를 규정한다. 물론 법을 만드는 자리 역시 공직이라고 볼 수 있다. 이렇게 본다면, 로크는 공직 중 특수한 일부의 직을 누가 수행하는지를 두고 체제를 구분한다고 볼 수 있다.

셋째, 시민은 자연 상태를 포기하고 사회 구성원이 되겠다고 서약한 모든 사람이 될 수 있지만, 모든 시민이 중요한 정치 권력인 시원적 권력을 갖지는 않는다. 그중 일부인 다수만이 시원적 권력을 갖는다. 이에 반해 아리스토텔레스의 경우 정치 공동체를 구성한 모두가 시민이 되는 것이 아니고, 공동체 구성원 중 최고의 권력을 가진 자들만이 시민이다. 구체적으로 공직을 차지하는 자들만이 시민이다. 다시 말하면, 아리스토텔레스가 보기에, 최고 권력을 가지지 못하거나 공직을 담당할 수 없는 자는 시민이 아니다.

마지막으로, 정치 체제를 구분하는 데 중요한 것은 행정이 아니라 입법이다. 로크에게 최고의 권력은 법을 만드는 권력이고 그것을 집행하는 것은 부차적인 권한이다. 나중에 다루는 루소에게도 최고의 권력은 입법권력이고 그것을 집행하는 권력은 이로부터 위임받아 생기는 파생적 권력일 뿐이다. 이러한 공통점에도 불구하고 루소는 입법권력을 가지고 정치 체제를 구분하지 않지만 로크는 그렇게 한다. 로크는 루소와 달리 입법권력이 위임되거나 분할될 수 없을 정도로 동질적이며 단일한 것이라고 보지 않는다. 그것은 얼마든지 서로 이질적인 주체에 부여될 수 있으며 다양한 정치 체제를 규정하는 데 사용될 수 있다.

로크의 눈으로 오늘날 대한민국을 평가하면 대한민국의 정치 체제는 민주정이 아니라 과두정이다. 그 이유는 공동체를 구성하는 다수가 법을 만드는 것이 아니라 다수의 이익을 대변하도록 선발된 소수의 사람이 법을 만들기 때문이다. 물론 이들을 선발하는 과정은 다수가 통제한다. 그럼에도 불구하고 법을 만드는 것은 다수로부터 권한을 위임받은 소수 권력자인 국회의원들의 몫이다. 다수가 아무리 어떤 것을 법으로 만들고 싶다 하더라도 그것은 바로 법이 될 수 없다.[62] 그리하여 대한민국은 철저한

62) 국민동의청원제도를 통해 다수가 국회에 청원 형식으로 법안을 제안할 수는 있다. 하지만 최종 법안 제출권은 국회와 정부에게만 있다.

과두정 체제를 지니고 있다. 국회의원들이 다수 시민의 의사를 반영하여 입법하기 때문에 대한민국은 민주 국가라고 항변할지 모르지만, 로크에게는 어불성설이다. 로크에 따르면 정치 지도자들이 다수의 의사를 반영하여 입법하는 것은 당연하고, 이렇다고 해서 민주정이라고 할 수는 없다. 과두정이든 민주정이든 일단 정당한 정치 공동체라면 당연히 다수의 의사가 입법에 중요하기 때문이다. 심지어 군주정도 다수의 의사를 반영하여 입법하는 정치 체제이다. 로크에게는 어떤 정부든 정치 공동체의 존재 이유인 다수의 의사를 대변하고 실현하는 것은 당연하다. 다만 그것을 현실 속에서 구현하는 방법이 체제의 종류에 따라 다를 뿐이다. 우리나라는 다수의 의사를 반영한 법률을 다수가 아니라 그들로부터 권한을 위임받은 소수가 만들기 때문에 민주정이 아니다.

몽테스키외(1689-1755): 대한민국은 민주 공화국을 표방하지만 실질적으로는 아니다

우리가 근대에 서양의 정치 문물을 도입할 때 몽테스키외는 가장 많은 영향을 미친 사상가이다. 실질적으로 헌법 제1조의 민주 공화국이라는 표현 역시 몽테스키외에게서 기원한 것이다. 물론 이 표현이 그로부터 직접 차용되었다는 증거가 없고, 현재 이 구절의 의미가 몽테스키외가 처음에 의미한 것과 동일하다는 보장도 없다. 하지만 그의 사상은 3.1 운동 이후 조소앙이 대한민국 임시 정부의 성격을 민주 공화제로 규정하는 데 큰 영향을 미쳤다(최정욱 2013).

몽테스키외가 민주 공화국이라고 할 때, 이것은 두 가지 의미가 있다. 그중 하나는 1인 통치가 아니라 여러 명이 통치한다는 의미이다. 이것은 민주 공화국에서 '공화국'에 방점을 찍는 의미이다. 또 하나는 귀족 공화국이 아니라는 의미이다. 이 경우는 민주 공화국에서 '민주'에 방점을 찍는 것이다. 몽테스키외의 민주라는 용어를 이해하기 위해서는 공화국의 일부로서 민주를 이해하고 그와 동시에 귀족 공화국과 대조되는 민주 공화국에서의 민주를 이해해야 한다.

우선 몽테스키외가 말하는 공화국의 의미는 비교적 간단하다. 그것은 호칭이 왕이든 아니든 1인이 최고의 통치권을 지니지 않는 것을 의미한다. 따라서 그것은 협치 내지 공치라는 단어로 표현할 수 있다. 실제로 조선 말 근대기에는 이런 용어가 자주 사용되었다. 이런 면에서 민주정 역시 1인 통치가 아니니 공화정임이 분명하다.

다른 한편, 소규모의 사람들이나 일군의 가족들 혹은 귀족 집단이 통치하는 귀족 공화정과 달리 '민주' 공화정에서는 민(people)이 최고의 권력을 지닌다. 따라서 그의 '민주' 공화국을 이해하기 위해서는 이 '민'과 '최고의 권력' 개념을 이해해야 한다. 그런데 그가 말하는 민의 의미는 일관적이지 않다. 『법의 정신』 제2권에서 그것은 귀족을 포함한 전체 시민을 의미하는 반면, 제12권에서는 귀족이나 왕을 제외한 다수의 평민 계층만을 의미한다. 앞의 개념은 단순히 집합 명사로서의 국민과 유사하지만, 뒤의 개념은 국민과 구분되는 오늘날 남한의 계급 개념인 민중에 가깝다.

이렇게 민이 의미하는 바가 일관적이지 않을 뿐만 아니라 그가 말하는 '최고의 권력'도 의미가 불분명하다. 『법의 정신』에서 그는 이 권력의 행사자가 한 명이냐와 그것이 법이나 원칙에 의해 통제되느냐의 문제에만 큰 관심을 두고, 막상 이 권력이 무엇인지를 체계적으로 설명하지 않는다. 이러한 개념적 모호성 때문에 민이 최고의 권력을 행사하는 정부라는 그의 정의만으로는 민주정이 구체적으로 어떤 체제인지 판별하기 쉽지 않다. 따라서 실제로 그의 기준으로 민주정을 판별하기 위해서는, 그가 민주 체제의 속성에서 직접 도출되어 나온다고 보는 체제의 기본법을 파악할 필요가 있다. 그렇다면 민주정에서는 구체적으로 어떤 기본법이 존재하는가? 다른 식으로 말하면 민이 주권체라고 한다면 이에 따라서 직접적으로 파생되는 기본적인 법은 무엇일까?

몽테스키외에 따르면, 민주정에서 주권은 표(votes)로 표현되는 인민의 의지이다. 따라서 여기서 가장 기본이 되는 문제는 투표권을 설정하는 것이다. 즉, 어떻게, 누구에 의해서, 누구를 위해, 어떤 이슈에 관해서 투표해야 하는지를 정하는 것이 근본적인 문제이다. 첫째로, 민주정에서는 민회를 구성하는 시민의 범위를 정해야 한다. 둘째로, 민은 누구를 선출하는 데는 기발한 능력을 발휘하지만 스스로 선출될 정도로 능력이 뛰어나지 않기 때문에 민이 스스로 해결할 수 없는 문제를 처리하기 위해 집행관을 지정해야 한다. 그리하여 민은 원로 회의나 집행위의 구성원과 재판관으로 일할 인물들을 선출해야 한다. 셋째로, 이들의 선출은 선거(by choice)가 아니라 추첨(by lot) 방식으로 이루어진다. 즉, 선거가 아니라 제비뽑기가 민주적인 공직자 선출 방식이고 선거는 귀족적인 선출 방식이다. 넷째로, 투표는 공개 투표여야 한다. 마지막으로 무엇보다 중요한 것은 민주정에서 오로지 민만이 법을 만들어야 한다는 것이다. 비록 원로 회의가 법을 만들지라도 그것이 최종적으로 법으로 확정되려면 민에 의한 승인이 필요하다(Montesquieu 1989, Book 2 Chap. 2, 10-15). 이에 반해 귀족정에서는 소수의 사람이 최고의 권력을 가지고 이들이 법을 만들며 그 집행까지 책임진다.

대한민국의 주권은 국민에게 있고 모든 권력은 국민으로부터 나온다는 우리나라 헌법 구절만 보면, 분명 오늘날 대한민국은 몽테스키외의 공화정이고 그것도 민주 공화정이다. 하지만 민주정의 근본적 작동 원리를 열거한 부분을 읽어보면 대한민국의 정치 체제는 몽테스키외가 말하는 민주정으로 보기 어렵다. 우선 우리나라에서는 민이 공직 참여를 최종적으로 통제하지만 누가 참여할 것인가는 능력으로 결정되며 추첨으로 되지 않는다. 따라서 공무직 담임의 기대확률은 누구나에게나 평등하지 않다. 그리고 무엇보다 법을 만드는 사람들은 민이 아니라 몽테스키외가 말하는 원로 회의에 준하는 의회가 하고 있다. 최종적으로 어떤 법안이 법으로 확정되는 과정에서 민의를 확인하는 절차가 존재하지 않는다. 국회의원들은 태생적으로 귀족은 아니지만 아무나 할 수 있는 자리가 아니며, 선발되는 방식 역시 운이 좌우하는 추첨도 아니다. 따라서 몽테스키외가 대한민국의 정치 체제를 평가한다면, 대한민국이 표방하고 있는 바는 민주 공화국처럼 보이지만 그 작동하는 방식이나 실질적인 내용을 보면 자신이 알고 있는 민주정이 아니라고 할 것이다.

또한, 이와 별개로 대한민국 정부는 엄밀한 의미에서 몽테스키외가 말하는 권력 분리형의 자유주의 정부도 아니며 혼합 정부도 아니다. 기능적 삼권 분리와 그에 기반한 상호 견제만 본다면 대한민국은 권력 분리형의 자유주의 국가이다. 하지만 그가 진정으로 의미하는 권력 분리는 대의제도를 통한 기능의 분리만이 아니라 인적인 분리를 전제로 한다. 따라서 오늘날 대한민국처럼 최고 행정관도 인민이 뽑고 입법 기관의 대의원도 인민이 뽑는 것은 자유를 지향하는 권력 분리 상태가 아니다. 몽테스키외의 시각에서 보면, 그것은 사실상 입법과 행정의 권력이 하나인 것을 의미하고 폭정을 야기할 수 있다. 왜냐하면 기능은 분리되어 있지만 그 기능을 담당하는 사람들을 뽑는 선거인단은 동일하기 때문이다. 입법권력과 행정권력이 동일한 선거인단의 영향력 아래에 놓여 있어 실질적으로 권력이 분리되어 있다고 보기 어렵다. 결과적으로 대한민국 정부는 인적으로 권력 분리가 확립된 혼합형 자유 정부가 아니다.

루소(1712-1778): 대한민국 정부는 민주정이 아니다

로크와 마찬가지로 루소도 태초에 자연 상태를 벗어나 하나의 사회를 만드는 과정은 만장일치에 기반한 사회 계약에 기초하고 있다고 본다. 다만 로크는 다수의 의사를 공동체 전체의 의사로 간주하는 합의가 이 사회 계약의 핵심 내용이라고 보는 반면에, 루소는 이 만장일치에 기반한 태초의 합의를 통해서 나오는 일반 의지를 사회 계약의 핵심으로 본다.[63] 루소에 따르면, 평등한 개개인 모두는 인간 결사체를 만드는 과정에서 자신을 전체에 온전히 투탁하게 되는데, 이 결과 사적인 개인에게는 그 어떠한 권한도 남아 있지 않게 된다.[64] 각자는 일반 의지의 영도 하에 자신과 자신의 힘 전부를 다른 성원들과 공유하게 되며, 전체의 나눌 수 없는 부분이 된다. 이렇게 사적인 개인의 결사체가 하나의 자아, 생명 그리고 의지, 즉 일반 의지를 지닌 공적인 단체인 정치적 단일체(body politic, republic)가 된다.

정치적 단일체에 존재하는 이 일반 의지는 다수의 의지도 아니며 또한 모두의 의지(the will of all)도 아니다.[65] 그것은 정치적 단일체 구성원

---

63) 사회적 유대가 느슨해지고 국가가 쇠퇴하며 사적 이익들이 표출될 때, 일반 의지는 희미해진다. 하지만 이때에도 일반 의지는 여전히 변질되지 않은 채 일정하게 존재하며, 다만 그것을 확인하는 것이 더 힘들 뿐이다. 만장일치에 기반한 태초의 협약을 제외하면 이러한 일반 의지는 다수결로 확인된다. 다시 말하면 루소는 사회에 논쟁과 의견 불일치가 존재할 때 일반 의지의 모든 특성은 다수에게 있다고 주장한다. 일반 의지는 다수의 의지와 다르지만, 결국 그것은 다수의 의지로 확인되는 것이다. 그리하여 일반 의지와 다수의 의지는 수렴한다. 그러나 이렇다고 해도 일반 의지와 다수의 의지는 근원적으로 동일한 것이 아니다.

64) 루소는 이와 상충된 주장도 한다. 그는 주권의 한계에 관한 장에서 주권체의 구성원이 자신의 인격과 재화를 전부 공동체에 투탁하는 것이 아니라 공동체가 공공의 이익을 위해서 필요하다고 판단하여 요청하는 만큼만 양도하는 것으로 이야기한다(Rousseau 1987, Book I2 Chap. 4, 157). 결과적으로 개인은 일반 의지의 일부이기도 하지만, 이와 무관하게 사적 의지를 가진 존재이기도 하다.

65) 하지만 결국 이 일반 의지는 시민 개개인이 투표할 때 다수결에 의해서 확인된다. 다만 이때 투표하는 기준은 '어떤 사안이 과연 본인이 생각하는 일반 의지에 부합하느냐'이지 자신의 사적 이해득실이 아니다.

개개인의 이익이 상쇄되고 남은 것으로서, 구성원 개개인이 충분한 정보를 가지고 상호소통 없이 홀로 고심한다면 항상 도출되는 것이다. 이 과정에서 정치적 단일체 전체보다 적은 중간 단체들이 존재하여 정치적 단일체 구성원이 그 중간 단체의 구성원도 된다면 정치적 단일체의 일반 의지는 그만큼 불투명해진다. 어떤 사회가 공익(public good)을 제대로 도출하려면 오로지 그 사회 자체와 최초의 결사 단위인 개인만 존재하여야 한다. 비록 중간 단체가 수많이 존재하여 서로 간 이익이 절충되어 나온다 해도, 그 결과물이 일반 의지가 될 수는 없다. 또한 특정 중간 단체가 전체의 다수를 이룰 만큼 거대하더라도 이 단체의 의지가 일반 의지와 동일시될 수 없다. 즉, 부분이 아무리 크다고 해도 그것은 부분일 뿐이며 전체는 아니다. 그리하여 보다 큰 부분의 의지가 그보다 작은 부분의 의지보다 더 일반적이라고 말할 수 없다. 이것은 로크가 다수의 의사를 이해하는 방식과 확연히 차이난다.[66] 이러한 루소의 논의는 이른바 사회의 중간 허리로서 시민 단체나 대의 기관으로서 정당의 필요성을 부인하는 것이다.

루소의 일반 의지는 특정 정치 체제와 무관하게 모든 인간 결사체에 기본적으로 존재하는 특성이다. 그것은 민주정의 고유한 속성이 아니다. 일반 의지에 기초한 사회에서 정부나 정치 체제는 행정권 혹은 집행권력과 관련 있을 뿐이다. 루소에게 입법권은 일반 의지의 반영으로서, 정치 체제와 무관하며 언제나 전체 인민(people)에게 있다. 그에게 법은 개인이나 부분이 아니라 항상 전체를 다루는 것이고 특수한 이익을 반영할 수 없다. 비록 루소에게는 법안을 만드는 사람들이 별도로 있을지라도 그 법안이 법이 되려면 인민의 일반 의지와 부합해야만 한다. 따라서 로크와

66) 일반 의지도 결국 다수의 의지로 확인되는 것이지만, 차이점은 이 다수의 의지가 하나의 집단을 형성하는 경우 그것은 일반 의지가 아니라는 것이다. 일반 의지는 어디까지나 개개인의 의사 표현에 기초하고 있어야 한다. 크든 작든 어떤 중간 단체의 의사가 일반 의지를 확인하는 데에 개입되어서는 안 된다.

달리 루소는 입법권을 가지고 정치 체제 혹은 정부를 분류할 수 없다고 본다. 그는 일반적인 법을 특수한 사례에 적용하는 권력인 행정권을 가지고 정부를 분류한다. 정부는 이론적으로 개인과 전체 사이에 존재하는 유일한 중간 단체로서 법을 집행하는 역할을 한다. 이러한 정부는 일반 의지에 의해서 움직이지 아니하며, 그 자체의 집단 이익, 즉 사적인 이익을 가지고 있는 전체의 일부분이다.

루소의 정치 체제는 이렇게 정의한 정부, 즉 행정부를 어떻게 구성하느냐에 따라 구분된다. 더욱 정확하게는 정부의 형태, 즉 정치 체제는 정부를 이루고 있는 구성원들의 상대적 수에 따라서 구분된다. 주권체는 행정권을 전체 인민이나 인민의 대다수에게 위임할 수 있는데, 이런 경우 집행관의 수가 사적인 일반 시민의 수보다 많게 된다. 이런 형태의 정부가 민주정이다. 또한 행정권을 소수의 사람에게 맡길 수 있는데 이런 경우 집행관의 수보다 일반 시민들의 수가 더 많아지게 된다. 이런 정부를 귀족정이라고 한다. 끝으로 행정권을 단 한 명의 집행관에게 맡길 수 있는데 이 경우 군주정이 된다. 일반 의지의 표현인 법을 만드는 권력은 양도 불가하고 분할될 수 없지만, 법을 집행하는 권력은 단순히 양도될 수 있을 뿐만 아니라 얼마든지 분할되어 양도될 수도 있다. 결과적으로 루소는 얼마든지 혼합 정부가 가능하다고 본다.

또한 특이하게도 루소는 이러한 세 가지 정부 구분이 결코 질적인 차이가 아니라 어떤 연속선 위에 존재하는 양적인 차이에 불과하다고 본다. 다시 말하면, 집행관의 수가 전체 인민의 절반을 넘어서 일반 시민의 수보다 조금이라도 많아지게 되는 지점부터 민주정이 된다. 그와 반대로 집행관의 수가 인민의 절반에 조금이라도 못 미치게 되는 지점부터 단 한 명의 집행관만이 존재해 군주정으로 변경되는 지점 바로 직전까지 귀족정이 된다. 루소의 정치 체제 분류법에서 다수와 소수의 구분은 질적인 차이가 아니며 양적인 차이에 불과하다.

이런 루소의 기준으로 오늘날 대한민국을 판단한다면 대한민국의 정치 체제는 민주정이 아니다. 일반 시민의 수에 비하여 집행관의 수가 너무 적은 귀족정에 불과하다. 물론 루소는 어떠한 민주정도 사실 인간 세상에는 실현 불가능하다고 보았으며, 다수가 지배하는 동시에 지배 받는 것은 자연적인 질서에 어긋난다고 보았다. 그에 따르면, 인민이 공적인 업무를 수행하기 위해 항시적으로 모이는 것은 불가능하며, 만약에 공적 업무를 위해 소수로 구성된 집행위원회를 설치하게 되면 그 순간부터 바로 정부의 형태가 바뀌게 된다. 다시 말하면 이른바 대의 민주주의는 루소에게 상상할 수 없는 개념이다.[67] 인민은 입법을 대의원에게 위임할 수 없으며, 행정은 소수에게 위임하여 대의될 수 있으나 이런 경우 그것은 이미 민주정이 아니라 귀족정이 되어 버린다. 따라서 민주정에서는 대의 개념 자체가 성립될 수 없다.

매디슨(1751-1836)과 페인(1737-1809): 대한민국 정부는 민주정이 아니다

오늘날 우리가 이해하는 민주정 개념의 핵심 중 하나는 이른바 선거를 통한 대의 개념인데, 이 개념은 지금까지 다룬 사상가들에게는 찾아볼 수 없다. 그것은 18세기 후반에 와서야 본격적으로 등장하였는데, 이를 적극적으로 전파한 사람은 매디슨(James Madison)과 페인(Thomas Paine)이다.

---

67) 루소에 대한 오해로 인하여 일부 학자들은 그의 『사회 계약론』에 나오는 입법권의 행사에 관한 논의를 직접 민주주의를 위한 변론으로 해석하고 집행권의 행사에 관한 논의를 간접 민주주의를 위한 변론으로 간주하기도 한다(윤삼석 2024). 하지만 루소는 법률 제정을 정치 체제와 무관한 행위로 보며 민주정을 여러 가지 법률 집행 방식 중 하나에 불과하다고 본다.

미국 헌법을 기초한 것으로 알려진 제임스 매디슨은 "연방주의자 서신" 10번(1787)에서 민주정과 공화정의 차이를 논하면서 대의제를 언급하고 있다. 몽테스키외가 민주정을 공화정의 한 종류로 취급하는 것에 반해 그는 민중 정부의 종류를 공화정과 민주정으로 분리해 상호 대비하는 식으로 논하고 있다. 그에게 민주정이란 소규모 공동체에서 시민들이 직접 회의를 소집하고 정부, 정확하게는 입법부를 운영하는 체제를 의미한다. 반면에 공화정이란 대의제가 시행되는 정부로, 소수의 시민에게 정부 권한, 엄밀하게는 입법권을 위임하고 이들은 나머지 시민들에 의해 선출되는 정부를 말한다. 그는 전체가 아닌 부분인 파당의 사적 이익이 정치에서 만연할 수밖에 없다는 사실을 인정하고 이 사적인 이익들이 상호 견제 되도록 하려면 소규모의 시민으로 구성된 민주정이 아니라, 광활한 영토에서 대규모의 시민들이 선출한 대의원들이 통치하는 체제를 만들어야 한다고 주장한다. 그리고 그는 이런 체제를 민주정과 대비하여 공화정이라고 칭한다.68)

매디슨의 민주와 공화 구분은 용어상의 차이는 있지만 비슷한 시기 토마스 페인에게서도 찾아볼 수 있다. 근대 미국 대의제 시스템의 아버지로 불리는 그는 공화정이라는 용어를 사용하지 않고 대의 체계(system of representation)라는 용어를 사용한다. 그에 따르면 이 정부는 군주정, 귀족정 그리고 민주정과 함께 네 가지 정부 형태(forms of government)를 이루는데, 다른 세 가지 형태와 달리 대의정은 근대에 와서 비로소 등장한 것이다. 대의정과 민주정은 기본적으로 인간의 권리(rights of man)에 기반한다는 면에서 동일하지만, 전자는 면적과 인구가 거대한 곳에 어울리며 후자는 그렇지 않은 곳에 적합하다. 또한, 귀족정이나 군주정과 달리, 선거

---

68) 이것은 어떠한 파당도 일반 의지를 방해한다고 보았던 루소의 사고와 정반대이다. 루소에게는 파당의 수가 아무리 많아지더라도 특별의지만 생성될 뿐이며 일반 의지가 도출될 수 없다.

를 통한 대의정은 권력을 세습하지 않는다. 이런 면에서 그것은 고대의 민주정과 닮았다. 다만, 고대의 사고에서 선거는 능력을 강조하는 집권방식으로 귀족정과 연동되었는데, 페인은 여전히 선거를 능력과 결부하면서도, 그것을 권력의 세습과 대비함으로써 귀족정과 분리하는 데 성공한다.

매디슨이 볼 때 대한민국의 정부는 대의정을 시행하는 공화 정부이고 민중 정부이지만, 민주정은 아니다. 민주정이 되려면 입법 기능을 대의원이 수행하면 안 된다. 행정은 대의될 수 있지만 이것은 민주정과 공화정을 구분하는 기준이 될 수 없다. 왜냐하면 민주정과 공화정 둘 다 행정은 대의되는 것이기 때문이다. 매디슨과 비슷하게 페인도 대한민국 정부를 대의 정부로 볼 것이지만 민주 정부로는 보지 않을 것이다. 대한민국 정부는 세습이 아니라 선거를 통한 대의로 구성되기 때문에 대의 정부이지만, 바로 이런 이유로, 그것은 모든 이들이 집회를 열어 법을 만드는 민주정이 아니다. 다시 말하면, 아직 매디슨과 페인에게 민주정은 민이 입법을 하는 정부이고 소규모 공동체로 이루어진 그리스의 고대 시간 속에 국한된 개념이기 때문에 오늘날 대한민국처럼 대규모 공동체에서 대의제를 시행하고 있는 정부는 민주정일 수 없다.

존 스튜어트 밀(1806-1873): 대한민국 정부는 가짜 민주정이다

18세기 후반까지만 하더라도 알렉산더 해밀턴(Alexander Hamilton)에 의해 대의 민주정(representative democracy)이라는 표현은 딱 한 번 사용되는 정도였고, 그마저도 대의는 순수한 민주정 혹은 민중 정부가 위험하므로 이를 견제하기 위해 마련한 제도적 장치로 이해되었다. 그리하여 여전히 민주와 대의 사이에 미묘한 긴장감이 남아 있었다. 하지만 이 대의 민주정이라는 용어는 19세기에 오면 존 스튜어트 밀에 의해 완전히 대중화

된다. 그는 자신의 아버지를 포함한 그보다 앞선 사상가들과 달리 민주정을 바람직한 것으로 간주했고, 민주정과 대의정이 공존 가능할 뿐만 아니라 대의정을 잘 조직하면 오히려 진정한 민주정이 실현된다고 보았다.

여기서 밀이 말하는 민주정은 전체 인민에 의한, 전체 인민의 정부이다. 그런데 인민의 일부인 대의원에 의한 정부가 어떻게 진정한 민주정이 될 수 있는가? 여기서 그는 비록 대의원들이 전체 인민이 아니지만, 이들이 전체 인민을 대의한다면 이러한 대의 정부가 전체 인민에 의한 전체 인민의 정부, 즉 진정한 민주정이 된다고 본다. 그리하여 밀은 전체 인민의 일부인 대의원들에 의한 전체 인민의 정부가 전체 인민에 의한 전체 인민의 정부와 마찬가지라고 본다. 그리고 이러한 전체 인민을 대의하는 정부는 인구가 많은 정치 공동체에서 차선책이 아니라 가장 이상적인 정부라고 주장한다. 이에 반해 인민의 일부나 소수가 대의 과정에서 배제된다면 이것은 전체 인민에 의한 전체 인민의 정부가 될 수 없다. 그것은 인민의 부분에 의한 전체 인민의 정부에 불과하다. 비록 이 부분이 인민의 다수일지라도 진정한 민주정이 될 수 없다. 물론 전체 인민 중 소수나 다수에게만 선거권이 부여되어 대의원들을 선출하는 정치는 민주 정치가 될 수 없다. 하지만, 선거권이 전체 인민에게 빠짐없이 부여되더라도 때에 따라 민주 정치가 되지 않을 수 있다. 밀에 따르면, 선거권이 전체 인민에게 주어지더라도 대의원을 선출하는 방식이 소선거구제라면 가짜 민주정이다. 왜냐하면 특정 선거구를 보면 승자를 지지한 유권자를 제외한 나머지 유권자들은 의회에 자신의 대의원을 두고 있지 않기 때문이다. 이런 경우 의회는 다수를 대표하는 자들만 모여 있는 곳이 되며 결과적으로 해당 정치 체제는 가짜 민주정이 된다.

밀에게서 민주정을 판정하는 기준은 고대 그리스 민주정에서처럼 전체 인민이나 다수의 인민이 정치를 하는 것이 아니라 전체 인민을 대표하는 소수의 정치인이 정치를 하는 것이다. 보다 구체적으로, 그것은 전체 인민을 대표하는 선거 제도를 통해 선출된 대의원들이 국정의 최고 권력, 즉, 입법권을 장악하는 것이다. 그는 이런 민주정에서도 행정이나 사법 기능과 관련해서는 선거를 통한 인민의 대의제가 바람직하지 않다고 본다. 그는 삼권 분리 제도나 혼합정에 회의적이지만, 권력 분리가 가능하다면 입법 기능을 제외한 집행 업무는 대중에 의한 선거에 노출되면 안 된다고 생각한다. 이렇게 되면 업무의 효율성이나 공정성이 떨어진다고 본다.

이러한 밀의 논리에 따르면 대한민국은 대의 민주정이지만 가짜 민주정이다. 왜냐하면 밀이 민주정 여부를 판단하는 권력인 입법권을 행사하는 의원들 대다수는 지역구 선거에서 단순 다수표를 얻어서 선출되기 때문이다. 이들은 지역구에서 표를 얻지 못한 소수 선거인단을 대표하지 않으므로 지역구 선거인단 전체를 대의한다고 볼 수 없다. 즉, 대한민국의 정치 체제는 전체 인민을 대표하는 의회가 전체 인민의 이름으로 통치하는 진정한 민주정이 아니라 기본적으로 다수만을 대표하는 의회로 구성된 가짜 민주정이다. 나아가 밀이 바람직하지 않다고 본 최고 집행관의 대중적 선거에서도 보편적 대표 원칙은 찾아볼 수 없다. 대통령은 헌법상 국가의 대표이지만, 국가 전체를 대표하는 인물이 될 수 없다. 실제로 가장 많은 선거인단의 표를 얻은 후보가 대통령으로 당선되기 때문이다. 더구나 그는 당선을 위해 절대 다수 표를 얻을 필요도 없다.

슘페터(1883-1950): 대한민국 정부는 민주정이다

마지막으로 2차 대전 후 냉전 시대가 본격적으로 도래하기 이전 인물인 슘페터를 살펴보고자 한다. 그는 현대 민주주의 이론에 대의 개념만큼 중요한 위상을 차지하고 있는 경쟁 개념을 최초로 도입한 인물이다.

이 개념을 통해서만, 우리는 오늘날 수많은 정치 체제가 의심할 여지 없이 대의제와 보통 선거권을 채택하고 있음에도 불구하고 민주정이 아니라고 단정할 수 있다. 현대 정치학자들은 예를 들어 1인 독재가 아닌 프롤레타리아 독재 체제나 군사 독재 정부가 선거나 대의제를 엄연히 시행하고 있는데도 단호하게 반민주적이라고 규정한다. 이러한 현대적 이론의 단초는 조셉 슘페터의 고전인 『자본주의, 사회주의 그리고 민주주의』에서 찾아볼 수 있다.

슘페터(Joseph Schumpeter)의 민주주의 이론은 그 이전의 고전적 민주주의 이론에서 두 단계로 멀어졌다. 그의 이론은 우선 대의 민주정 개념과 마찬가지로 민주주의의 정의에서 인민의 공직 참여 자체를 필요 없게 만들어 버린다. 다음 단계로 그는 대의 민주정 개념에서조차 찾아볼 수 없는 전혀 새로운 내용을 주장함으로써 고전적 민주주의 이론에서 한 걸음 더 멀어지게 된다. 이 새로운 내용이란 다름이 아니라 고대 이론에서 공공선이라고 불렀거나 근대 정치 사상에서 일반 의지로 표현되었던 민의(popular will)의 존재 자체를 부정하는 것이다. 이렇게 되면 당연히 대의 민주주의는 허상이 되고 만다. 대의할 민의 자체가 없는 마당에 대의라는 개념 자체가 무슨 의미가 있겠는가? 이렇게 그는 고대 민주주의 이론의 핵심인 대중의 공직 담임과 근대 민주주의의 핵심인 대의 개념을 둘 다 부인하면서 새로운 민주주의 개념을 구축하였다.

그에 따르면 민주주의란 정치적 결정을 내리는 한 가지 방식에 불과한데, 이 제도적 방안에서는 개인들이 인민의 표를 두고 경쟁함으로써 정권을 획득한다. 이런 전혀 새로운 민주주의 개념에서는 대중이 최종적 결정권을 쥐고 있는 주권체가 아니며 권력을 장악한 자들은 대중의 집단 의지를 파악하여 결정을 내리지 않아도 된다. 즉, 이들 최종 결정권자한테는 더 이상 대의할 민의(the will of the people)나 공익(the good of the people)

이 없다. 파악할 수 있는 민의가 존재하지 않기 때문에 굳이 대의할 민의를 찾을 필요도 없다. 결과적으로 대의 자체가 무의미해진다. 또한 어디까지나 최종적인 정치적 결정을 내리는 주체는 인민이 아니며 선거에 출마하여 당선된 어떤 개인들이다. 대중의 역할은 오로지 투표를 함으로써, 최고 권력을 두고서 투쟁을 벌이는 자 중에서 누가 승자인지 손을 들어주는 것에 그치고 만다.

슘페터는 민주주의를 한 마디로 '정치적 리더십을 두고 벌이는 경쟁'으로 요약하였다. 이 경쟁에서 주체는 인민이 아니다. 그리고 이 경쟁의 승자가 결국 결정을 내리는데 이 승자도 인민이 아니다. 유권자들의 표가 갖는 진정한 기능은 유권자들에게 일방적으로 주어진 경쟁 후보 명단에서 어느 한 명을 지도자로 수용하는 것이다. 그리하여 대중은 선거에서 투표를 하지만 그 외 정치적 결정에서 투표하지 않는다. 즉, 인민에 의한 투표의 기능은 고대 민주주의 이론에서 비민주적이라고 보았던 선거에 국한되어 있다. 따라서 대의제 이론에서 민의를 최종적으로나 직접적으로 확인하는 용도로 쓰이는 국민투표는 슘페터가 말하는 민주적 절차에 속하지 않는다. 민의의 존재 부정과 대의 개념의 폐지 그리고 경쟁 개념의 강조로 인하여 슘페터는 그 이전 고전적 정치 체제 분류의 핵심 문제였던 '누가' 권력을 잡아 '무엇을' 하느냐는 문제를 부차적 이슈로 전락시키고 만다. 그에게 정치 체제의 문제는 이런 문제들보다는 권력을 '어떻게' 잡느냐는 정권 쟁탈의 방법 문제로 귀착된다. 정치 체제의 문제는 이제 경쟁이라는 권력 장악의 절차 문제로 전환되어 버린 것이다.

밀의 대의 민주주의 이론에서는 인민의 정치 참여 자체를 이상적으로 간주하였지만 인구과다로 인한 운영의 효율성 문제로 실현 가능성이 낮다고 보았을 뿐이다. 하지만 슘페터의 경우 효율성의 문제로 대중의 정치 참여를 옹호하지 않는 것이 아니다. 그에게 기본적으로 대중은 이제 권력을 행사하거나 정치적 업무를 수행하는 데 참여하는 주체가 아니다. 대중은 정치 엘리트가 주연으로 등장하는 내부 경쟁의 연극에 일종의 조연 배우로 참여할 뿐이다. 어쩌면 그들은 정치 엘리트가 벌이는 경기에 참여는 하지만 선수 자격이 아니라 심판으로 들어갈 뿐이다.

슘페터의 이러한 발상의 전환은 아마도 러시아 혁명 이후 자본주의 진영의 위기감을 반영한 것으로 보인다. 근대 민주주의의 발상지라고 하는 영국에서도 러시아 혁명 이후에야 비로소 무산자들에게 투표권이 부여되었던 것이 역사적 현실이다. 대중의 참여와 민의의 반영이라는 기준으로 평가한다면 자본주의 진영의 민주주의는 러시아 혁명 정부 이후 등장한 새로운 대의 민주주의보다 훨씬 후진적이었다. 이러한 역사적 상황에서 자본주의 진영의 민주주의가 갖는 우월성을 부각하려는 시도가 바로 경쟁 개념의 도입이다. 자본주의 시장 경제 체제의 핵심인 경쟁 개념을 정치 영역에까지 그대로 도입함으로써 시장 기능이 약하고 그에 따라서 경쟁 기능이 약한 공산주의 사회에서의 대의 민주주의를 비민주적으로 규정할 수 있는 개념적 틀을 마련하고자 한 것이다. 러시아 혁명 이후 소련이나 그 영향력 아래에 있던 인민 민주주의 국가들에서 도입하고 있었던 민주적 집중제 방식을 통한 다단계 대의 정부를 '대의 민주주의' 개념만으로는 민주주의가 아니라고 말하기 어려운 위기 상황이었다. 게다가 이들 공산국가는 자본주의 진영의 민주주의 국가들보다 훨씬 더 광범위한 투표권을 대중들에게 부여하고 있었다. 이런 정치적 곤경 속에 처해있던 자본주의 진영에서는 경쟁 개념을 민주주의에 새로이 추가함으로써 위기의 탈출구를 찾을 수 있게 된 것이다.

슘페터의 시각에서 볼 때, 대한민국의 민주주의는 진정한 민주주의이다. 이것은 정치 엘리트의 내부 경쟁이 온전히 존재하며 이 과정에서 대중의 투표권 역시 정상적으로 행사되기 때문이다. 하지만 그의 시각에서 볼 때, 광장 정치를 통한 대중의 주권 재확인은 민주적인 방법이 아니다. 그의 민주주의에서는 대중이 주권자로서 최종적인 결정을 내리는 것이 아니며 권력을 장악한 자가 최종적 결정을 내리는 것이다. 마치 대중을 최종적인 결정권자인 양 포장하려는 어떠한 시도도 정치적 결정에서 주객을 전도시키는 일이다. 민주 정치에서 대중의 역할은 엘리트가 경쟁하는 선거에서 투표권을 행사하는 것이다.

결론: 고전적 민주주의 부활의 필요성

이 장에서는 오랜 기간에 걸친 민주주의 개념 관련 연구의 맺음말을 대신해, 아리스토텔레스에서 시작하여 냉전 직전까지 서양의 사상사에 등장한 몇몇 주요한 민주주의 개념을 다시 정리하고 구체적으로 우리나라 현재 정치에 적용하여 보았다. 우리나라 체제가 민주정인지 아닌지도 중요하지만 어떤 의미에서 민주정이고 어떤 의미에서 아닌지를 파악하는 것이 더 중요하다. 이를 위해서, 여기서 우리는 고전에 나오는 몇몇 민주 개념을 다시 끄집어내어 오늘 우리 정치 체제를 재단해 보았다. 이 결과 우리는 대부분의 고전적 개념들을 있는 그대로 받아들이면, 놀랍게도 오늘날 우리나라 정치 체제가 민주정이 아님을 발견하게 된다. 우리는 고대부터 내려온 다양한 민주 개념에 우리 시대의 편견이라는 물감으로 색채를 덧씌워 우리 정치 체제를 무비판적으로 민주적이라고 단정하는 인습에 젖어 있는 경향이 있다. 그런데 여기서 우리가 한 비판적 고찰은 이런 인습에 경종을 울린다. 혹자는 수천 년 혹은 수백 년 전 사상가들의 눈으로 보면 오늘날 우리나라 민주주의는 괴이하게 보일 수밖에 없어 고전적 시각으로 오늘을 평가하는 것은 무의미하다고 주장할지 모른다. 하지만 이런 일반론에 젖어 고전을 창고에 고이 모셔 두기보다는, 설사 괴이하더라도 구체적으로 어떤 면에서 그런가를 따져볼 필요가 있다. 이 장에서 한 작업이 바로 이런 노력의 일환이었다.

역사적 시각에서 볼 때 민주주의 개념은 오늘날 우리가 아는 개념과 사뭇 다른 모습으로 존재한다. 이것은 민주주의 개념이 상상의 산물이라기보다는 당대의 정치 현실을 항상 반영해왔기 때문일 것이다. 다르게 말하면, 현실이 변한다면 개념이 담고 있는 내용 역시 변하기 마련이다. 현대 민주주의 사상의 두 가지 핵심 개념인 경쟁과 선거를 통한 대의를 민주주의라는 용어 속에 집어넣어 포장하는 것도, 그 용어에 적합한 세계 정치 질서를 반영하고 그것을 옹호하려는 노력의 일환으로 볼 수 있다. 고대의 이론과 달리 선거를 세습과 대비하여 능력에 따른 공직 진출 방편으로 제시하면서 이것을 민주주의 개념에 접목하려는 시도 역시 미국이나 프랑스에서 시작된 시민 혁명의 결과로, 새로운 정치적 틀을 짜야 하는 현실적 고민을 담아낸 것으로 보인다. 경쟁 개념의 도입 역시 러시아 무산자 계급 혁명의 결과로 등장한 프롤레타리아 독재 정부 이후 자본주의 진영이 겪은 정치적 정당성의 위기를 극복하려는 시도로 이해할 수 있을 것이다. 러시아 볼셰비키 혁명 정부가 지니는 정치의 대중성과 대표성을 주목하기보다 일당 독재와 정치의 비경쟁성을 부각하는 노력의 일환으로 창안한 것이 바로 경쟁적 선거 체계로서의 민주주의 개념이다.

하지만 개념이 시대적 산물이라면 18세기에서 20세기 중반까지 정착한 근현대적 민주주의 개념도 이제 시대가 바뀐 만큼 변화가 필요하다. 오늘날 우리가 빠진 동굴의 우상에서 벗어나 현대적 민주주의 개념을 재정립하려면, 근현대에 와서 그에 접목된 다양한 용어들을 떼어내고 남는 요소가 무엇인지 고민하고, 그것을 현재의 정치 현실과 기술적인 발전단계에 맞게 재규정해야 할 것이다. 이제는 냉전도 종료되었고 무산자 계급 혁명도 자본주의의 외적인 위협으로 존재하지 않는다. 이 결과 우리는 슘페터가 민주주의 규정의 핵심 고리로 이식해 넣었던 경쟁 개념을 민주주의 개념에서 떼어낼 필요가 있다. 극단적으로 이야기한다면 남한이 북한보다 더 민주적인 이유는 선거가 더 경쟁적이기 때문이라고 강변할 필요가 없다. 세습이 아니라 선거를 도입하는 것이 민주적이라는 근대적인 인식 역시 이제는 민주주의 개념에서 떼어낼 필요가 있다. 남한이 북한보다 더 민주적인 것은 일가족이 권력을 세습하지 않고 선거를 통해 서로 다른 사람들이 정권을 장악하기 때문이라고 변론할 필요가 없다. 선거가 기본적으로 민주적이라고 하는 사고는 대의제의 사고에서 나온 근대적인 산물에 불과하다. 고대 사상에서 선거는 민주정의 속성이 아니었다. 선거는 과거나 지금이나 기본적으로 능력에 따른 선발이기 때문에 누구나 균등하게 공직을 담보할 기회를 원천적으로 차단하는 제도이다. 대중의 공직 접근 가능성이나 참여 가능성을 따진다면 오히려 시험에 의한 임용제가 선거보다 더 민주적인 것이 사실이다.

이렇게 근현대에 와서 민주 개념에 새로이 추가되었던 요소들을 다 도려내고 본래의 민주 개념을 정화해 낸다면 그것은 결국 인간 평등에 기반한 공직 담임 기회의 균등으로 귀착될 것이다. 고대 그리스의 고전적인 시각에서 볼 때, 오늘날의 민주주의가 제대로 되려면, 더 많은 이들에게 공적 업무를 담당할 기회를 부여해야 하며, 이러한 기회는 능력에 따라서가 아니라 일정 자격만 갖춘다면 단순히 시민이라는 이유만으로 누구에게나 부여되어야 한다. 최고위직부터 최하위직까지 모든 공직의 개방과 이에 대한 대중의 접근성 확대가 원래 의미의 민주 개념을 회복하는 지름길이다.

현대의 최첨단 정보통신 기술과 고대와 비교가 안 될 정도로 높은 대중의 교육 수준을 고려하면, 더 이상 대의원을 선출하여 이들에게 공적인 업무인 법률 제정 권한을 최종적으로 위임할 이유가 없다. 대의 민주주의

자들의 주장처럼 과거 프랑스 혁명이나 미국 혁명의 시대에는 낙후된 교통이나 통신 및 정보 기술로 어쩔 수 없이 대의제를 도입했어야 하더라도, 기술 수준이 진보한 오늘날에는 투표를 통해 법안을 최종적으로 통과시키는 기능을 하는 의회라는 낡은 대의 기관을 유지할 필요가 없다. 다만, 자본주의가 고도로 발달하였지만, 여전히 수많은 대중이 노동으로부터 자유롭지 못한 것이 사실이기 때문에, 고대 그리스 시대의 500인 집행위원회(Council of 500, Boule)같은 집행 조직과 집행관(magistrates) 등은 오늘날에도 필요하다고 본다. 또한, 법안에 대한 심의 기능 역시 모든 대중이 참여하여 수행할 수 없는 것이 사실이다. 고대 그리스에서도 법안을 기획하고 회의 의제를 설정하는 일과 통과된 법을 집행하는 것은 그리스의 민회(Assembly, Ekklesia)나 인민이 하지 않았다. 또한, 과거 인민이 수행하였던 민회의 중요 기능 중 하나인 심의 기능은 오늘날 급격히 늘어난 시민의 수를 고려할 때 대중이 직접 수행하기 어렵다. 여전히 이러한 기능을 수행할 소수의 일꾼이 필요하지만 이러한 일꾼의 선발이 반드시 선거를 통해 이뤄져야 하는 것은 아니다.

결론적으로 말하면, 일반 시민들이 법률 제정과 행정을 포함한 제반 공무를 수행할 기회를 가능한 많이 갖는 것은 현재의 민주주의를 넘어선 다음 시대의 민주주의가 추구해야 할 제1원칙이다. 한때 문재인 정부가 들어선 이후 국가가 전국에서 최대의 고용주라는 우스갯소리가 있었던 적이 있다. 공무원의 수를 늘려 공무에 참여하는 경험을 갖는 일반인들의 수를 늘리는 것은 그 자체로서는 환영할 일이지만, 정년 보장 탓에 이들이 공직을 자신들의 생계 수단으로 사유화하는 것은 큰 문제이다. 해당 직업이 반영구적으로 보장되다 보니 아이러니하게도 그 수의 몇 배 만큼의 다른 사람들이 공무를 수행할 기회를 상실하게 되어 버린다. 어떻게 보면 공무원의 비정규직화나 임기 단축을 통한 공무 수행의 기회 증대가 고전적인 민주 이론에 더 부합할 수 있다. 일부 직의 관료화가 불가피하다고 해서 공직의 정년을 보장할 필요는 없다. 정년 보장과 정치적 중립을 기본으로 하는 관료제 자체는 어떤 식으로 이해하든 새로운 민주주의를 위한 대원칙과 거리가 멀어 보인다.

참고문헌

이 QR코드를 스캔하면

“서양 민주 개념 통사: 근현대편”의 참고문헌을 열람할 수 있습니다

찾아보기

ㄱ

가치 3, 192
개방 217
개별 145
개인 104, 156
개인주의 3, 119
견제 vi, 56, 58, 87, 140, 157, 174
견제와 균형 83
결정권, 최종적 212
경쟁 ix, xi, 181, 212, 213, 216
계급 96, 201
계약, 불완전 14
공동체 103, 132, 197
공동체주의 119
공리주의 179
공명심(명예) 75-82
공산당 181
공산주의 214
공익(공공선) 3, 179, 194, 212
공정성 176, 211
공직 193
공직 담임 196, 212, 217
공직자 선발 방식 91, 173, 176, 196
공치 201
공포심 76
공화 x, 161, 168, 186
공화정(공화 정부) 70, 160, 163, 170, 208
공화주의 72
과두정 43, 60
관료제 219
광장 정치 215
교육 217
교통 218
국가 vii, 7, 102

국민 16, 159, 201
국민 주권 117
국민투표 213
국체 8
군사 독재 188, 212
군주국 26
군주정 27, 92, 97, 110, 177, 208
– 절대 50
군중 155
권력
– 시원적 viii, 43, 48, 49, 52, 63, 156, 199
– 연합적(federative) 64, 86
– 자의적 51
– 절대적 50, 134
– 최고의 v, 5, 6, 48, 49, 63, 133, 199
– 파생적 199
권력 견제 83, 84
– 권력에 의한 85, 203
권력 공유 9, 48, 49, 54, 93, 94, 140
권력 분리 55, 65, 88, 160, 203
– 개념적 140
– 기능적 88, 140, 203
– 불가능성 137, 156
– 인적 88, 203
– 입법권과 행정권의 146, 168
권력 분리론 58
권력 분배 83, 185
권력 분산(분할) 65, 159
권력 삼분법 86
권력 순화 96
권력 집중 56, 82, 117
권리, 인간의 172
권리 장전 36
귀족 공화국 201
귀족국 26
귀족정 110, 208
그리스, 고대 91, 96, 109, 169, 173, 187, 217
기독교 22
기본법 201
기술 217
기회 균등 217

ㄴ

남한 217
냉전 216
노동 218
노동계급 178, 179
능력 173, 195, 209, 216, 217

ㄷ

다수 131, 132, 156, 178, 184, 195, 197
– 판단력 29
다수결 17, 115, 130, 204

다수 지배 134, 142
다양성 119
달, 로버트(Robert Dahl) 5
대권 51
대리인 21
대의(또한 대표 참조) v, 4, 154, 159, 160, 165, 166, 168, 169, 172
- 선거를 통한 ix, 187
- 위임을 통한 ix
- 표현으로서의 168
대의 민주정 171, 174, 209
대의 민주주의 24, 106, 113, 179, 180, 182, 214
대의원 174, 178, 210
대의정(대의 정부) 155, 157, 160, 172, 174, 183, 184, 185, 208, 210
대의제 x, 120, 171, 173, 177, 212, 217
대의 체계(체제) 160, 163, 171
- 행정의 163
대중 213
대중성 216
대표 v, 18, 22, 179
대표성 216
대표자 21, 128, 180
대한민국 66, 192, 195, 199, 202, 207, 209, 211, 214
덕목 73
독재정 78, 80, 162, 163
동의 16, 17, 41, 49, 62, 135, 136

ㄹ

로마 22, 119
로크(John Locke) v, 89, 116
루소(Jean-Jacques Rousseau) vii
리더십 180, 213
링컨(Abraham Lincoln) xii

ㅁ

마르실리우스(Marsilius of Padua) 22
마르크스주의 178
마키아벨리(Niccolò Machiavelli) 4, 69
만장일치 103, 115, 197, 204
매디슨(James Madison) x, 168
명예 혁명 36
목적론 3, 194
목표 180
몽테스키외(Montesquieu) vi
무산자 214
무산자 계급 216
무정부 상태 27, 69, 135, 149
무지 xiii
무질서 14, 40
미국 55, 56, 172, 216
민(인민 참조)

민본주의 xiii
민선 176
민의 xi, 212
민주 x, 186
민주 공화국(공화정) 71, 95, 200
민주국 26
민주적 집중제 214
민주정 31, 43, 59, 110, 118, 164, 170, 172, 174, 179, 180, 183, 184, 194, 208, 210
– 가짜 175, 178, 210
– 간접 155
– 모두에 의한 177
– 완벽한 197
– 진정한 175, 176, 178, 210
– 질서 정연한 76
민주주의
– 고전적 212
– 근대 212
– 미래의 xiii
– 부르주아 178
– 이념으로서의 192
– 직접 117
민주 평화론 30
민중 201
민중 정부 170, 171, 174, 175, 208
민회 109, 119, 202
밀(John Stuart Mill) xi

ㅂ

발생학적 우선순위 148
백성 159
법 84, 107
법률 제정 139, 217, 218
– 과정 144
– 권리 9
– 방식 145
법률 집행관 145
법치 vi, 72, 162
법치 국가 120
변덕 28, 75
보댕(Jean Bodin) 6, 89
보이지 않는 손 115
복종 18, 91, 130, 162
볼셰비키 179, 181, 216
부분 140, 145
부패 56, 82
북한 217
비경쟁성 216
비례대표 176
비민주성 179
빈민 93, 194, 195
빈부 195

ㅅ

사법 211
사법권 90
사법부 176
사회 계약 45, 52, 137, 197, 204

사회 계약론 vii
사회인 134
사회적 자본론 106
사회주의 178
사회 해체 135
삼권 분리 65, 87, 203
상징 18
선거 24, 172, 173, 181, 202, 209, 212, 213, 216, 217
선거권(선출권) 210
선거인단 89, 203
세습 172, 173, 209, 216
세습 정부 187, 188
세습제 x
세습 체제 173
소련 214
소선거구제 210
소수 178
소수정 27, 82, 91, 131, 134
수
- 주권자의 173
- 통치자의 164, 195
수단 180
순화 78
슘페터(Joseph Schumpeter) xi
시민 5, 6, 159, 193
시민 사회 51, 106
시민 주권체 193
시민 혁명 216
시에예스(Emmanuel Joseph Sieyès) 24
시장 214
시험 217
신분 질서 87, 88
신임 43, 44, 45
심성 84
심의 218

ㅇ

아리스토텔레스(Aristotle) 8, 11, 26, 82, 91, 96
아테네 118
애국심 72, 73
양도 105, 159
- 불가능성 137, 154, 156
언약
- 쌍방적 13
엘리트 214
- 호선 제도 188
여론 183
연기자 v
영국 176, 214
영토 169, 208
오컴의 윌리엄(William of Ockham) 22
온건함 77
왕권신수설 22
왕정 8, 26, 172, 187, 195

우상, 동굴의 216
우파 179
원로 회의 202
원리 172
원칙
– 부패 81
– 완화 81
위임 x, 18, 44, 133, 159, 185
유권자 210, 213
유물론, 과학적 16
의지(의사)
– 다수의 42, 102, 116, 139, 167, 176, 197
– 인민의 167, 179, 182, 202
– 주권체의 167
– 집단의 212
– 특수한 105, 120, 121, 136
이데올로기 192
이성 108
이소노미아(isonomia) 192
이익 3
– 다수의 198
– 전체의 198
인격체 19
– 인위적 154, 184
인구 172, 177, 208, 210, 213
인민 16, 24, 42, 49, 114, 132, 155, 157, 159, 165, 179, 184
인민 대표설 22
인민 민주주의 214
인민 재판원단 5, 90, 118
인민 주권 117, 120
인민 주권론 24
인민 주권 정부 170
일반 145
일반 시민 145, 206
일반 의지 vii, 102, 105, 107, 111, 116, 120, 121, 136, 179, 204, 205, 212
일인정 26, 82, 131, 134
임기 174, 218
임용제 217
입법 107, 113, 120, 138, 140, 185
입법가 108, 114, 144
입법권 48, 63, 133, 185, 211
입법 정부 145

ㅈ

자기희생 96
자립 175
자본주의 181, 214
자연법 17, 41
자연 상태 12, 40
자연인 134
자유 84, 85, 91, 92, 93, 192
자유 민주주의 37
자유인 195, 197

자유주의 203
자유주의자 38, 119
- 경제적 115
자제 vi
자치 175
작자(author) v, 19
재산 8, 20, 38, 40, 91
재위임 156
재판권 86, 97
전문성 176
전문지식 108
전원위원회 112
전쟁 30
전제정 160, 163, 170
전체 140, 145
전체주의 106
절제(또한 순화 참고) 75, 78, 84
접근성 217
정년 219
정당 106
정당성, 정치적 216
정당 체제
- 공산주의 188
- 단일 188
정보 218
정부 vii, viii, 7, 42, 46, 49, 63, 107, 136, 138, 139, 184
- 온건한 vi, 77, 80, 83, 84
- 의 속성 70, 72, 73
- 의 해체 135
- 자유로운 vi, 84, 87, 185
- 좋은 176
- 최초의 149
정부 분류 146
- 양적 vs. 질적 146
정부 형태 11, 71, 144, 145
정의(justice) 13, 173
정체(vs. 국체) 8
정치 공동체 viii, 6, 11, 25, 42, 46, 49, 63, 128, 131, 136, 144, 184
- 설립에 의한 10
- 정복에 의한 10
- 질서 정연한 v, 57, 60, 94, 143
- 취득(acquisition)에 의한 10
정치문화 74
정치적 단일체(body politic) 102, 197, 204
정치 중립 219
정치 지도자 180, 182, 213
정치 참여 177, 213
정치 체제 11, 26, 42, 59, 129, 144, 193
- 나쁜 194
- 비교론 47
- 의 형식 172
- 좋은 194

조목화 182
좌파 179
주객 전도 215
주권 4, 6, 9, 39, 48, 89, 102, 128, 133, 180
주권체 14, 25, 49, 102, 128, 131, 138, 154, 180
중간 단체(중간 집단) 105, 206
중산층 92
중용 92
지도력 182
집단 104
집단 지성 29, 170
집행관 206

ㅊ

참정권 176
촛불시위 196
최대 다수의 최대 행복 179, 182
추첨(제비뽑기) 173, 176, 195, 202

ㅋ

칸트(Immanuel Kant) x, 61, 160, 170
쿠데타 181
키케로(Cicero) 8

ㅌ

토론(토의) xiii, 81, 97, 109
통신 218
통치 72, 120, 164
 – 직접 164, 169
통치 방식 7, 8, 10, 77, 80, 83, 186
통치 원칙 72, 73, 79
투쟁, 만인 대 만인의 13, 30
투표 116, 213
 – 공개적 202
투표권 202, 214
특수 145

ㅍ

파당 208
판정, 하늘의 54
페리클레스(Pericles) 192
페인(Thomas Paine) x, 171
평등 73, 81, 96, 104, 192, 217
포퍼, 칼(Karl Popper) 106
포퓰리스트 29
폭력 179
폭정 57, 58, 134, 162
폴리테이아(politeia) 91, 194
푸트남, 로버트(Robert Putnam) 106
프랑스 216
프롤레타리아 독재 178, 187, 212, 216
플라톤(Plato) 11, 29, 91, 93, 95
피치자(피통치자) 6, 73, 75

ㅎ

한국 88
해밀턴(Alexander Hamilton) 171, 209
행위자(actor) 19, 128
행정 107, 111, 113, 120, 138, 140, 185, 211, 218
행정권 185, 206
행정부 176
헤로도토스(Herodotus) 192
혁명 181
— 러시아 214
현실주의 4
협약 12
— 쌍방적(bilateral) 127
협치 201
혼합정(혼합정부) 27, 43, 48, 49, 55, 89, 91, 94, 140, 146, 174, 203
혼합형태 143
홉스(Thomas Hobbes) v, 5, 89
회합체 16, 24
— 인민의 24
횡포
— 권력의 84
— 입법권의 58
효율성 211, 213
힘의 균형 94

기타

500인 집행위원회 110, 218
democracy 141, 142, 143
people 201
polis 8, 193
politeia 8, 91, 193, 194
republic 161, 171

서양 민주 개념 통사: 근현대편

초판발행 2025년 7월 1일

지은이 최정욱
펴낸이 안종만 · 안상준

편 집 탁종민
기획/마케팅 정성혁
표지디자인 BEN STORY
제 작 고철민 · 김원표

펴낸곳 (주) 박영사
서울특별시 금천구 가산디지털2로 53, 210호(가산동, 한라시그마밸리)
등록 1959. 3. 11. 제300-1959-1호(倫)
전 화 02)733-6771
f a x 02)736-4818
e-mail pys@pybook.co.kr
homepage www.pybook.co.kr
ISBN 979-11-303-2298-8 93340

* 이 저서는 2018년 대한민국 교육부와 한국연구재단의 지원을 받아 수행됨 (과제번호: NRF-2018S1A5A2A01029039).

정 가 19,000원